Strategische Transformation im Einkauf

Gerhard Heß · Manfred Laschinger

Strategische Transformation im Einkauf

Fallstudie und Anleitung zur praktischen Umsetzung

Gerhard Heß
TH Nürnberg Georg Simon Ohm
Nürnberg, Deutschland

Manfred Laschinger
Schreiner Group GmbH & Co. KG
Oberschleißheim, Deutschland

ISBN 978-3-658-25539-8   ISBN 978-3-658-25540-4   (eBook)
https://doi.org/10.1007/978-3-658-25540-4

Die Deutsche Nationalbibliothek verzeichnet diese Publikation in der Deutschen Nationalbibliografie; detaillierte bibliografische Daten sind im Internet über http://dnb.d-nb.de abrufbar.

Springer Gabler
© Springer Fachmedien Wiesbaden GmbH, ein Teil von Springer Nature 2019

Springer Gabler ist ein Imprint der eingetragenen Gesellschaft Springer Fachmedien Wiesbaden GmbH und ist ein Teil von Springer Nature
Die Anschrift der Gesellschaft ist: Abraham-Lincoln-Str. 46, 65189 Wiesbaden, Germany

Vorwort

Strategische Transformation Die strategische Transformation im Einkauf zielt darauf ab, alle Aktivitäten des Unternehmens auf seinen Beschaffungsmärkten durchgängig strategisch auszurichten. Das ist einfach gesagt, aber in der Umsetzung nicht trivial. Beispielsweise müssen aus der Unternehmensstrategie heraus Strategien für den Einkauf insgesamt, für wichtige Beschaffungsmärkte, für Lieferanten, für Beschaffungsregionen oder Einkäufergruppen formuliert und schrittweise fortentwickelt werden. Die vielfältigen Strategien müssen dabei stets aufeinander abgestimmt sein. Ferner sind alle Abteilungen mit Lieferantenkontakt, wie z. B. die Entwicklung, die Qualität, die Logistik, in die Strategieentwicklung zu integrieren.

Damit dies gelingen kann, muss die strategische Transformation an den Denkmustern und den Sozialstrukturen im Einkauf und bei internen und externen Partnern des Einkaufs ansetzen. Nur wenn strategisches Denken und Fühlen alles Handeln im Einkauf durchdringt und als (normale) Basis aller Entscheidungen angesehen wird, werden sich die Strategien in der operativen Hektik durchsetzen können.

Der Anspruch der strategischen Transformation geht allerdings über diese Anforderungen noch hinaus. So muss die externe Wertschöpfung, also die Wertschöpfung, die bei den Lieferanten des Unternehmens erfolgt, Bestandteil der Unternehmensstrategie werden. Beispielsweise gelingt es durch die Mitwirkung von Lieferanten im Vertriebsprozess, kundenindividuelle Produkte im bisher unbekannten Maße anbieten zu können.

Die Wirklichkeit des strategischen Einkaufs Die Wirklichkeit sieht selbst in Unternehmen mit einem fest verankerten strategischen Einkauf häufig anders aus. Der Einkauf klagt, dass er viel zu spät in Einkaufsentscheidungen eingebunden wird, dass er vielfach bei den wirklich wichtigen Fragen nicht beteiligt wird und häufig nur als Abwickler und Firefighter missbraucht wird. In der Konsequenz kann der Einkauf die vielfältigen Potenziale einer strategischen Beschaffung nicht heben. Die Formulierung einer Strategie ist für eine abwickelnde und reaktiv arbeitende Abteilung kaum möglich. Dies führt wiederum dazu, dass der Einkauf von seinen Schnittstellenpartnern als Erfüllungsgehilfe gesehen wird und strategisch nicht ernst genommen wird ...

Der Zirkel ist offenkundig. Fehlende Strategie und Erfolge machen den Einkauf im Unternehmen bedeutungslos. Die Bedeutungslosigkeit des Einkaufs verhindert den Aufbau von Ressourcen und die Mitwirkung bei den wesentlichen Entscheidungen, sodass keine strategischen Erfolge realisiert werden können. Dies führt zur Bedeutungslosigkeit …

Das Konzept der strategischen Transformation Die strategische Transformation muss aus diesem Zirkel herausführen. Hierzu wird ein evolutionärer Ansatz vorgeschlagen, der schrittweise strategische Denkmuster entwickelt, Strategien aufbaut und strategische Erfolge realisiert. Diese Erfolge ermöglichen, die strategische Transformation weiter voranzutreiben und – mit etwas Ausdauer – das oben beschriebene Ideal der strategischen Transformation zu realisieren.

Im Folgenden wird das Konzept der strategischen Transformation in Form eines Leitfadens beschrieben, d. h. als Anleitung für die Einkaufspraxis. Dazu werden die drei Erfolgskonzepte der strategischen Transformation im Einkauf detailliert ausgearbeitet:

1. **Ganzheitlicher Strategieansatz,** mit dem die vielfältigen Strategien im Einkauf entwickelt und auf die Unternehmensstrategie hin ausgerichtet werden;
2. **Evolutionärer Ansatz,** mit dem der Einkauf schrittweise aus dem strategischen Nirwana hin zum geschätzten Business Partner entwickelt wird, bis er verantwortlich die externe Wertschöpfung des Unternehmens strategisch aussteuert;
3. **Change Management,** das die Entwicklung der strategieorientierten Denkkultur und Sozialstruktur vorantreibt;

Der Leitfaden wird eng mit der Fallstudie einer erfolgreichen strategischen Transformation im Einkauf verknüpft und illustriert. Detailgenau werden die einzelnen Schritte und Aktionen nachgezeichnet, wie die Schreiner Group GmbH & Co.KG (im Weiteren Schreiner Group genannt) die strategische Transformation im Einkauf umgesetzt hat. Die Transformation zog sich von 2012 bis 2017 über vier Phasen hin und entwickelte den Einkauf vom reinen Abwickler zum geschätzten Business Partner, der in die Entwicklung der Unternehmensstrategie integriert ist. In der Beschreibung der Fallstudie wird bereits das Konzept der strategischen Transformation herausgearbeitet. Anschließend werden bei der Vorstellung der drei Erfolgskonzepte der strategischen Transformation die Methoden, Instrumente und Prozesse bei der Schreiner Group als illustrierende Beispiele ausgeführt. Der Leser bekommt somit gleichermaßen

- **eine Systematik in Form eines Leitfadens,** wie er die strategische Transformation in seinem Unternehmen umsetzen kann, und
- **ein durchgängiges Beispiel,** um die Vorgehensweise zu veranschaulichen.

15M-Architektur der Supply-Strategie Basiskonzept der strategischen Transformation im Einkauf ist die 15M-Architektur der Supply-Strategie. Die 15M-Architektur ist ein systematischer, ganzheitlicher Ansatz zur Formulierung von Supply-Strategien und zur

Entwicklung des strategischen Einkaufs. Das Konzept wurde erstmals im Jahr 2008 (Heß, G.: Supply-Strategien in Einkauf und Beschaffung – Systematischer Ansatz und Praxis-fälle, Gabler Verlag) veröffentlicht und hat sich seither in vielfältigen Unternehmen bewährt. Die derzeit aktuelle Version 2.0 erschien im Jahr 2017 (Heß, G.: Strategischer Einkauf und Supply-Strategie – Schrittweise Entwicklung des strategischen Einkaufs mit der 15M-Architektur 2.0, SpringerGabler). Für den Leser bietet das vorliegende Werk zur strategischen Transformation im Einkauf folgenden Nutzen:

- **Strategische Transformation:** Es wird detailliert herausgearbeitet, wie der Einkauf sich aus einer Rolle des Abwicklers zum strategischen Player im Unternehmen ent-wickelt.
- **Evolutionäre Prozesse:** Dazu wird der evolutionäre Ansatz der Strategieentwicklung detailliert beschrieben, d.h. wie der Einkauf schrittweise seine Strategie entwickelt und wie der evolutionäre Prozess gesteuert werden kann.
- **Change Management:** Es wird das Change Management zur Umsetzung der strate-gischen Transformation tief gehend behandelt. Damit erfährt der Leser, wie parallel zur Strategieentwicklung die sozialen Prozesse zu entwickeln sind.
- **Firmenbeispiel aus dem Mittelstand:** Die strategische Transformation wird detail-liert am Erfolgsbeispiel der Schreiner Group aufgezeigt. Damit wird deutlich, wie in einem mittelständischen Unternehmen – mit meist eingeschränkten Ressourcen – ein strategischer Einkauf aufgebaut werden kann.
- **Firmenbeispiel zu Methoden, Instrumenten und Prozessen im strategischen Einkauf:** Es werden zu vielfältigen Methoden, Instrumenten und Prozessen im stra-tegischen Einkauf die Vorgehensweise der Schreiner Group beschrieben, z. B. zu Warengruppenstrategien, zur Lieferantenklassifizierung und zur Lieferantenstrategie.

Dieses Buch richtet sich vor allen an folgende Zielgruppen:

- **Verantwortliche Einkaufspraktiker,** die Ihren Einkauf strategisch transformieren möchten. Sie erhalten einen Leitfaden und vielfältige Praxistipps, wie die strategische Transformation durchzuführen ist.
- **Einkaufsmitarbeiter und Mitarbeiter in Funktionen mit Lieferantenkontakt,** die bei der strategischen Transformation im Einkauf mitarbeiten möchten/sollen. Sie lernen die Zusammenhänge einer strategischen Transformation kennen und erfahren, welchen Beitrag Mitarbeiter leisten können/sollen.
- **Führungskräfte im Unternehmen,** die für die strategische Entwicklung im Unter-nehmen verantwortlich sind bzw. dabei mitwirken. Sie erkennen, welche Bedeutung der Einkauf für die strategische Entwicklung des Unternehmens haben kann und wie diese Potenziale gehoben werden können. Darüber hinaus lernen sie am Beispiel einer Einkaufsstrategie das Zusammenspiel zwischen einer Funktionalstrategie und der Unternehmensstrategie kennen.

- **Studierende der Betriebswirtschaft, im Wirtschaftsingenieurwesen und in technischen Studiengängen,** die sich in Einkauf und Supply Management spezialisieren möchten. Sie lernen an einem konkreten Praxisbeispiel, wie die Strategieentwicklung im Einkauf vorangetrieben werden kann und welche Konzepte dabei hilfreich sind.

Das vorliegende Buch hat eine lange Entstehungsgeschichte: Über fünf Jahre wurde bei der Schreiner Group der strategische Einkauf mit der 15M-Architektur der Supply-Strategie entwickelt. Im Rahmen der Bewerbung für den BME-Innovationspreis und im Anschluss für die Veröffentlichung mussten vielfältige Konzepte aufgearbeitet und präzisiert werden. In diesem Rahmen haben viele Personen, insbesondere bei der Schreiner Group und bei einzelnen Lieferanten, ganz erheblichen Beitrag geleistet. Ihnen allen gilt unser besonderer Dank. Hervorheben möchten wir Herrn Roland Schreiner, geschäftsführender Gesellschafter der Schreiner Group, der die strategische Entwicklung des Einkaufs originär initiiert und anschließend über die Jahre hinweg stark unterstützt hat. Herrn Karl Tschacha, kaufmännischer Leiter und Prokurist der Schreiner Group, gilt unser besonderer Dank für die nachhaltige Unterstützung bei der strategischen Transformation des Einkaufs in der Schreiner Group. Dank sagen wir allen Teamleitungen im Einkauf, insbesondere Herrn Norbert Kreitmeir und Herrn Robert Kößlinger, die jahrelang maßgeblich bei der Entwicklung der strategischen Transformation mitgewirkt und diese mit vielfältigen Ideen zum Erfolg geführt haben. Ferner danken wir den Mitarbeitern im Einkauf der Schreiner Group, die in ihrer täglichen Arbeit die strategische Transformation mit Leben gefüllt haben.

Gerhard Heß
Manfred Laschinger

Inhaltsverzeichnis

Über die Autoren

Dr. Gerhard Heß ist Professor für Supply Management an der Technischen Hochschule Nürnberg Georg Simon Ohm und Leiter des Instituts für Beschaffungsstrategie. Sein Fokus in Forschung, Lehre und Unternehmensberatung liegt in der Entwicklung des strategischen Einkaufs von Unternehmen und von Einkaufsstrategien. Mit der 15M-Architektur der Supply-Strategie hat er in den Jahren 2006 bis 2008 ein ganzheitliches, branchenübergreifendes Managementkonzept zur Steuerung des strategischen Einkaufs entwickelt. Das Konzept wurde in Zusammenarbeit mit mehreren Praxispartnern erarbeitet und wird seitdem in vielfältigen Projekten mit Unternehmen verschiedener Branchen und Größe fortentwickelt und ausdifferenziert. Die 15M-Architektur ist veröffentlicht (Hauptwerk: Heß, G.: Strategischer Einkauf und Supply-Strategie – Schrittweise Entwicklung des strategischen Einkaufs mit der 15M-Architektur 2.0, SpringerGabler 2017).

Gerhard Heß unterstützt Unternehmen – häufig in Form einer langfristigen Begleitung – bei der Entwicklung ihres strategischen Einkaufs und der damit verbundenen Fragestellungen, z. B. Entwicklung von Materialgruppenmanagement und -strategien, Lieferantenmanagement, Risikomanagement, Einkaufscontrolling, Management von Partnerschaften mit Lieferanten, Digitalisierung des strategischen Einkaufs.

An der Technischen Hochschule Nürnberg hat er das Weiterbildungsprogramm für strategische Einkäufer mit Studienabschluss Master of Arts aufgebaut und ist heute im Programm in mehreren Kurseinheiten Dozent.

www.beschaffungsstrategie.de

hess@beschaffungsstrategie.de

Manfred Laschinger studierte Wirtschaftsingenieurwesen an der Fachhochschule München. Seinen beruflichen Werdegang begann Manfred Laschinger als Vertriebs-Trainee bei einem amerikanischen IT-Konzern. Nach einer Stabsstellentätigkeit in der Materialwirtschaft, Projektleiter von diversen logistischen und Einkaufs-Restrukturierungsprojekten folgten unterschiedliche Führungstätigkeiten im Konzern und größerem Mittelstand, immer mit globaler Ausrichtung.

Seit 2011 ist Manfred Laschinger verantwortlich für den unternehmensweiten Einkauf und die Lieferantenentwicklung der Schreiner Group GmbH & Co.KG, einem weltweit agierenden Hersteller von Funktionsetiketten für die Automobil- und Pharmabranche mit Produktionsstätten in Deutschland, USA und China. Diesen Einkauf hat er konsequent an der 15M-Beschaffungsstrategie nach Prof. Dr. Heß ausgerichtet.

www.schreiner-group.com

Grundlagen der strategischen Transformation im Einkauf

Strategische Transformation im Einkauf bedeutet, den gesamten Einkauf strategisch auszurichten. Dies betrifft gleichermaßen die Einkaufsentscheidungen wie auch die Denkweise der Mitarbeiter im Einkauf und der internen und externen Partner des Einkaufs. Die strategische Transformation beeinflusst selbst die Unternehmensstrategie, indem die Chancen der Beschaffungsmärkte sowie die Potenziale aus einer Zusammenarbeit mit Lieferanten systematisch in die Strategieformulierung eingebracht werden. Dieses Kapitel bietet einen Überblick, wie eine strategische Transformation im Einkauf erfolgreich umgesetzt werden kann. Hierzu werden ein gelungenes Beispiel vorgestellt, der Begriff der strategischen Transformation konkretisiert und die drei zentralen Erfolgskonzepte kurz skizziert.

1.1 Beispiel einer gelungenen strategischen Transformation

„Wir machen Strategie erfolgreich! Evolution der Einkaufsstrategie zum strategischen Erfolgsfaktor eines mittelständischen Weltmarktführers auf dem Weg zur Industrie 4.0." Mit diesem Slogan waren die Bewerbungsunterlagen der Schreiner Group für den BME-Innovationspreis 2017 überschrieben. Der Einzug ins Finale in Berlin wurde erreicht (Abb. 1.1: BME-Innovationspreis 2017 Finalteilnahme). Auch wenn der Preis letztlich nicht gewonnen werden konnte, attestiert die Finalteilnahme die erfolgreiche strategische Transformation, die der Einkauf der Schreiner Group genommen hat.

In der Ausgangssituation im Jahr 2011/2012 war der Einkauf bei der Schreiner Group operativ ausgerichtet und vorwiegend abwickelnd tätig. Eine fachliche Zusammenarbeit mit anderen Abteilungen, wie Produktion, Logistik, Qualität und Entwicklung,

© Springer Fachmedien Wiesbaden GmbH, ein Teil von Springer Nature 2019
G. Heß und M. Laschinger, *Strategische Transformation im Einkauf,*
https://doi.org/10.1007/978-3-658-25540-4_1

Die Jury des
„BME-Innovationspreises"
nominierte das Konzept

„Evolution der Einkaufsstrategie zum strategischen Erfolgsfaktor
eines mittelständischen Weltmarktführers
auf dem Weg zu Industrie 4.0"

der

Schreiner Group GmbH und Co. KG
Oberschleißheim

für die

Finalrunde zum
„BME-Innovationspreis 2017"

Gewürdigt wird der ganzheitliche Ansatz zur Optimierung der Wertschöpfungskette,
der durch seine effizienzsteigernde Wirkung Vorbildcharakter besitzt.

Frankfurt, 13. September 2017

Horst Wiedmann
Vorsitzender des Vorstands

Dr. Silvius Grobosch
Stellv. Vorsitzender des Vorstands

Mitglied der International Federation of Purchasing and Materials Management IFPMM

Abb. 1.1 Urkunde BME-Innovationspreis 2017 Finalteilnahme. (© Schreiner Group GmbH &
Co. KG, Oberschleißheim)

beschränkte sich im Allgemeinen darauf, dass der Einkauf nach Vorgabe bestellen sollte. Viele Käufe liefen allerdings am Einkauf vorbei. Die Maverick Buying-Quote war hoch und die üblichen Konsequenzen waren zu spüren. Strategische Denkmuster und Methoden wie Warengruppen- und Lieferantenmanagement waren nicht gefragt und wurden insofern auch nicht praktiziert. Es gab keine wirkliche IT-Unterstützung im strategischen Einkauf.

Innerhalb von nur fünf Jahren wurde der Einkauf zu einem Key Player der strategischen Entwicklung des Unternehmens. Eine so weitgehende strategische Transformation ist nicht in einem Schritt möglich. Vielmehr entwickelte sich die strategische Transformation schrittweise in vier Phasen:

- **Phase 1: Transparenz und Strukturen schaffen (2012–2013):** Im ersten Schritt wurden die Voraussetzungen für den Aufbau eines strategischen Einkaufs geschaffen. Es wurden grundlegende Strukturen, Prozesse und Methoden neu aufgebaut. Beispielsweise wurde eine Warengruppensystematik eingeführt sowie der operative und strategische Einkauf getrennt. Von zentraler Bedeutung war ferner die Realisierung von Quick Wins, beispielsweise durch ein erfolgreiches Skonto-Programm bzw. durch Preisverhandlungen über gebündelte Jahresvolumina. Diese Erfolge signalisierten, dass der Einkauf einen wesentlichen Wertbeitrag für den Unternehmenserfolg leisten kann und somit in allen Einkaufsprozessen einzubeziehen ist.
- **Phase 2: Einkaufsmanagement professionalisieren (2013–2016):** In der zweiten Phase wurde der strategische Einkauf systematisch aufgebaut. Es wurde das strategische Einkaufsmanagement mit Warengruppen- und Lieferantenstrategien etabliert sowie die Prozesse und die dazugehörigen IT-Systeme optimiert. Mit Hilfe von Reifegradmanagement und einer Rahmenstrategie wurde der Einkauf strategisch ausgerichtet. Da in Phase 1 die Voraussetzungen für die strategische Transformation bereits geschaffen wurden, stellten sich die ersten strategischen Erfolge frühzeitig ein, unmittelbar nachdem die Quick Wins abgeerntet waren. Die Integration des Einkaufs in die Unternehmensprozesse wurde schrittweise ausgeweitet. Parallel zur Entwicklung von Strategien, Strukturen und Prozessen muss die strategische Transformation in den Köpfen aller Beteiligten stattfinden. Insofern stellte das Management der Veränderung in dieser Phase eine wesentliche Herausforderung dar.
- **Phase 3: Integration in die Unternehmensstrategie vorantreiben (Seit 2016):** Mit der Neuentwicklung der Schreiner Group Unternehmensstrategie konnte die Supply-Strategie des Einkaufs vertieft in der Wertgenerierung des Unternehmens verankert werden. Es wurden die Anforderungen der unternehmensinternen Stakeholder erfasst und eine explizite Überleitung zwischen Unternehmensstrategie und Rahmenstrategie hergestellt. Der Einkauf war mittlerweile umfangreich in den Wertschöpfungsprozessen verankert, z. B. in den Entwicklungs- bzw. Vertriebsprozessen. Die in Phase 2 begonnene Entwicklung des Einkaufsmanagementsystems sowie die mentale Transformation bei den Mitarbeitern wurden weiter fortgesetzt.

- **Phase 4: Entwicklung in Richtung Industrie 4.0 (seit 2017):** In Phase 4 gewinnen auf den Absatzmärkten der Schreiner Group Industrie 4.0-Anwendungen zunehmend an Bedeutung. Abstrakt formuliert entwickeln sich Etiketten vom Informationsträger zum „Minicomputer" und übernehmen damit anspruchsvolle Aufgaben innerhalb integrierter Industrie 4.0-Lösungen. Dies hat auch erhebliche Konsequenzen für den Einkauf, der sich beispielsweise mit neuartigen Geschäftsmodellen oder neuartigen Projektmanagementaufgaben vertraut machen muss. Die externe Wertschöpfung, die vom Einkauf ausgesteuert wird, gewinnt in den Industrie 4.0-Anwendungen erheblich an unternehmensstrategischer Bedeutung.

Der Einkauf verfolgt mittlerweile[1] nicht nur eine eigene, auf die Unternehmensstrategie abgestimmte Einkaufsstrategie und entwickelt sein Einkaufsmanagementsystem mit der Reifegradsystematik. Vielmehr ist der Einkauf aktuell in die Strategieentwicklung des Unternehmens, in die Entwicklungsprozesse und teils auch in den Vertriebsprozess integriert. Der Einkauf ist gefragter Business Partner im Unternehmen, der einen wesentlichen Wertbeitrag für die Unternehmensentwicklung leistet. Beispielsweise hat er über Jahre hinweg Kostensenkungen realisiert, die auch im Unternehmensvergleich als beachtlich einzustufen sind. Ferner hat er über die Einbindung von Lieferanten in die Vertriebs- und den Entwicklungsprozesse die Innovationskraft der Schreiner Group gestärkt. Nicht zuletzt hat im Einkauf innerhalb von nur fünf Jahren eine grundlegende Änderung von Haltungen und Einstellungen stattgefunden. In dieser Zeit hat sich der Einkauf mental vom operativen Abwickler zum pragmatischen Strategen entwickelt. Bei seinen internen und externen Partnern wird der Einkauf als Business Partner auf Augenhöhe geschätzt.

1.2   Verständnis der strategischen Transformation im Einkauf

Die digitale Transformation von Unternehmen bzw. von der gesamten Gesellschaft ist in aller Munde. Dabei geht es darum, einen paradigmatischen Wandel zu gestalten, der durch die neuen digitalen Technologien möglich wird. Dieser Wandel betrifft gleichermaßen Technologien, Prozesse, die Kommunikation, Denkmuster und Sozialstrukturen. Bei der strategischen Transformation im Einkauf eines Unternehmens geht es ebenso darum, einen fulminanten Wandel zu gestalten, der sich durch die Chancen einer strategischen Durchdringung des Einkaufs ergibt. Auch in der strategischen Transformation des Einkaufs sind gleichermaßen Prozesse, Strukturen, die Kommunikation, Denkmuster und Sozialstrukturen zu transformieren.

---

[1]Redaktionsschluss der Fallstudie ist der 30. Juni 2017. Gelegentlich werden einzelne Aspekte bis 31.03.2018 mit einbezogen.

Betrachtet man die gegenwärtige Situation des Einkaufs, so findet sich mittlerweile in vielen Unternehmen eine Abteilung oder eine Gruppe, die strategischer Einkauf genannt wird und zumindest nominal den strategischen Einkauf verantwortet. Sieht man sich diese Abteilungen näher an, so wird das Bild sehr viel differenzierter. So gibt es Unternehmen mit einem ganz exzellenten strategischen Einkauf. Gleichzeitig gibt es nicht wenige Unternehmen, in denen der sogenannte strategische Einkauf völlig in operativen Aufgaben untergeht. Das breite Mittelfeld ist durch Unternehmen gekennzeichnet, in denen vielfältige Methoden, Instrumente, Prozesse oder Systeme des strategischen Einkaufs vorhanden sind. Man denke beispielsweise an die Lieferantenbewertung, an Lieferantenfreigabeprozesse, an Warengruppenstrategien, Total-Cost-Analysen und vieles mehr. Insgesamt bemüht sich der Einkauf um eine strategische Ausrichtung. Trotzdem ist in vielen dieser Unternehmen die strategische Transformation noch nicht angekommen. Folgende Indikatoren entlarven die strategischen Scheinriesen, die aus der Entfernung strategieorientiert wirken und, je näher man kommt, in ihrer strategischen Ausrichtung zum Strategie-Zwerg schrumpfen:

- **Kurzfristige Kostenoptimierung dominiert:** Die Savings im aktuellen Geschäftsjahr sind die beherrschende Zielgröße. Diese Zielsetzung dominiert letztlich alle Entscheidungen. Langfristige Projekte, die zukünftige Kostenverbesserungen mit sich bringen, werden durchaus „neben der eigentlichen Arbeit" durchgeführt. Sie haben aber einen schweren Stand. Wenn es zu Konflikten mit der kurzfristigen Kostenoptimierung kommt, haben sie oft das Nachsehen. So kann es beispielsweise sein, dass wichtige Personen in Projektsitzungen regelmäßig fehlen, da sie aktuelle Probleme des Tagesgeschäftes zu lösen haben.
- **Kaum Bezug zur Unternehmensstrategie:** Der Bezug zwischen der Unternehmensstrategie und der Einkaufsstrategie ist nicht vorhanden, nicht bekannt oder völlig implizit. So stehen häufig die Wertbeitragsziele „Versorgungssicherheit" und „Kostenoptimierung" im Fokus des Einkaufs. Andere leistungsorientierte Wertbeitragsziele des Einkaufs, wie z. B. Lieferanteninnovation, Flexibilität, Beitrag zu kundenindividuellen Lösungen spielen meist keine Rolle. Gerade diese Ziele würden aber die Leistungsdifferenzierung des Unternehmens in seinen Absatzmärkten unterstützen und sind somit häufig strategisch bedeutsam.
- **Ausschreibungsprojekte dominieren:** Die Durchführung der Ausschreibungen wird als „Königsdisziplin" im Einkauf gesehen. Die Strategieentwicklung vollzieht sich nahezu ausschließlich in der Abfolge der Ausschreibungen. Es ist keine Frage, dass umfassende Ausschreibungsprojekte eine wichtige Aufgabe im strategischen Einkauf darstellen. Allerdings müssen diese hinreichend in der Unternehmens- und der Einkaufsstrategie eingebettet sein und letztlich als Instrument der Strategieimplementierung verstanden werden. Gerade hier gibt es in nicht wenigen Unternehmen gravierende Defizite.
- **Firefighting-Mentalität dominiert:** Das Selbstverständnis des Einkaufs ist durch Firefighting geprägt. Die wahren Helden sind die Feuerwehrleute, denen es

gelingt, ernste Versorgungsprobleme zu lösen. Ist ein Lieferant insolvent und kann gerettet werden, oder gelingt es, einen drohenden Materialabriss durch einen Alternativlieferanten in allerletzter Sekunde zu verhindern, wird das als Heldentat im Unternehmen gefeiert. Das Entwickeln einer Warengruppen- bzw. einer Lieferantenstrategie hingegen wird als bürokratische Schreibtischarbeit gesehen, die signalisiert, dass jemand (zu) viel Zeit hat.

- **Einkauf wird als Dienstleister gesehen:** Der Einkauf wird im Unternehmen als nachgeordneter Dienstleister mit einer weitgehend auf Abwicklung ausgerichteten Rolle gesehen. Die oben angesprochenen strategischen Instrumente, wie Warengruppenstrategien oder Lieferantenbewertung, werden nur innerhalb des Einkaufs beachtet oder als wenig nützliches Beiwerk verstanden. Eine maßgebliche Teilhabe des Einkaufs bei der Entwicklung der Unternehmensstrategie gibt es genauso wenig, wie eine aktive Mitarbeit anderer Abteilungen bei der Entwicklung der Einkaufs-, Warengruppen- und Lieferantenstrategien.

Die strategische Transformation im Einkauf zielt darauf ab, alles Denken und Handeln im Einkauf strategisch auszurichten. Dabei sind mit der Bezeichnung „im Einkauf" nicht nur die Einkaufsabteilung selbst, sondern alle Prozesse bzw. Personen an der Lieferantenschnittstelle gemeint. Kurz gesagt: **Die strategische Transformation im Einkauf zielt auf die umfassende und durchgängige strategische Ausrichtung der externen Wertschöpfung des Unternehmens.** Um die Begrifflichkeit der strategischen Transformation näher zu beleuchten, wird zunächst kurz ein pragmatisches Verständnis von Strategie vorgestellt. Anschließend werden die zentralen Aktionsfelder der strategischen Transformation strukturiert.

Strategiebegriff Einfach ausgedrückt, zielt eine Strategie darauf ab, die Voraussetzungen für den zukünftigen Erfolg zu gewährleisten. Es müssen heute die Weichen richtig gestellt und entsprechende Investitionen getätigt werden, damit in den kommenden Jahren das operative Management erfolgreich arbeiten kann. Wer schlechte oder zu teure Produkte hat oder in wenig attraktiven Ländern aktiv ist, wird trotz aller operativen Bemühungen kaum Erfolg haben können. Strategie hat somit die Aufgabe neue Erfolgspotenziale zu schaffen bzw. bestehende Erfolgspotenziale zu sichern (Gälweiler 1986).

Aus Sicht einer betrieblichen Funktion, wie z. B. dem Einkauf, kann in zwei Schritten konkretisiert werden, was als Erfolg zu verstehen ist und welche Erfolgspotenziale aufgebaut werden sollen:

- **Erfolgspotenziale der Unternehmensstrategie identifizieren:** Im ersten Schritt müssen die angestrebten Erfolgspotenziale der Unternehmensstrategie ermittelt werden. Beispielsweise wird das Unternehmensportfolio analysiert und bestimmt, in welchen Märkten zukünftig Erfolgsaussichten gesehen werden. Erfolgspotenziale schaffen bedeutet somit, in attraktive Märkte einzusteigen bzw. sich aus wenig attraktiven

Märkten zurückzuziehen. Eine zweite große Fragestellung zielt darauf ab, mit welchen Wettbewerbsvorteilen in den einzelnen Märkten der Markterfolg angestrebt werden soll. Die angestrebten Wettbewerbsvorteile müssen entwickelt werden, z. B. Kunden durch innovative Leistungen begeistert werden. Darüber hinaus hat die Strategie auch die Sicherung der Grundwettbewerbsfähigkeit zu gewährleisten. Beispielsweise kann auch ein Qualitäts- oder Innovationsführer nicht beliebig hohe Kosten aufweisen, sondern muss diese in einem vom Markt akzeptierten Rahmen halten.

- **Wertbeitrag des Einkaufs bestimmen:** Im zweiten Schritt muss der Wertbeitrag der jeweiligen Funktion bzw. konkreter des Einkaufs für die angestrebte Strategie und den damit verbundenen Geschäftserfolg ermittelt werden. Im oben aufgeführten Beispiel gilt es, durch Lieferantenfrüheinbindung in den Entwicklungsprozess, die Innovationskraft des Unternehmens zu stärken. Ferner wird der Einkauf auch sehr oft einen wesentlichen Beitrag zur angestrebten Kostenposition des Unternehmens leisten.

Herausforderungen der strategischen Transformation im Einkauf Strukturiert und konkretisiert man die Aktionsfelder einer strategischen Transformation im Einkauf können folgende Herausforderungen identifiziert werden:

- **Verknüpfung mit der Unternehmensstrategie:** Die Wertbeitragsziele des Einkaufs müssen aus der Unternehmens- und den Wettbewerbsstrategien abgeleitet werden. Gleichzeitig müssen aber auch die Potenziale der externen Wertschöpfung, z. B. die Chancen einer Zusammenarbeit mit Lieferanten, bei der Formulierung der Unternehmensstrategie mit einfließen. Die Einkaufsstrategie wird somit integraler Bestandteil der Unternehmensstrategie.
- **Formulierung und Umsetzung der Einkaufsstrategie:** Zur Realisierung der Wertbeitragsziele müssen angemessene Strategien, Prozesse und Methoden entwickelt werden. Dabei ist die Kaskadierung der Wertbeitragsziele hin zu Einkäufergruppen, Standorten, Warengruppen oder Lieferanten eine anspruchsvolle Aufgabe. Letztlich muss ein Einkaufsmanagementsystem aufgebaut werden, das die strategische Steuerung der kleinsten Steuerungseinheit mit der übergreifenden Unternehmens- und Einkaufsstrategie verknüpft.
- **Integriertes Vorgehen der Schnittstellenpartner:** An der Steuerung der externen Wertschöpfung sind in der Regel viele Abteilungen im Unternehmen beteiligt. Man denke neben dem Einkauf beispielsweise an die Technik, die Produktion, die Qualität oder die Logistik. In der strategischen Transformation muss die strategische Zusammenarbeit der Stakeholder sichergestellt werden.
- **Organisierter evolutionärer Wandel:** Die Komplexität der strategischen Transformation ist derart groß, dass kein umfassender Gesamtplan aufgestellt und umgesetzt werden kann. Vielmehr müssen im Laufe der strategischen Transformation unternehmensinterne wie auch – externe Veränderungen sowie umfassende Lernprozesse der beteiligten Stakeholder als Gestaltungselement beachtet werden. Die strategische Transformation muss schrittweise bzw. evolutionär erfolgen.

- **Entwicklung einer strategieorientierten Denkkultur:** Von zentraler Bedeutung für die strategische Transformation im Einkauf ist es, eine strategieorientierte Denkkultur als Basis allen Denkens und Handelns zu verankern. Das Primat der Strategie ist die grundlegende Maxime aller Beteiligten.
- **Entwicklung einer strategieorientierten Sozialstruktur:** Die Rolle des Einkaufs wird von allen Beteiligten, also auch vom Einkauf selbst, primär strategisch gesehen. Der Einkauf ist als Stratege der externen Wertschöpfung allseits anerkannt. Angemerkt sei, dass deshalb der operative Einkauf als Ort der Umsetzung von Strategien nicht unwichtig wird.

Um diese Herausforderungen systematisch anzugehen werden in diesem Buch die drei Erfolgskonzepte der strategischen Transformation im Einkauf vorgestellt und diskutiert:

- **Ganzheitlicher Strategieansatz:** Zur Lösung der ersten drei Herausforderungen wird ein ganzheitlicher Strategieansatz für den Einkauf vorgeschlagen. Die Einkaufsstrategie wird in Abstimmung mit den Schnittstellenpartnern aus der Strategie des Unternehmens abgeleitet und filigran in die einzelnen Steuerungseinheiten kaskadiert.
- **Evolutionärer Ansatz:** Im evolutionären Ansatz wird die Strategie – mit Blick auf eine grundlegende strategische Ausrichtung – schrittweise entwickelt. Die evolutionären Steuerungsprozesse korrespondieren mit der Herausforderung „organisierter Wandel" und werden im zweiten Erfolgskonzept vorgestellt.
- **Change Management:** Zur Entwicklung der strategieorientierten Denkkultur und Sozialstruktur dient das dritte Erfolgskonzept. Im Change Management wird der Veränderungsprozess, insbesondere im Hinblick auf die menschliche Dimension der strategischen Transformation, gesteuert.

Ziel und Aufbau des Buchs Es werden die drei grundlegenden Erfolgskonzepte der strategischen Transformation vorgestellt und anhand einer umfassenden Fallstudie zu einem gelungenen strategischen Transformationsprozess illustriert. Gerade die enge Verknüpfung zwischen den systematischen Konzepten und einer tief gehenden Fallstudie soll die befähigen, die Logik und Dynamik einer strategischen Transformation im Einkauf zu verstehen und in ihre Praxis zu übertragen.

Um diese Zielsetzung zu erreichen, soll zunächst ein erstes Vorverständnis zu den drei Erfolgskonzepten und dem zugrunde liegenden Basiskonzept der 15M-Architektur der Supply-Strategie geschaffen werden (Abschn. 1.3). Anschließend soll ausführlich die Fallstudie zur strategischen Transformation bei der Schreiner Group ausgeführt werden. Nach einer kurzen Beschreibung der Schreiner Group mit ihren Produkten und Strategien (Kap. 2) wird der Transformationsprozess bei der Schreiner Group in den Jahren 2012 bis 2017 tief gehend vorgestellt (Kap. 3). Die Entwicklung der strategischen Transformation wird weitgehend chronologisch nachgezeichnet und dazu in vier Phasen untergliedert. Bereits in diesem Abschnitt wird der Bezug zu den Erfolgskonzepten hergestellt.

Zur Übertragung des Konzeptes auf die eigene Praxis ist es allerdings notwendig, über eine reine Fallstudie hinauszugehen und die dahinterliegende systematische Vorgehensweise zu betrachten und zu analysieren. Insofern werden nach der chronologischen Vorstellung der strategischen Transformation bei der Schreiner Group die drei Erfolgskonzepte mit ihren Querbezügen ausführlich erläutert: Ganzheitliches Strategiekonzept (Kap. 4), Evolutionärer Ansatz (Kap. 5) und Change Management (Kap. 6). In diesen Abschnitten werden die Erfolgskonzepte im Sinne eines Leitfadens systematisch präsentiert und mit dem jeweiligen Vorgehen der Schreiner Group illustriert. Die einzelnen Konzepte werden an dieser Stelle erheblich vertieft. Das Werk endet mit dem Vorschlag einer Roadmap zur Umsetzung der strategischen Transformation im Einkauf (Kap. 7).

Als systematisches Konzept liegt **der Ansatz der evolutionären Entwicklung des strategischen Einkaufs auf Basis der 15M-Architektur der Supply-Strategie** zugrunde.

1.3   Überblick über die drei Erfolgskonzepte

Um die Fallstudie zur strategischen Transformation bei der Schreiner Group richtig verstehen zu können, ist ein erster Überblick zu den drei Erfolgskonzepten der strategischen Transformation hilfreich. Die drei Erfolgskonzepte der strategischen Transformation basieren auf der 15M-Architektur der Supply-Strategie. Die 15M-Architektur ist ein systematischer Ansatz zur Entwicklung des strategischen Einkaufs und zur Formulierung von Supply-Strategien. Sie wurde in den Jahren 2006 bis 2008 in der Einkaufspraxis entwickelt und hat sich seit dieser Zeit in vielen Anwendungssituationen bewährt (vgl. Heß 2008, 2010, 2017). Folgende Eigenschaften charakterisieren die 15M-Architektur:

- Das Konzept ist theoretisch sehr einfach. Für erfahrene Einkäufer ist die 15M-Architektur nahezu intuitiv umsetzbar.
- Es ist mittelstandstauglich, da die schrittweise Vorgehensweise sich an den bestehenden (meist geringen) Ressourcen eines Mittelständlers orientiert.
- Der Ansatz kann ohne Beraterunterstützung mit eigenen Bordmitteln aufgebaut werden. Die prozessbegleitende Unterstützung durch einen Coach kann die Umsetzung allerdings stark vereinfachen und beschleunigen.
- Die schrittweise Vorgehensweise der 15M-Architektur nimmt auch auf die häufig eher geringe Strategiekompetenz der Einkaufsmitarbeiter Rücksicht. So kann parallel zur Strategieentwicklung auch die Strategiekompetenz der Mitarbeiter gefördert werden. Lernen braucht Zeit.
- Das Konzept ist einfach auf andere Unternehmen und Branchen übertragbar.

Die 15M-Architektur der Supply-Strategie wird in Kap. 4 näher vorgestellt. Im Folgenden werden die drei Erfolgskonzepte knapp skizziert.

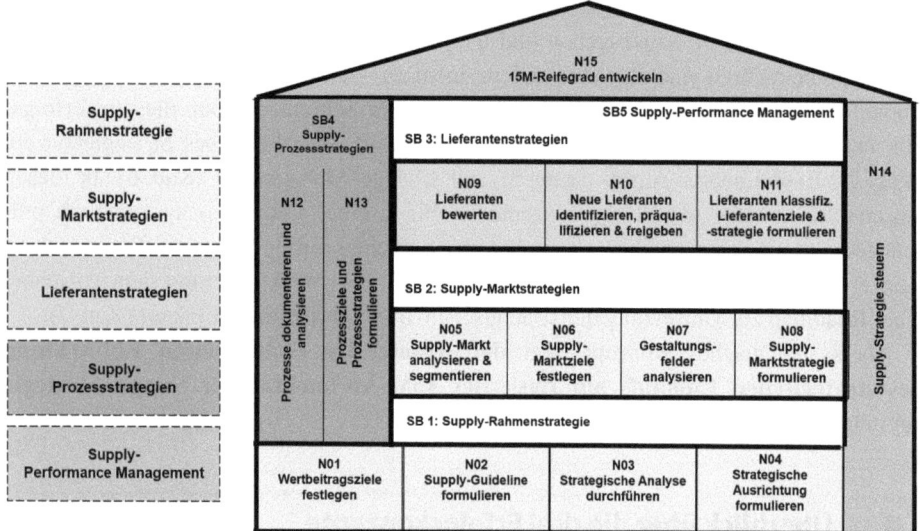

Abb. 1.2 Die 15M-Architektur der Supply-Strategie. (© Institut für Beschaffungsstrategie Prof. Dr. Gerhard Heß)

Supply-Strategie oder Einkaufsstrategie?

Sollte von einer Einkaufsstrategie oder besser von einer Supply-Strategie gesprochen werden? Im Begriff Einkaufsstrategie wird nicht deutlich, ob es sich um die Strategie der Einkaufsabteilung oder um die Strategie der (abteilungs-übergreifenden) Einkaufsfunktion handelt. Sehr leicht kann es zu Bedenken in der Logistik oder im Qualitätsmanagement kommen, wenn sie die Strategie einer Einkaufsabteilung verfolgen sollen. Dies führt zum Begriff der Supply-Strategie. Supply steht für Versorgung und wird in der Regel nicht einer Abteilung, sondern der gesamten Versorgungsfunktion zugeordnet. Der Begriff bringt damit den cross-funktionalen Ansatz der strategischen Transformation besonders gut zum Ausdruck. Problematisch ist allerdings, dass der Begriff in vielen Unternehmen – insbesondere mittelständischen Unternehmen – nicht eingeführt ist. Seine Verwendung kann fremd und künstlich wirken. Die Lesbarkeit des Werkes kann darunter leiden.

Wissend um die Differenz, werden die drei Begriffe „Einkaufsstrategie", „Einkaufsmanagement" und „Einkauf" in diesem Werk synonym zu den Begriffen „Supply-Strategie" und „Supply Management" verwendet. Aufgrund einer einfacheren Lesbarkeit werden in diesem Werk meist die Begriffe „Einkaufsstrategie", „Einkaufsmanagement" und „Einkauf" verwendet.

1. Ganzheitlicher Strategieansatz

Die 15M-Architektur der Supply-Strategie (vgl. Abb. 1.2) hat den Anspruch, ein systematisches und ganzheitliches Konzept für den strategischen Einkauf bereitzustellen. Dies bedeutet, dass alle relevanten Aspekte eines strategischen Einkaufs in der Architektur systematisch verankert sind. In der 15M-Architektur werden fünf Strategiebausteine unterschieden:

- **Supply-Rahmenstrategie:** In der Rahmenstrategie erfolgt die strategische Ausrichtung des gesamten Einkaufs. Durch die Formulierung der Wertbeitragsziele wird die Verknüpfung zur Strategie des Unternehmens hergestellt. Neben der grundlegenden strategischen Ausrichtung des Einkaufs werden innerhalb der Rahmenstrategie auch die wesentlichen Strukturen des Einkaufs definiert, z. B. Definition der strategisch bedeutsamen Materialgruppen, für die jeweils eine Marktstrategie formuliert werden soll.
- **Supply-Marktstrategie:** Für jede strategisch bedeutsame Materialgruppe soll eine Marktstrategie formuliert werden. In der Marktstrategie werden die Hebel zur Optimierung der Position des Unternehmens im Beschaffungsmarkt analysiert und geplant. Beispielsweise wird die Struktur der Lieferantenbasis entwickelt, indem die Lieferantenzahl reduziert wird oder Partnerschaften mit ausgewählten Lieferanten angestrebt werden.
- **Lieferantenstrategie:** In den Lieferantenstrategien wird – aus Sicht des Unternehmens – die Zusammenarbeit mit jeweils einem bestimmten Lieferanten fortentwickelt. Die Lieferantenbewertung, die Lieferantenfreigabe oder die Lieferantenklassifizierung sind Bausteine der Lieferantenstrategie.
- **Prozessstrategie:** Effektive und effiziente Prozesse sind für den Einkaufserfolg von großer Bedeutung. Mit den Prozessstrategien werden die zentralen Einkaufsprozesse systematisch entwickelt. Die Digitalisierung oder die Autonomisierung (Einkauf 4.0) der Prozesse ist Bestandteil der Prozessstrategien. Auch die Optimierung eines operativen Prozesses wird als strategische Aufgabe gesehen.
- **Performance Management:** Jede Strategie in den vier anderen Strategiebausteinen mündet in messbare Ziele (KPI's) und Projekte. Im Performance Management werden diese Ziele und Maßnahmen gesteuert. Dabei muss die Kaskadierung der Ziele und der Projekte über die vier Strategiebausteine hinweg beachtet werden. Beispielsweise wird das Ziel der Materialkostenveränderung auf Ebene der Rahmenstrategie formuliert und auf Supply-Märkte und auf Top-Lieferanten heruntergebrochen. Ebenso können strategische Projekte wie beispielsweise die Ausweitung der globalen Lokalisierung von der Rahmenstrategieebene, über die Märkte auf Lieferanten heruntergebrochen werden. Ferner ergeben sich daraus erhebliche Konsequenzen für die Gestaltung der Prozesse.

Modularer Aufbau Die fünf Strategiebausteine sind in insgesamt 15 Module untergliedert. Der Name 15M leitet sich aus dieser modularen Struktur ab. 15M steht für 15 Module.

Mit der Version 2.0 der 15M-Architektur, die in diesem Buch zugrunde gelegt ist, werden die einzelnen Module nicht mehr mit M01, M02 usw., sondern mit N01, N02 usw. durchnummeriert. Damit sollen Verwechslungen mit der alten Modulstruktur vermieden werden. Das N steht für „Neues Modul". Die einzelnen Module werden in Kap. 4 erläutert.

In dieser Grundstruktur lassen sich alle weiteren Gestaltungselemente des strategischen Einkaufs einordnen. Auf einige besonders wichtige Aspekte soll im Folgenden überblicksartig eingegangen werden:

Risikomanagement und Nachhaltigkeit Risiko- und Nachhaltigkeitsaspekte sind in der gesamten Struktur der 15M-Architektur durchgängig integriert. Da mit jeder Managemententscheidung Risiken verbunden sind, sollte die Risikoabwägung auch im Rahmen der jeweiligen Entscheidung erfolgen. Deshalb werden Risikoaspekte in jedem Strategiebaustein insbesondere im Rahmen der Strategieformulierung berücksichtigt. Nachhaltigkeitsziele werden im Rahmen der Wertbeitragsziele definiert und über die gesamte Struktur hinweg kaskadiert (vgl. Heß 2019).

Schnittstellen zu Bezugsgruppen Ein ganzheitlicher Ansatz muss darüber hinaus alle wesentlichen Schnittstellen zu den Bezugsgruppen außerhalb des Einkaufs sicherstellen. Besonders bedeutsame Schnittstellen, die in der 15M-Architektur verankert sind, sind:

- **Unternehmens- und Wettbewerbsstrategien:** Die Supply-Strategie muss eng mit der Unternehmensstrategie und den Wettbewerbsstrategien verknüpft werden. So werden – wie oben bereits angesprochen – im ersten Schritt der Formulierung einer Rahmenstrategie die Wertbeitragsziele des Einkaufs für die Geschäftsziele und die Strategie des Unternehmens definiert. Damit wird die Supply-Strategie mit den Geschäftszielen und der Unternehmens- und den Wettbewerbsstrategien verknüpft. Mit der oben beschriebenen Systematik der Strategiebausteine wird gewährleistet, dass alle Aktionen im strategischen Einkauf an den Wertbeitragszielen und damit an der Unternehmens- und den Wettbewerbsstrategien ausgerichtet werden.
- **Anforderungsmanagement:** Im Anforderungsmanagement werden die Anforderungen der Stakeholder systematisch erfasst. Sie können dann im Rahmen der Strategieformulierung berücksichtigt werden. Beispielsweise kann so die Zusammenarbeit mit dem Qualitätsmanagement, der Logistik oder der Entwicklung systematisch gesteuert werden. Welche Stakeholder relevant sind, ist firmenspezifisch zu definieren. Die Zusammenarbeit mit einzelnen Stakeholdern kann je nach Firmensituation unterschiedlich eng gestaltet werden.
- **Lieferanten:** Ebenso ist die Zusammenarbeit mit Lieferanten systematisch in der 15M-Architektur berücksichtigt, z. B. im Rahmen der Lieferantenstrategie oder in ausgewählten Prozessen.

Konzernstrukturen Als ganzheitlicher Ansatz ist die 15M-Architektur auch für Konzernstrukturen mit mehreren Business Units sehr gut geeignet. So stellt die

15M-Architektur eine einheitliche Struktur und eine einheitliche Sprache zur Verfügung. Wenn sich einzelne Business Units an diesen Strukturen orientieren, wird eine spätere Kooperation oder Integration der unterschiedlichen Lösungen in der Regel einfach möglich. Voraussetzung dazu sind die beiden folgenden Eigenschaften der 15M-Architektur.

Branchenunabhängigkeit Die 15M-Architektur ist branchenunabhängig und hat sich in unterschiedlichen Anwendungsbezügen sehr bewährt, z. B. Industrie, Dienstleistung (z. B. Versicherung), Anlagenbau oder Handel.

Skalierbarkeit Die 15M-Architektur kann gleichermaßen in Großunternehmen wie in kleineren Unternehmen eingesetzt werden. Die Grundstruktur ist identisch. Die angewandten Methoden und Prozesse werden für kleine Einheiten vereinfacht. Beispielsweise umfasst ein Materialgruppensteckbrief im Großunternehmen mit mehreren Einkäufern in der Materialgruppe viele Seiten und ist inhaltlich und methodisch sehr ausdifferenziert. Im kleinen Unternehmen, in dem ein Einkäufer für mehrere Materialgruppen zuständig ist, wird der Steckbrief erheblich schlanker ausfallen. Die grundlegende Systematik und Struktur unterscheidet sich allerdings nicht.

2. Evolutionärer Ansatz

Der evolutionäre Ansatz ist das zweite Erfolgskonzept einer strategischen Transformation im Einkauf. Die Supply-Strategie und die Entwicklung des strategischen Einkaufs werden in (kleinen) Schritten evolutionär vorangetrieben. Kennzeichnend für das evolutionäre Vorgehen ist die Umsetzung einer stringenten Regelkreislogik, gemäß der alle strategischen Elemente mit der PDCA-Logik (Plan-Do-Check-Act-Schema) fortentwickelt werden. Beispielsweise wird die Rahmenstrategie jährlich überarbeitet bzw. fortgeschrieben (Plan). Die definierten strategischen Projekte werden umgesetzt (Do). Der Maßnahmenfortschritt sowie die Entwicklung bei Zielen und KPI's werden (möglichst) monatlich gecheckt (Check). Aus dem Soll-Ist-Vergleich und aufgrund aktueller Entwicklungen werden Konsequenzen gezogen (Act).

Diese einfache Regelkreislogik wird in den Strategiebausteinen der 15M-Architektur aufgebaut. Dabei ist zu beachten, dass für jeden strategischen Supply-Markt, für jeden Top-Lieferanten oder auch für jeden Top-Prozess ein eigener Regelkreis zu etablieren ist. Darüber hinaus gilt es aber nicht nur die einzelnen Strategien zu steuern, sondern auch die verwendeten Methoden im strategischen Einkauf fortzuentwickeln. Beispielsweise muss sowohl die Strategie für Gussteile nach dem PDCA-Schema entwickelt werden als auch die Methode zur Entwicklung von Marktstrategien, z. B. durch die Fortentwicklung des Strategietemplates, durch den Aufbau einer Methodik zur Kostenstrukturanalyse oder durch die Entwicklung einer neuartigen Technologie Roadmap.

Während der einzelne PDCA-Prozess sehr einfach, ja eigentlich trivial ist, bekommt das Gesamtsystem durch die vielfältigen Querbezüge eine gewisse Komplexität. Mithilfe der 15M-Architektur gelingt es, das Gesamtsystem transparent zu strukturieren und einfach zu steuern.

Im Rahmen der strategischen Transformation ist die evolutionäre Entwicklung der Strategie aus folgenden Gründen dringend zu empfehlen:

- **Verfügbare Managementkapazität:** Die verfügbare Kapazität für die Strategieentwicklung ist in den meisten Unternehmen, insbesondere bei mittelständischen Unternehmen, stark beschränkt. Mit der evolutionären Methode kann die Strategie je nach verfügbarer Kapazität unterschiedlich intensiv fortentwickelt werden. Sollte aufgrund widriger Umstände eine gewisse Zeit kein Strategiefortschritt möglich sein, kann der Prozess nach der Zwangspause in der Regel sehr unproblematisch wieder aufgenommen werden.
- **Verfügbare Mitarbeiterkapazität und -kompetenz:** Die Strategiekompetenz der Mitarbeiter im Einkauf weist häufig erhebliche Entwicklungspotenziale auf. Lernen und Personalentwicklung muss in richtig dossierten Schritten erfolgen und benötigt Zeit. In einem solchen Umfeld ist die evolutionäre Vorgehensweise notwendig und beinhaltet erhebliche Personalentwicklungsaspekte (vgl. auch die Ausführungen zum dritten Konzept: Change Management).
- **Entwicklung der Rolle des Einkaufs:** Eng damit verbunden muss auch das Rollenverständnis des Einkaufs im Unternehmen schrittweise entwickelt werden. Einem bisher abwickelnden Einkauf mit Mitarbeitern ohne Strategiekompetenz traut keiner im Unternehmen zu, einen wesentlichen Beitrag zur Strategieentwicklung zu leisten. Der Übergang vom abwickelnden zum strategischen Einkauf muss somit nach und nach erarbeitet werden. Die Stakeholder müssen mit dem Einkauf erste positive Erfahrungen machen, um dann in weiteren Schritten dem Einkauf nach und nach größere Aufgaben zuzutrauen. Eine solche Vorgehensweise benötigt Zeit.
- **Reaktion auf Entwicklungen:** Die Entwicklung des Einkaufs und der Einkaufsstrategie ist von vielfältigen (internen und externen) Ungewissheiten geprägt. Insofern hilft eine evolutionäre Strategieentwicklung sich schrittweise in die Zukunft hinein zu tasten und die grundlegenden strategischen Überlegungen an die aktuellen Chancen und Risiken anzupassen.

Der evolutionäre Ansatz darf nun nicht als ein kurzfristig orientiertes „Muddling through" missverstanden werden. Vielmehr sollte im Unternehmen über die 15M-Architektur in zweifacher Weise eine klare strategische Orientierung erarbeitet werden:

- **Entwicklung des strategischen Einkaufs mit dem 15M-Reifegradmanagement:** Mit der 15M-Architektur ist eine klare Zielstruktur für die Entwicklung des strategischen Einkaufs beschrieben. Diese Zielstruktur ist für die konkrete Unternehmenssituation auszuformulieren. Dabei müssen die Geschwindigkeit und die Schrittlänge bei der Umsetzung der Struktur firmenindividuell bestimmt werden. Diese Entscheidungen erfolgen im evolutionären Ansatz schrittweise. Die modulare Struktur der 15M-Architektur sowie das 15M-Reifegradmanagement geben aber den Rahmen und die Richtung der Entwicklung vor und unterstützen somit Firmen beim Aufbau ihres strategischen Einkaufs.

- **Strategische Ausrichtung mit der strategischen Story:** Mit der strategischen Story wird die grundsätzliche (visionäre) strategische Ausrichtung des Einkaufs formuliert. Diese wird in den strategischen Stoßrichtungen der Rahmenstrategie und folgend in den strategischen Projekten konkretisiert. Im evolutionären Ansatz wird somit innerhalb eines sehr allgemeinen Rahmens, der weitgehend stabil bleibt, die strategische Feinjustierung evolutionär fortgeschrieben. Diese Logik gilt auch in den anderen Strategiebausteinen (Markt-, Lieferanten- und Prozessstrategien). Dort werden Strategien ebenso mit einer allgemeinen strategischen Ausrichtung und darauf aufbauend konkreteren strategischen Stoßrichtungen entwickelt.

Insgesamt entsteht damit ein Managementsystem im Einkauf, mit dem die strategischen Ziele des Einkaufs in die einzelnen strategischen Elemente (Materialgruppe bzw. Markt, Lieferant, Prozess) herunter gebrochen und dort evolutionär gesteuert werden können. Jeder Regelkreis für sich ist einfach. Die Verknüpfungen werden durch die 15M-Architektur strukturiert. Herausfordernd ist vor allem, dass ein sehr konsequentes Management vorausgesetzt werden muss, das sich an die eigenen Regeln hält.

3. Change Management

Das dritte Erfolgskonzept steuert den Cultural Change, der für eine strategische Transformation des Einkaufs wesentlich ist. Der Wandel muss gleichzeitig an den Einstellungen, Rollenerwartungen und Kompetenzen der Stakeholder und der Mitarbeiter des Einkaufs ansetzen und sollte evolutionär vorangetrieben werden. Folgende Hebel haben sich als besonders bedeutsam erwiesen:

- **Strategieorientiertes Selbstverständnis im Einkauf:** Viele Einkaufsabteilungen sind projekt- und problemgetrieben. Die nächste Vergabe oder aktuell kritische Versorgungs- oder Lieferprobleme beherrschen das Denken. Je größer das Problem, desto größer ist die Aufmerksamkeit und desto größer ist die Bewunderung und die Anerkennung, wenn das Problem gelöst ist. In einem solchen Unternehmen sind erfolgreiche Firefighter die Helden. Strategie, die zukünftige Probleme identifiziert und vermeidet, ist in dieser Kultur schädlich. Ohne Problem wird man kein Held. Die implizite Herabwürdigung von Strategie ist in einer solchen Kultur meist noch tiefer verwurzelt: Wer seine strategischen Aufgaben gut macht, ist ein Faulenzer, der anscheinend seine Zeit für Unwichtiges einsetzen kann, da er ja keine Feuer zu bekämpfen hat.
Offenkundig müssen diese Denkstrukturen in einem strategieorientiertem Unternehmen aufgebrochen werden. Die Formulierung und Implementierung innovativer und kreativer Strategien müssen als die eigentlichen Heldentaten etabliert werden, die die volle Anerkennung durch die Führung erfahren. Wer aufgrund von Firefighting nicht genügend Zeit für seine strategischen Aufgaben hat, muss sich rechtfertigen. Über-

durchschnittliche Probleme im Tagesgeschäft werden zunächst als Strategieschwäche interpretiert.

Aufgabe des Change Managements ist es also, im Einkauf wie im Unternehmen ein strategieorientiertes Selbstverständnis aufzubauen: Die Formulierung und Implementierung der Strategie und deren evolutionäre Entwicklung sind die zentralen Aufgaben des strategischen Einkäufers. Erfolgreiches Firefighting wird erwartet, wenn es erforderlich ist. Jedoch wird kritisch hinterfragt, wie man in eine solche Situation geraten konnte. Es ist das Selbstverständnis einer guten Strategie, dass Probleme sich keinesfalls wiederholen dürfen.

- **Fremdbild und Rollenerwartung bei den Stakeholdern des Einkaufs:** Häufig wird der Einkauf am Anfang eines Transformationsprozesses im Unternehmen als reiner Abwickler gesehen, der im Wesentlichen für die operative Bestellabwicklung und das operative Vertragsmanagement zuständig ist. In der Konsequenz werden dem Einkauf keine wirklich strategischen Aufgaben zugetraut. Er wird nicht in die Entscheidungsprozesse eingebunden und bekommt auch nicht die Ressourcen, die erforderlich sind, hieran etwas zu ändern. Diese Sicht und dieses Verhalten werden von allen Stakeholdern des Einkaufs geteilt, z. B. von der Geschäftsführung, von benachbarten Fachabteilungen, wie Entwicklung oder Qualität, sowie von wichtigen Lieferanten, die direkt mit den Fachabteilungen verhandeln. Meist entspricht diese Sicht auch dem Selbstbild des Einkaufs.

  Den Einkauf als Strategieverantwortlichen der Lieferkette zu etablieren, kann nicht verordnet werden, sondern muss mühsam erarbeitet werden. Schrittweise müssen zunehmend bedeutsamere Erfolge realisiert und kommuniziert werden. Mit jedem Erfolg können weitere anspruchsvollere Aufgaben übernommen werden. Schrittweise müssen die dazu erforderlichen Kompetenzen aufgebaut und die Ressourcen eingefordert werden. Diese Entwicklung sollte firmenindividuell geplant werden. Sich bietende Chancen müssen erkannt und genutzt werden. Für eine derartige Entwicklung des Einkaufs sind die beiden folgenden Hebel Voraussetzung.

- **Unterstützung der Geschäftsführung bzw. Entwicklung einer Guiding Coalition:** Soll der Einfluss des Einkaufs im Unternehmen ausgeweitet werden, ist die Unterstützung durch die Geschäftsführung oder besser durch eine Guiding Coalition unbedingt erforderlich. Eine Guiding Coalition ist ein Kreis von Top-Entscheidern, die sich für die strategische Transformation im Einkauf einsetzen. Die enge Verknüpfung zum vorausgehenden Hebel ist offenkundig: Top-Entscheider werden den Einkauf nur unterstützen und Ressourcen freigeben, wenn sie von dessen Erfolgsaussichten überzeugt sind. Somit sind in der Regel sichtbare Anfangserfolge eine zentrale Voraussetzung für die Gewinnung einer Guiding Coalition.

- **Strategiekompetenz der Mitarbeiter:** Die Strategiekompetenz der Mitarbeiter ist häufig ein kritischer Engpass im Transformationsprozess. Vor Beginn der strategischen Transformation stellt die Strategiekompetenz häufig kein wesentliches Auswahlkriterium bei der Einstellung von Einkäufern dar. Ferner haben die aktiven Einkäufer aufgrund der Rollenerwartung an den Einkauf kaum die Chance, an strategischen Projekten mitzuarbeiten und somit ihre Strategiekompetenz innerhalb der Arbeit aufzubauen.

Damit liegt in der Entwicklung der Strategiekompetenz im Einkaufsteam eine der zentralen Herausforderungen. Die Kompetenzentwicklung der Einkäufer sollte planvoll und schrittweise erfolgen. Neben Schulungsmaßnahmen und anderen personalpolitischen Maßnahmen zielt der evolutionäre Ansatz der 15M-Architektur auf eine schrittweise Entwicklung der Einkäufer On-the-Job. Anfangs werden vorsichtig einige einfache Methoden und Instrumente im strategischen Einkauf eingeführt. Mit dem Kompetenzzuwachs der Mitarbeiter kann die Einkaufsmethodik ausgeweitet und verfeinert werden.

Nach der ersten kurzen Skizze zum Verständnis einer strategischen Transformation im Einkauf und deren drei Erfolgskonzepte soll in einer detaillierten Fallstudie die strategische Transformation im Einkauf der Schreiner Group chronologisch nachgezeichnet werden. Dazu wird zunächst die Schreiner Group vorgestellt. Anschließend werden die vier Phasen des Transformationsprozesses beschrieben.

Literatur

Gälweiler, A. (1986). *Unternehmensplanung – Grundlagen und Praxis*. Frankfurt a. M.: Campus.

Heß, G. (2008). *Supply-Strategien in Einkauf und Beschaffung – Systematischer Ansatz und Praxisfälle*. Wiesbaden: Gabler.

Heß, G. (2010). *Supply-Strategien in Einkauf und Beschaffung – Systematischer Ansatz und Praxisfälle* (2. Aufl.). Wiesbaden: Gabler.

Heß, G. (2017). *Strategischer Einkauf und Supply-Strategie – Schrittweise Entwicklung des strategischen Einkaufs mit der 15M-Architektur 2.0* (4. Aufl.). Wiesbaden: Gabler.

Heß, G. (2019). Konzeption eines nachhaltigen Einkaufsmanagements auf Basis der 15M-Architektur der Supply-Strategie. In W. Wellbrock & D. Ludin (Hrsg.), *Nachhaltiges Beschaffungsmanagement* (S. 17–36). Wiesbaden: Gabler.

Vorstellung der Schreiner Group

In diesem Kapitel wird die Schreiner Group kurz präsentiert, um damit ein grundlegendes Verständnis für die Ausgangssituation der strategischen Transformation im Einkauf zu vermitteln. Der kurze Abriss zur Firmenentwicklung verdeutlicht das Selbstverständnis der Schreiner Group als mittelständisches Unternehmen. Aus diesem Selbstverständnis heraus sind das Leitbild und die Unternehmensstrategie 2020 zu verstehen. Abschließend werden die Competence Center der Schreiner Group und die drei Geschäftsbereiche mit ihrem Produktportfolio vorgestellt.

2.1 Entwicklung der Schreiner Group

Die Schreiner Group ist ein international tätiges deutsches Familienunternehmen der druck- und folienverarbeitenden Industrie. Das Produktportfolio umfasst innovative Funktionsetiketten, darunter selbstklebende Funktionsteile, RFID-Etiketten, gedruckte Elektronik und Sicherheitslösungen für den Produkt- und Dokumentenschutz sowie kundenspezifische Services und Mehrwertdienstleistungen. Für die Herstellung werden unterschiedliche Druckverfahren wie Buchdruck, Digitaldruck, Flexodruck und Siebdruck sowie Kombinationen daraus verwendet. Besondere Stärke der Schreiner Group ist die Kundenvertrautheit. Die Schreiner Group kennt die speziellen Anforderungen und Bedürfnisse ihrer Kunden und bietet kundenindividuelle Problemlösungen an.

Das Unternehmen wurde 1951 von Margarete und Theodor Schreiner als Spezialfabrik für geprägte Siegelmarken und Etiketten gegründet. Bereits 1961 experimentierte Schreiner mit der Selbstklebetechnik, entwickelte Selbstklebeetiketten und benennt sich in „Etiketten-Schreiner" um. Ein Umzug in ein größeres Gebäude im Stadtviertel Fasanerie im Norden Münchens wird notwendig. 1974 übernahm Helmut Schreiner den elterlichen

© Springer Fachmedien Wiesbaden GmbH, ein Teil von Springer Nature 2019
G. Heß und M. Laschinger, *Strategische Transformation im Einkauf,*
https://doi.org/10.1007/978-3-658-25540-4_2

Betrieb und baute ihn zusammen mit seiner Frau Ulrike zu einem weltweit agierenden Betrieb aus. So steigt beispielsweise die Mitarbeiterzahl von 1976 – dem 25 jährigen Bestehen der Firma – von 36 Personen auf heute weltweit über 1100 Mitarbeiter.

In den 80er-Jahren spielen Innovationen eine wichtige Rolle: Das Unternehmen erweitert seit 1984 Etiketten um zusätzliche Funktionen und bietet seinen Kunden damit einen hohen Zusatznutzen. Dieser Ansatz wird in den folgenden Jahrzehnten kontinuierlich ausgebaut. 1993 wird die Firma mit damals 160 Mitarbeitern zum heutigen Firmensitz nach Oberschleißheim verlagert. Seit dem Jahr 2000 bietet Schreiner seinen Kunden auch komplette Systemlösungen an.

1998 wird die erste Tochter in den USA gegründet und damit die Internationalisierung der Geschäftstätigkeit intensiviert. Meilensteine der Internationalisierungsstrategie der Schreiner Group sind die Gründung von Schreiner MediPharm LP in Blauvelt (NY), USA, und die Eröffnung des dortigen Produktionsstandortes im Jahr 2008. Ein weiterer Meilenstein ist der Aufbau und die Eröffnung einer eigenen Fertigungsstätte in Fengpu/ Shanghai im Jahr 2015 (Abb. 2.1).

Nachdem Roland Schreiner erfolgreich den Geschäftsbereich MediPharm aufgebaut hatte, übernahm er im Jahr 2012 als geschäftsführender Gesellschafter die Geschäftsführung der Schreiner Group. Die Expansion setzt sich unter anderem durch erhebliche Erweiterungen in der Produktion am Stammhaus in Oberschleißheim fort (Abb. 2.2). Weltweit steht mittlerweile (Stand 2016) eine Betriebsfläche von 72.000 m^2 zur Verfügung. Es werden pro Jahr 2,1 Mrd. Etiketten und Funktionsteile gedruckt und ein Umsatz von über 170 Mio. EUR erzielt. Das durchschnittliche jährliche Wachstum beläuft sich in den Jahren von 1984 bis 2016 auf 10,9 % (CAGR = Compound Annual Growth Rate). Der Exportanteil liegt inzwischen bei 68 % (Abb. 2.3).

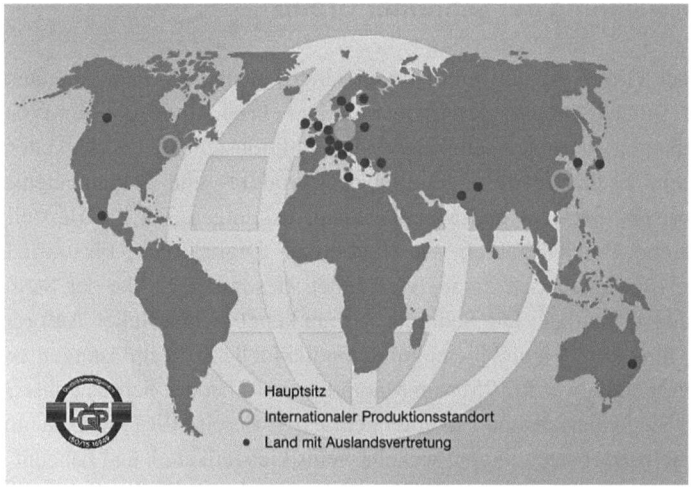

Abb. 2.1 Globalisierung bei der Schreiner Group. (© Schreiner Group GmbH & Co. KG, Oberschleißheim)

Abb. 2.2 Firmensitz der Schreiner Group in Oberschleißheim. (© Schreiner Group GmbH Co. KG, Oberschleißheim)

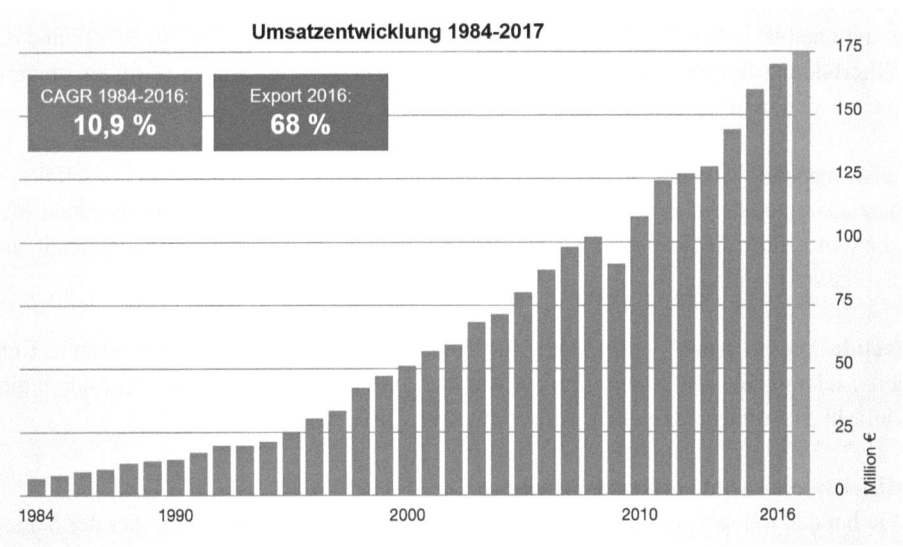

Abb. 2.3 Geschäftsentwicklung der Schreiner Group. (© Schreiner Group GmbH Co. KG, Oberschleißheim)

2.2   Selbstverständnis als mittelständisches Familienunternehmen

Die Schreiner Group versteht sich als mittelständisches Familienunternehmen. Durch eine hohe Kundenzufriedenheit, gesundes Wachstum und eine ganzheitliche und nachhaltige Unternehmensführung soll die Robustheit des Unternehmens gestärkt werden. Dabei erfolgt eine strikte Orientierung an den prägenden Unternehmenswerten Innovation, Qualität, Leistungskraft und Freude. Diese sind im Leitbild der Schreiner Group konkretisiert.

Leitbild der Schreiner Group
Die Identität der Schreiner Group wird geprägt durch vier zentrale Unternehmenswerte: Innovation, Qualität, Leistungskraft und Freude.

Innovation Der Innovationsgedanke bezieht sich nicht nur auf die Entwicklung einzigartiger Produkte, sondern auch auf intelligente Prozesse und kreative Lösungen. Jeder Mitarbeiter wird motiviert, neue Ideen einzubringen und über den Tellerrand seines Bereichs und seines Tagesgeschäfts hinauszublicken.

Qualität Qualität ist eine Grundeinstellung. Die Schreiner Group setzt immer und überall auf Qualität – zum Beispiel bei der Gebäudeausstattung, dem Maschinenpark und der Weiterbildung für Mitarbeiter. Der Anspruch, sich in allen Bereichen stetig zu steigern, spiegelt sich in ihren hochwertigen Produkten wider.

Leistungskraft Mit einem modernen und umfangreichen Maschinenpark, vielfältigen Spezialkompetenzen, eigener Forschung und Entwicklung sowie hochkompetenten Mitarbeitern erfüllt die Schreiner Group selbst komplexeste Kundenwünsche schnell und zuverlässig.

Freude Die Schreiner Group bietet ein Umfeld, in dem die Arbeit mit Kollegen, Kunden, Lieferanten und Partnern Freude bereitet. Das positive Miteinander wird durch eine Vielzahl an Aufmerksamkeiten, Veranstaltungen und Feierlichkeiten gefördert.

Mittelständisches Familienunternehmen
Wie bei den meisten mittelständischen Familienunternehmen finden sich bei der Schreiner Group die folgenden Rahmenbedingungen. Diese prägen das Selbstverständnis und die Firmenkultur der Schreiner Group und sind somit auch für die Ausgestaltung des Strategieansatzes im Einkauf von großer Bedeutung:

- **Inhaberorientierung:** Die Inhaber sind in alle wichtigen Entscheidungen eingebunden und in der Regel die letzte Entscheidungsinstanz. Somit prägt der Werte- und Erfahrungshintergrund der Inhaber ganz wesentlich den Entscheidungsprozess.

Entscheidungen, die den Vorstellungen der Inhaber entsprechen, können „unbüro-kratisch" und schnell getroffen werden. Unpassende Vorschläge werden schnell aussortiert oder liegen auf Eis. Insgesamt kann die Entscheidungsfindung stark ver-einfacht und flexibel erfolgen.

- **Unternehmerisches Handeln:** Erfolgreiche Familienunternehmer verstehen sich in erster Linie als Unternehmen, die etwas bewegen wollen. Entscheidungen werden unternehmerisch getroffen, d. h. am nachhaltigen Unternehmenserfolg ausgerichtet. Chancen und Risiken werden intensiv abgewogen. Wohlkalkulierte Risiken werden als Voraussetzung eines jeden Geschäftserfolges akzeptiert und entsprechend ein-gegangen. Gleichzeitig ist das Bewusstsein stets präsent, dass eine einzige gravie-rende Fehlentscheidung die Existenz gefährdet.
- **Nachhaltiges Handeln:** Die langfristige Existenzsicherung des Unternehmens hat in der Regel höchste Priorität. Niemals wird zur Realisierung kurzfristiger Erfolge die nachhaltige Entwicklung des Unternehmens gefährdet, da man ansonsten die eigene Zukunft gefährden würde.
- **Beschränkte Ressourcen:** Um ihre unternehmerische Rolle zu wahren, sind die Inhaber an Eigenständigkeit und Unabhängigkeit des Unternehmens orientiert. Dies führt dazu, dass internes Wachstum – weniger kapitalmarktfinanziertes Wachstum – die Finanzstrategie dominiert. Angesichts der dynamischen Entwicklung in vielen Märkten kann diese Denkhaltung unter Umständen zu Ressourcenknappheit führen. Strategische Investitionen müssen sich im Kampf um knappe Mittel durchsetzen.
- **Bordmittel:** Eine weitere Konsequenz der beschränkten Mittel ist, dass strategische Projekte in der Regel mit Bordmitteln auskommen müssen. Dies kann einerseits zu einer erheblichen Verlangsamung in der Umsetzung eines strategischen Vorhabens führen. Andererseits fördert es ganz erheblich die Nachhaltigkeit, da Entwicklung und Umsetzung von Projekten in einer Hand liegen. Wer ein Konzept entwickelt hat, sollte es verstanden haben und dann auch umsetzen können.

Konsequenz dieser Überlegungen ist, dass ein evolutionärer Strategieansatz den Anforderungen des Mittelstandes entgegenkommt. In kleinen Schritten wird das Strategiekonzept fortentwickelt, implementiert und nachjustiert. Diese kleinen Schritte sind gleichermaßen vom Zeitaufwand wie von der methodischen Kompetenz der Führungskräfte her leistbar. Die Strategieentwicklung vollzieht sich nachhaltig. Die Aus-richtung an der expliziten oder impliziten Strategie der Inhaber und Unternehmer ist von zentraler Bedeutung.

Auszeichnungen der Schreiner Group

Zahlreiche nationale und internationale Auszeichnungen bestätigen die Innovationskraft sowie die Verantwortung für Umwelt und Gesellschaft der Schreiner Group (Abb. 2.4). 2015 konnte beim bundesweiten Innovationspreis „Top 100" zum zweiten Mal die

Abb. 2.4 Auszeichnungen der Schreiner Group. (© Schreiner Group GmbH Co. KG, Ober-schleißheim)

Auszeichnung als „Innovator des Jahres" gewonnen werden. Die Rolle als begehrter Arbeitgeber und familienfreundliches Unternehmen verdeutlicht die Auszeichnung „Erfolgreich.Familienfreundlich" durch das Bayerische Wirtschafts- und Arbeits-ministerium 2016. Im Jahre 2017 konnten vom internationalen Etiketten-Verband FINAT die Auszeichnung für technologisch innovative Lösungen sowie vom Bayerischen Staats-ministeriums für Wirtschaft, Energie und Technologie der Best of 50-Preis gewonnen werden, der den 50 wachstumsstärksten mittelständischen Unternehmen in Bayern ver-liehen wird.

2.3   Unternehmensstrategie 2020 Schreiner Group

Die Einkaufsstrategie ist an der Unternehmensstrategie auszurichten. Diese sehr all-gemeingültige Aussage mit Substanz und Leben zu füllen ist ein zentrales Schlüssel-element für das Gelingen der strategischen Transformation im Einkauf. Deshalb soll im Folgenden die Unternehmensstrategie 2020 der Schreiner Group vorgestellt werden. Diese wurde im Jahr 2015 finalisiert und fasst die strategische Ausrichtung der Schrei-ner Group während der gesamten Laufzeit der Fallstudie treffend zusammen. Es werden die vier strategischen Stoßrichtungen beschrieben und der Beitrag des Einkaufs zu den einzelnen strategischen Stoßrichtungen herausgearbeitet:

Exzellenz in der Kundenvertrautheit

Die Schreiner Group ist strategischer Partner ihrer Kunden. Kunden werden proaktiv bei der Erreichung ihrer Ziele unterstützt. Der Einkauf und die Lieferanten kennen die Fragestellungen der Kunden und suchen aktiv nach kundenindividuellen innovativen Lösungen. Der Einkauf verantwortet die Einbindung des Lieferanten-Know-hows in den Innovationsprozess. Das umfassende, individualisierte Leistungsspektrum generiert messbaren Mehrwert für die Kunden und ist weltweit verfügbar.

Exzellenz in kundenfokussierter Innovation

Die Schreiner Group ist proaktiver Partner für kundenindividuelle, innovative Lösungen. Das Unternehmen verfügt über ein stets zukunftsfähiges Technologie- und Kompetenz-portfolio. Kunden sind von Lösungen und Services rund um die Bereiche funktionale Label, Digitalisierung, Kennzeichnung und Authentifizierung begeistert. Dabei wird intensiv mit ausgewählten Lieferanten in Innovations-Workshops zusammengearbeitet, um heute schon mit zukunftsweisenden Materialien, Technologien und Lösungen den Wettbewerbsvorteil von morgen zu generieren.

Beherrschung der Komplexität

Die Schreiner Group managt Komplexität, um Mehrwert zu schaffen. Vielfältige Leistun-gen für Kunden werden durch effiziente Prozesse, Strukturen und Systeme erbracht. Zur Beherrschung der Komplexität werden vom Einkauf beispielsweise Standardisierungs-bemühungen und ein systematisches Spezifikationsmanagement vorangetrieben.

Sicherung der Grundwettbewerbsfähigkeit

Die Schreiner Group konzentriert sich auf die Themen mit dem größten Beitrag zum langfristigen Unternehmenserfolg. Dafür werden Ziele übergreifend abgestimmt. Somit können konsequent Resultate erreicht werden. Ziel ist die kontinuierliche Ver-besserung. Als globaler Partner baut das Unternehmen auf ein weltweites Vertriebs- und Produktionsnetzwerk. Im Rahmen des Innovationsmanagements wird mit Forschungs-zentren und Instituten zusammengearbeitet. Darüber hinaus engagiert sich die Schrei-ner Group mit seinen Mitarbeitern in Initiativen und Verbänden. Mit ausgesuchten Lieferanten wird eine langfristige Partnerschaft zum beiderseitigen Nutzen gesucht. Dabei werden die Kundenanforderungen umgesetzt und strategische Lieferanten in das Lieferantenentwicklungsprogramm aufgenommen. Ziel ist das gemeinsame Streben nach Innovation, Qualität und Leistungsführerschaft. Gleichzeitig sichern Wettbewerbs-elemente in der Partnerschaft marktgerechte Preise. Der Beitrag des Einkaufs bezieht sich insbesondere auf die Optimierung der Kostenposition durch gute Warengruppen-strategien in allen bedeutsamen Warengruppen (direkt und indirekt), durch die Auto-matisierung der Beschaffungsprozesse und durch den Ausbau eines Einkaufscontrollings.

Beitrag der Schreiner Group zu Industrie 4.0

Innerhalb der vier strategischen Stoßrichtungen spielt – strategisch gesehen – der Mega-trend hin zur Industrie 4.0 eine wichtige Rolle. Die Digitalisierung, Vernetzung und Automatisierung sämtlicher Kommunikations- und Arbeitsprozesse stellt Unternehmen vor große Herausforderungen. Das Stichwort dafür ist „Industrie 4.0", zu deren grund-legenden Voraussetzungen ein schnelles Breitband-Internet, mobile Apps, aber auch neue Technologien wie die kontaktlose Datenübertragung und Maschinensteuerung mittels RFID gehören. Das Zukunftsszenario der Industrie 4.0 zeichnet hochindividualisierte Produkte und sich selbst steuernde, hochflexible Produktionsprozesse auf. Doch damit Fertigung und Logistik tatsächlich autonom erfolgen können, braucht es zunächst Technologien zur Identifikation von Bauteilen und Maschinen sowie Kommunikations-technologien zum Speichern, Transportieren und Auslesen von Daten. Ein Wegbereiter für die Industrie 4.0 ist deshalb RFID (Radio-Frequenz-Identifikation), wie sie die Schreiner Group in unterschiedlichsten Produktvarianten anbietet. Die Anwendungs-felder reichen von intelligenten Warenkörben, die die Maschinen selbstständig bestücken, bis hin zur Echtheitsprüfung eines Bauteils mittels digitaler Fälschungs-schutzmerkmale. Kundenindividuelle innovative Lösungen für die digitale Zukunft unter Einbeziehung von Lieferanten bzw. Lieferantennetzwerken werden den zukünftigen Erfolg bestimmen.

2.4   Competence Center und Geschäftsbereiche der Schreiner Group

Unter der Dachmarke der Schreiner Group sind drei Geschäftsbereiche tätig, die über ein spezifisches Kunden- und Marktwissen verfügen sowie Competence Center, die sich auf spezifische Technologien und deren Weiterentwicklung konzentrieren. Je nach Branche und individueller Kundenanforderung ergibt sich für die optimale Lösung eine Kombi-nation aus universellen Basis- und komplexen Spezialtechnologien. Im Folgenden sollen zunächst die Competence Center und anschließend die drei Geschäftsbereiche mit kon-kreten Kundenlösungen präsentiert werden.

Competence Center

Schreiner ProSecure Das umfassende Know-how für Sicherheitstechnologien und die langjährige Erfahrung aus vielen realisierten Projekten setzt Schreiner ProSecure in wirtschaftliche Lösungen für den Produkt- und Dokumentenschutz um. In Zusammen-arbeit mit einem internationalen Partnernetzwerk erarbeitet und produziert Schreiner ProSecure selbstklebende Kennzeichnungs- und Sicherheitsetiketten, die für ein Höchst-maß an Sicherheit sorgen. Individuelle Beratung, eine leistungsstarke Forschungs- und Entwicklungsabteilung sowie die Synergien aus der Zusammenarbeit mit den Geschäfts-bereichen der Schreiner Group machen Schreiner ProSecure zu einem innovations-starken Entwicklungspartner.

Schreiner LogiData Als Entwicklungspartner und Hersteller im Bereich „Radio Frequency Identification" (RFID) konzipiert, entwickelt und produziert das Competence Center Schreiner LogiData in Zusammenarbeit mit den entsprechenden Geschäftsbereichen der Schreiner Group seit mehr als fünfzehn Jahren kundenindividuelle RFID-Labels und -Systeme sowie Track & Trace-Lösungen für die Optimierung von Prozessen in Lagerhaltung, Logistik, Materialfluss und Produktionssteuerung. Alle RFID-Lösungen sorgen für mehr Transparenz und Wirtschaftlichkeit für einzelne Prozesse oder über die gesamte Wertschöpfungskette.

Schreiner PrinTronics Schreiner PrinTronics verfügt über fundiertes Know-how im Druck von Silber, Karbon, Isolation, dem Stanzen von Metallfolien sowie von Kontaktierungen und der industriellen Verarbeitung von Rolle zu Rolle. Die Experten von Schreiner PrinTronics entwickeln und realisieren auf der Basis gedruckter Elektronik besonders dünne, flexible und mehrlagige Folienprodukte für elektrisches Leiten, Schalten, Messen und Steuern. Ob leitende Bahnen, Widerstände oder andere technische Funktionen – insbesondere Folien lassen sich mit allen gewünschten Eigenschaften bedrucken oder ausstanzen. Dabei bleibt die Folie leicht, dünn und flexibel – eine der Grundvoraussetzungen für den platzsparenden Einbau in unterschiedlichste Produkte.

Schreiner Services Schreiner Services berät umfassend bei der Verarbeitung von Funktionsteilen und Spezialetiketten. Die Experten entwickeln individuelle Appliziertechniken oder passen Maschinen exakt auf den jeweiligen Anwendungsfall an. Ob Drucker, Spendesysteme, Scanner, Prüfgeräte oder Software: Die Integration in die Fertigung beim Kunden steht im Fokus. Von der Prozessanalyse über die Konstruktion und Entwicklung bis hin zur Inbetriebnahme von einfacher Druck- und Spendetechnik oder von hoch automatisierten Fertigungszellen mit Robotik begleitet das Competence Center die Kunden bei der Umsetzung ihrer individuellen Anforderungen. Schreiner Services bietet eine umfassende, herstellerunabhängige Beratung bei der Integration von kompletten Systemen in bestehende Prozesse und Fertigungslinien.

Schreiner Digital Solutions Schreiner Digital Solutions bietet digitale Komplettlösungen, indem standardisierte, digitale Services mit smarten Labels der Schreiner Group kombiniert werden. Das Angebot umfasst eine Beratung bei der Lösungsfindung, Projektleitung und die Implementierung von Kundenlösungen, welche in der Regel in Kooperation mit ausgewählten Partnern durchgeführt wird. Es werden auch die Lösungsbereitstellung und der Betrieb der Gesamtlösung berücksichtigt.

Die potenziellen Anwendungsfälle sind sehr vielfältig und reichen von digitalen Sicherheitslösungen über Datenbank-basierten Logistik-Anwendungen bis zu Mehrwertdiensten für den Endkunden.

Produktportfolio Geschäftsbereich Schreiner MediPharm

Der Geschäftsbereich Schreiner MediPharm hat sich ganz auf die Anforderungen der Pharmaindustrie spezialisiert und entwickelt gemeinsam mit seinen Kunden intelligente Lösungen, die Prozesse beim pharmazeutischen Hersteller zu optimieren. Als führendes Unternehmen für Spezialetiketten mit Zusatznutzen und langjähriger Partner der Pharmabranche bietet Schreiner MediPharm innovative Lösungen, die in vielen Bereichen zum Standard geworden sind. Die Kompetenz reicht von Material- und Klebstofftechnologien über Spende-, Druck- und Stanztechniken bis hin zur Umsetzung der komplexen Anforderungen der pharmazeutischen Industrie an Packmittel. Kunden von Schreiner MediPharm können umfassende Marktkenntnisse und ein spezielles Know-how bei Problemlösungen erwarten – mit einem kompletten Service von der Idee bis zur Serienproduktion.

Neue Märkte, Technologien und Kunden stellen besondere Anforderungen an Unternehmen der pharmazeutischen Industrie. Als strategischer Partner unterstützt Schreiner MediPharm seine Kunden bei jeder Herausforderung. Schreiner MediPharm entwickelt individuelle, innovative Lösungen, welche die Anwendung von Medikamenten einfacher und sicherer machen, die Prozesskosten senken und vielfältige Zusatznutzen bieten. Viele der Spezialentwicklungen sind inzwischen zum Maßstab in der Branche geworden. Die Kunden von Schreiner MediPharm können sich auf einen Partner verlassen, der anspruchsvolle Aufgaben optimal löst – vom Produktdesign über die Serienfertigung bis hin zur reibungslosen Integration und Verarbeitung in der Pharmaherstellung. Dabei sorgen viele Faktoren für kosteneffiziente Innovationen und schnelle Produkteinführungszeiten, wie zum Beispiel eine eigene Forschungs- und Entwicklungsabteilung und konsequentes Prozessdenken.

Der multifunktionale Aufbau der Lösungen von Schreiner MediPharm bietet flexible Kombinationsmöglichkeiten (Abb. 2.5):

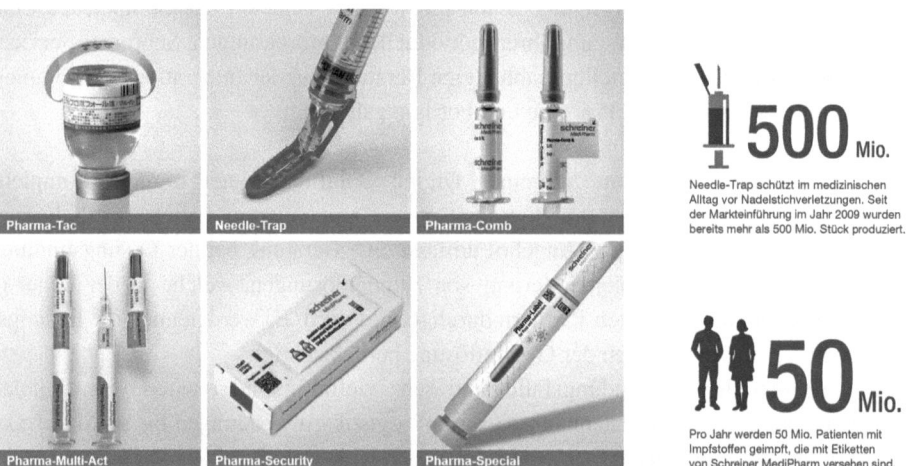

Abb. 2.5 Lösungen der Schreiner MediPharm. (© Schreiner Group GmbH & Co. KG, Oberschleißheim)

Pharma-Tac sind Spezialetiketten mit integrierter Aufhänge-Vorrichtung. Infusionsflaschen lassen sich so schnell und sicher aufhängen.

Needle-Trap ist ein Nadelschutzetikett für Spritzen. Es hilft, Nadelstichverletzungen zu vermeiden, und kombiniert Sicherheit für den Anwender mit Wirtschaftlichkeit und Flexibilität für den Hersteller.

Pharma-Comb sind Spezialetiketten mit abnehmbaren Teiletiketten. Kennzeichnung und Dokumentation bei der Verabreichung von Medikamenten werden einfacher und sicherer.

Pharma-Multi-Act sind spezielle Lösungen zum Manipulationsschutz von Spritzen, die schnell und zuverlässig zu aktivieren sind. Zudem wird die Dokumentation der verabreichten Medikation in der Patientenakte oder im Impfpass unterstützt.

Pharma-Security sind Lösungen, die vor Manipulation und Fälschung schützen. Eine breite Palette an offenen und verborgenen Sicherheitstechnologien wird auf individuelle Ansprüche abgestimmt und kann in bestehende Lösungen integriert werden.

Pharma-Specials sind spezielle Lösungen, die individuell für die Kunden entwickelt und realisiert werden.

Produktportfolio Geschäftsbereich Schreiner ProTech

Schreiner ProTech entwickelt industrielle Kennzeichnungs- und Sicherheitslösungen sowie innovative Funktionsteile auf Folienbasis. Von der Thermotransfer-Beschriftung

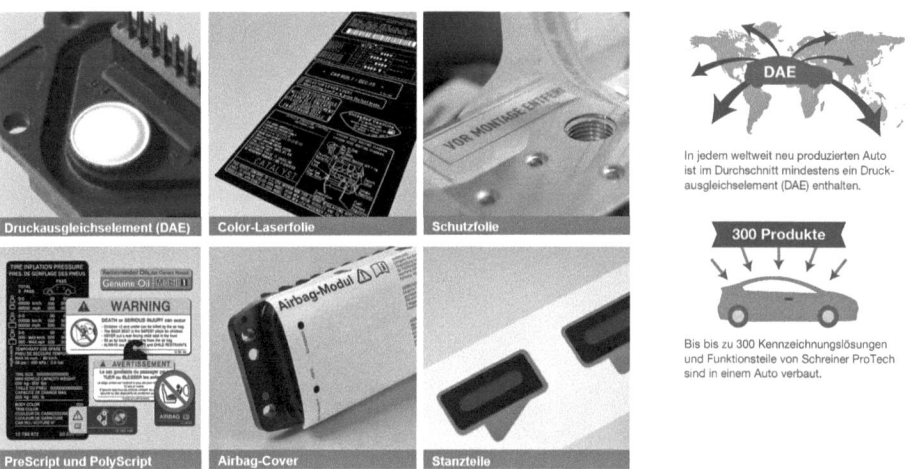

Abb. 2.6 Lösungen der Schreiner ProTech für die technische Industrie. (© Schreiner Group GmbH & Co. KG, Oberschleißheim)

über die Laserkennzeichnung und RFID-Lösungen bis hin zu Membranen zum Druck-
ausgleich und gedruckter Elektronik: Der zertifizierte Entwicklungspartner und System-
lieferant bietet Lösungen, die helfen, Prozesse zu optimieren und Kosten zu reduzieren.
Dabei sind alle Lösungen für die Automobil-, Elektronik- und Solarindustrie sowie den
Maschinenbau maßgeschneidert auf die Bedürfnisse der Kunden zugeschnitten. Schreiner ProTech verfügt über jahrzehntelange Kompetenz in Material- und Klebstofftechnologien sowie in Spende-, Druck- und Stanztechnik bis hin zur Umsetzung komplexer
Anforderungen der technischen Industrie (Abb. 2.6).

Produktportfolio Geschäftsbereich Schreiner PrinTrust
Der Geschäftsbereich Schreiner PrinTrust ist Spezialist für Sicherheit und Authentifizierung. Er entwickelt und vermarktet kundenindividuelle Funktionslabels und Sicherheitsetiketten für Authentifizierung, Manipulationsschutz und automatische Identifikation
(Abb. 2.7). Schreiner PrinTrust beliefert Systemanbieter, Kartenhersteller, Anbieter von
behördlichen Produkten und Sicherheitsdruckereien und ermöglicht dadurch innovative
Sicherheits- und Authentifizierungslösungen für staatliche Institutionen, Banken, Tele-
kommunikationsunternehmen, Dienstleister und Markeninhaber. Schwerpunkte bilden
maßgeschneiderte Selbstklebeprodukte für den Geheimnummernschutz, NFC-Sticker
für kontaktlose Zahlungssysteme, RFID-Lösungen für die automatische Fahrzeugidenti-
fikation sowie Nachweise für Gebühren und Berechtigungen wie Vignetten, Plaketten und
Transfersiegel. Darüber hinaus schafft Schreiner PrinTrust Mehrwerte mit ganzheitlichen

Abb. 2.7 Lösungen der Schreiner Group PrinTrust. (© Schreiner Group GmbH Co. KG, Oberschleißheim)

Lösungen entlang der Prozesskette bis hin zum Endanwender, wie Personalisieren, Distribuieren, Applizieren, Auslesen, Auswerten und Verarbeiten sowie Online Services.

Nach der Vorstellung der Schreiner Group wird im folgenden Kapitel der Prozess der strategischen Transformation im Einkauf bei der Schreiner Group chronologisch beschrieben.

Fallstudie: Strategische Transformation bei der Schreiner Group

3

In diesem Kapitel wird die Entwicklung des strategischen Einkaufs und der Einkaufsstrategie bei der Schreiner Group chronologisch nachgezeichnet. Ausgangspunkt ist die Vision „Der Einkauf soll zum geschätzten Business Partner entwickelt werden". Darauf aufbauend wird der Prozess aufgezeigt, wie sich der Einkauf aus der Position eines abwickelnden Einkaufs schrittweise löst, strategische Verantwortung übernimmt und sich als Business Partner innerhalb der Strategieentwicklung der Schreiner Group etabliert. Dieser Prozess ist in vier Phasen gegliedert und zieht sich über fünf Jahre hin. In den danach folgenden Kap. 4 bis 6 wird auf Basis dieser Chronologie das zugrunde liegende Strategiekonzept der strategischen Transformation im Einkauf am Beispiel der Schreiner Group analysiert und detailliert beschrieben.

3.1 Die strategische Story im Überblick

Die Zusammenarbeit mit Lieferanten sowie die Optimierung der Wettbewerbsposition in den Beschaffungsmärkten haben sich für die Schreiner Group in den letzten Jahren zu einem bedeutsamen strategischen Erfolgsfaktor entwickelt. Dabei sind für die Schreiner Group folgende Aspekte besonders bedeutsam:

- **Effektive und effiziente Zusammenarbeitsprozesse:** Die Zusammenarbeitsprozesse mit Lieferanten sind effektiv und effizient zu gestalten, sodass diese gleichermaßen

---

Redaktionsschluss der Fallstudie ist der 30. Juni 2017. Gelegentlich werden einzelne Aspekte bis 31.3.2018 mit einbezogen

kostengünstig, zuverlässig und flexibel funktionieren. Mit den Potenzialen der Digitalisierung und im Rahmen der Entwicklung hin zur Industrie 4.0-Ökonomie eröffnen sich weitere gewaltige Chancen, wie z. B. eine verstärkte Individualisierung der Leistungen und eine Erhöhung der Flexibilität.

- **Wettbewerbsfähige Preise und Qualität auch in Partnerschaften:** Bei einer engen partnerschaftlichen Zusammenarbeit mit den Lieferanten dürfen die damit verbundenen Abhängigkeitsrisiken nicht unkalkulierbar werden. Insbesondere muss sichergestellt werden, dass die Preise, die Qualität und die Logistikleistungen stets wettbewerbsfähig bleiben.
- **Innovationspotenziale:** Die Innovationspotenziale der Beschaffungsmärkte müssen für eigene Produkt- und Prozessinnovationen genutzt werden. Hierbei geht es nicht nur darum, technische Chancen zu erkennen, sondern diese auch wirtschaftlich zu nutzen. Partnerschaftsvereinbarungen, Schnelligkeit und Exklusivität der Innovationsnutzung spielen dabei eine bedeutsame Rolle.
- **Versorgungsrisiken in der Lieferkette:** Störungen in der Lieferkette entstehen häufig nicht beim direkten Lieferanten, sondern in einer der Vorstufen. Es erfordert eine hohe Professionalität derartige Risiken frühzeitig zu erkennen, um rechtzeitig reagieren zu können.

An diesen Herausforderungen wird deutlich, dass die Bedeutung der Beschaffungsmärkte für den Unternehmenserfolg und gleichzeitig die Komplexität in der Zusammenarbeit mit den Lieferanten zunimmt. In der Konsequenz wird eine „schwergewichtige" Einkaufsfunktion benötigt, die die Anforderungen der verschiedenen Stakeholder des Unternehmens gegenüber den Beschaffungsmärkten bündelt und wirkungsvoll vertritt.

Bei der Schreiner Group wurde deshalb die Vision formuliert: **„Der Einkauf soll zum geschätzten Business Partner entwickelt werden."** Auch der Slogan der Bewerbung für den BME-Innovationspreis im Jahre 2017 (siehe Einleitung) bringt diese Zielsetzung zum Ausdruck: **„Wir machen Strategie erfolgreich!"**

Damit der Begriff „geschätzter Business Partner" nicht zur nichtssagenden Worthülse verkommt, muss er konkretisiert werden. Für die Schreiner Group lässt sich die vom Einkauf angestrebte **Position des geschätzten Business Partners** folgendermaßen charakterisieren:

- **Verantwortung der Lieferantenschnittstelle und der Supply-Strategie:** Der Einkauf als geschätzter Business Partner ist der zentrale Dreh- und Angelpunkt in der Beziehung zu den Lieferanten und den Supply-Märkten. Der Einkauf ist letztlich das One-face-to-the-supplier.
- **Bündelung der Anforderungen:** Der Einkauf hat die Anforderungen der verschiedenen Stakeholder an der Lieferantenschnittstelle zu identifizieren, zu bündeln und soweit möglich zu erfüllen. Letztlich geht es um die Ausrichtung der unterschiedlichen Unternehmensinteressen an der Lieferantenschnittstelle.

- **Strategische Verantwortung in der Unternehmensstrategie:** Der Einkauf ver-antwortet die Supply-Markt-Aspekte in der Unternehmensstrategie. Er hat die Anforderungen der verschiedenen Stakeholder in Bezug auf einzelne Beschaffungs-märkte zu bündeln, die Chancen und Risiken der Supply-Märkte zu analysieren und diese Aspekte in den Strategieformulierungsprozess einzubringen. Umgekehrt hat er die Anforderungen der Unternehmensstrategie in die Supply-Märkte sowie in die Zusammenarbeit mit den Lieferanten herunter zu brechen und dort den Implementierungsprozess der Strategie zu steuern.
- **Betreuung der Schnittstellenprozesse in der Zusammenarbeit mit den Lieferan-ten:** In der Entwicklung, in der Qualität, in der Logistik oder in der Disposition sind enge Abstimmungen mit Lieferanten erforderlich. Diese Prozesse sollen in der Regel unter Federführung der jeweiligen Fachabteilung abgewickelt werden. Allerdings soll der Rahmen der Zusammenarbeit durch den Einkauf gesteuert werden. Dies heißt konkret, dass vertragliche Vereinbarungen, Reklamationsprozesse (zumindest 2nd Level) oder das Lieferantenmanagement in der Hoheit des Einkaufs erfolgen sollen.
- **Verantwortung für Compliance, Nachhaltigkeit und Risikomanagement:** Der Einkauf als Business Partner verantwortet an der Lieferantenschnittstelle und in der Supply Chain die Einhaltung der Compliance-Regelungen, achtet auf die vom Unter-nehmen geforderte Nachhaltigkeit und steuert kritische Risiken in der Supply Chain.
- **Verantwortung für Ausschreibungen:** Die Ausschreibungsprozesse gehören zu den klassischen Aufgaben des Einkaufs.
- **Geschätzt:** Besonders betont wird bei der Schreiner Group das Adjektiv „geschätzt", das im Sinne von „wertgeschätzt" verwendet wird. So soll die Business Partner-funktion von den Stakeholdern nicht als Belastung gesehen werden oder kraft Ver-ordnung den Stakeholdern aufgezwungen werden. Vielmehr soll die Zusammenarbeit aufgrund der Wertschätzung der Einkaufsleistung durch die beteiligten Stakeholder geschätzt werden. Spürt die Entwicklung oder die Qualität, dass die Zusammenarbeit mit dem Einkauf die eigenen Aufgabenstellungen vereinfacht bzw. erfolgreicher macht und einen wesentlichen Wertbeitrag für das Unternehmen bringt, werden sie die Zusammenarbeit aktiv suchen, vielleicht sogar einfordern. Eine solche Form der Zusammenarbeit soll mit dem Adjektiv „geschätzt" zum Ausdruck kommen.

Vergleicht man die visionäre Zielsetzung „Den Einkauf zum geschätzten Business Part-ner in der Schreiner Group entwickeln" mit der Situation des Einkaufs der Schreiner Group in der Ausgangssituation der Fallstudie im Jahre 2011, wird eine deutliche Dis-krepanz offenkundig. Der Einkauf konzentrierte sich zu dieser Zeit hauptsächlich auf die Abwicklung von operativen Einkaufsvorgängen. Insofern gab es kaum Transparenz zum Einkaufsgeschehen. Strategiekompetenz sowie strategische Einkaufsprozesse und Sys-teme standen nicht im Vordergrund. Besonders problematisch war, dass das Bild des Ein-kaufs bei der Geschäftsführung, bei den anderen Abteilungen im Unternehmen, bei den Lieferanten ja sogar im Einkauf selbst im Wesentlichen dieser Beschreibung entsprach.

Wie soll in einer solchen Situation die Zielsetzung, geschätzter Business Partner zu werden, angegangen werden? Jede Aktion, die strategische Ambitionen signalisiert und somit strategische Kompetenz voraussetzt, schien sofort zum Scheitern verurteilt. Somit musste zunächst – ohne groß darüber zu reden – eine Basis geschaffen werden, die es erlaubt einen strategischen Einkauf aufzubauen. Erst dann konnte mit einer schrittweisen strategischen Entwicklung begonnen werden. In vier Phasen wurde der strategische Einkauf der Schreiner Group in der Zeitspanne von 2012 bis 2017 entwickelt (vgl. Abb. 3.1).

- **Phase 1 Transparenz und Strukturen schaffen (2012–2013):** Im ersten Schritt werden die Voraussetzungen für einen funktionierenden Einkauf geschaffen. Mit Quick Wins werden Einkaufserfolge realisiert, die in der Organisation die Chancen eines professionellen Einkaufs sichtbar machen. Erste Weichen für einen strategischen Einkauf werden gestellt.
- **Phase 2 Einkaufsmanagementsystem professionalisieren (2013–2016):** In dieser Phase wird auf Basis der 15M-Architektur der Supply-Strategie ein umfassendes Einkaufsmanagementsystem aufgebaut. Gemäß dem evolutionären Ansatz werden die einzelnen Prozesse, Methoden und Instrumente schrittweise implementiert und ausgereift. Somit konnten bereits unmittelbar nach dem Nachlassen der Quick Wins strategische Erfolge geerntet werden.
- **Phase 3 Integration in die Unternehmensstrategie vorantreiben (seit 2016):** Nachdem der Einkauf sich gut etabliert hat und sichtbare strategische Erfolge realisieren konnte, werden in einer umfassenden Debatte die Anforderungen der neuen Unternehmensstrategie sowie der wesentlichen Stakeholder geklärt und in der Einkaufsstrategie explizit verankert. Der Einkauf wird zunehmend intensiver in alle

Abb. 3.1 Phasen der Strategieentwicklung im Einkauf der Schreiner Group. (© Schreiner Group GmbH & Co. KG, Oberschleißheim)

einkaufsrelevanten Unternehmensprozesse integriert, z. B. in den Entwicklungs-prozess bzw. ins Qualitätsmanagement. Der Einkauf wird so aktiver Teil der Unter-nehmensstrategie. Die Entwicklung des Einkaufsmanagementsystems wird weiter vorangetrieben.

- **Phase 4 Plus Industrie 4.0 (seit 2017):** Phase 4 setzt Phase 3 fort, intensiviert aller-dings die Integration des Einkaufs in den Prozess zur Entwicklung kundenfokussierter Innovationen. Hierbei stehen bei der Schreiner Group kundenspezifische Indus-trie 4.0-Applikationen im Fokus, die völlig neue Geschäftsmodelle mit Lieferanten erforderlich machen und insofern völlig neue Anforderungen an den Einkauf mit sich bringen.

Dieser sehr knappe chronologische Überblick illustriert bereits, dass das Aufgaben-spektrum und somit die Verantwortung des Einkaufs kontinuierlich in kleinen Schritten erweitert werden. Die Schrittlänge dieser Veränderungen wird durch die Mitarbeiter-kompetenz und die Reife der vorhandenen Prozesse, Methoden und Instrumente begrenzt. Darüber hinaus muss auch das Vertrauen in die Leistungsfähigkeit des Ein-kaufs schrittweise aufgebaut werden. Es kann also nur so viel an Kompetenzentwicklung des Einkaufs angegangen werden, wie dem Einkauf von seinen Stakeholdern zugetraut wird. Die Erweiterung des Aufgabenspektrums des Einkaufs und der Zuwachs an Ver-antwortung müssen also Hand in Hand mit der Kompetenz- und Reputationsentwicklung vorangetrieben werden.

In den folgenden Abschnitten wird der Prozess zur Entwicklung des strategischen Einkaufs und der Supply-Strategie bei der Schreiner Group chronologisch nach-gezeichnet. In welchen Schritten hat sich die Einkaufsstrategie entwickelt? Wel-che Gründe waren für die gewählte Vorgehensweise ausschlaggebend? Letztlich sollen die Entwicklungslogik sowie die wesentlichen Maßnahmen zum Kompetenz- und Reputationsaufbau des Einkaufs erläutert werden. In den anschließenden Kap. 4 bis 6 wird dann die zugrunde liegende Systematik – ganzheitlicher Strategieansatz, evolutio-näre Entwicklung und erfolgreiches Change Management – erläutert und am Beispiel der Schreiner Group illustriert. Die Chronologie beginnt mit der Analyse der Ausgangs-situation im Jahr 2011.

3.2 Ausgangssituation des Einkaufs 2011

Der Einkauf der Schreiner Group konzentrierte sich im Jahr 2011 vornehmlich auf die Versorgung der Produktion mit den definierten Materialien und auf die dazu erforder-liche Bestellabwicklung. Dementsprechend gab es Verbesserungspotenziale in den Bereichen Kosten, Innovation und Qualität. Konkret stellte sich die Situation folgender-maßen dar:

- **Kein aktives strategieorientiertes Kostendenken:** Ohne durchgängige Kostentransparenz und ohne Warengruppenstrategie dienten die Lieferantengespräche
  vornehmlich zur Preisabwehr. In der Regel begründeten die Lieferanten jährliche
  Preiserhöhungen mit Branchen- und Kostentrends. Aufgabe des Einkaufs war es, die
  Preiserhöhung etwas abzumildern. Eine aktive Preisgestaltung im Einkauf wurde als
  wenig realistisch eingeschätzt. Entsprechend stiegen die Bezugskosten ständig.
- **Fehlendes strategieorientiertes Management von Warengruppen und Lieferanten:** Es gab keine klare Warengruppenstruktur. Warengruppenorientiertes Denken
  war im Einkauf nicht verbreitet. Damit konnte der Einkauf nur bedingt beschaffungs-
  marktspezifisches Know-how aufbauen. Ferner erfolgte der Einkauf stets projektweise, sodass warengruppenorientierte Synergien kaum genutzt werden konnten.
  Direkter und indirekter Einkauf waren nicht getrennt. Zur Einführung der ISO
  9001 sowie der TS16494 wurden strategische Elemente, wie beispielsweise eine
  Lieferantenbewertung, eingeführt, die aber wenig Steuerungswirkung entfalteten.
  Eine aktive durch die Schreiner Group getriebene Lieferantenentwicklung gab es
  nicht.
- **Keine strategieorientierte Zusammenarbeit mit Lieferanten:** Der Lieferant sollte
  über die Verwendung der Materialien und über die Kunden der Schreiner Group nur
  so viel wissen, wie unbedingt notwendig war. Damit wurde jede Form der Material-
  optimierung durch Lieferanten unmöglich. Over Engineering und Wildwuchs an
  Materialien waren häufig die Folge.
- **Keine standortübergreifende Bündelung im Einkauf:** Jeder Standort versorgte sich
  selbst. Bündelungseffekte wurden nicht realisiert.
- **Kein IT-basiertes strategisches Einkaufssystem:** Mit dem vorhandenen ERP-Sys-
  tem konnten Bestellungen abgewickelt werden. Darüber hinaus war im strategischen
  Einkauf kein IT-basiertes Einkaufssystem vorhanden, sodass die meisten strategischen
  Einkaufsprozesse wenig effizient und wenig transparent waren.
- **Maverick Buying:** Ein Großteil indirekter Materialien wurde – ohne Einbeziehung
  des Einkaufs – von den Fachabteilungen beschafft.
- **Keine Einbeziehung des Einkaufs in den Produktentwicklungsprozess:** Es gab
  keine Einbeziehung des Einkaufs in den Produktentwicklungsprozess. Preise wurden in der Regel vom Entwickler nach Abschluss der Qualifizierung des Lieferanten
  angefragt und unverhandelt akzeptiert.
- **Strategiekompetenz bei Mitarbeitern nicht gefordert:** Im Mittelpunkt standen operative Aufgaben im Einkauf und das reaktive Reklamationsmanagement.
- **Kaum Steuerung des Einkaufs mit Kennzahlen:** Außer Mengen- und Liefertreue
  wurden im Einkauf keine Kennzahlen berichtet.

Zu Beginn der Fallstudie verfügte der Einkauf über ca. 20 Mitarbeiter, die für die
Abwicklung transaktionaler Einkaufsprozesse zuständig waren. Einen strategischen Einkauf im eigentlichen Sinne gab es nicht.

3.3   Phase 1: Transparenz und Strukturen schaffen (2012–2013)

Story Phase 1

Angesichts der beschriebenen Ausgangssituation stellt sich die Frage, wie angefangen werden soll, bei der Schreiner Group einen strategischen Einkauf aufzubauen. Es fehlen Ressourcen und Kompetenzen, um strategische Projekte durchzuführen, und es fehlt an Vertrauen in die Strategiekompetenz des Einkaufs. Folgende Hebel wurden als zielführend eingeschätzt:

1. **Quick Wins:** Als zentraler Hebel, um diesen gordischen Knoten zu zerschlagen, werden schnelle sichtbare Erfolge angesehen. Erste schnelle Erfolge, sogenannte Quick Wins, sollen das Vertrauen in den Einkauf stärken und so den Start einer schrittweisen Strategieentwicklung ermöglichen. Die kritische Analyse der aktuellen Einkaufssituation zeigt, dass Jahrespreisverhandlungen, ein umfangreiches Skontoprogramm sowie das Relaunch eines Projektes zur schlanken Beschaffung schnell erhebliche und gut sichtbare Einspareffekte versprechen.
2. **Transparenz:** Parallel dazu wird begonnen, innerhalb des Spends Transparenz zu schaffen. Insbesondere werden eine Warengruppenstruktur aufgebaut und der Spend in den Warengruppen analysiert. Damit können weitere Quick Wins identifiziert werden. Ferner werden wesentliche Voraussetzungen für die Strategieentwicklung geschaffen. Angesichts der installierten Basis der IT-Systeme ist dies allerdings keine einfache Aufgabe, die sich über mehrere Jahre hinziehen wird.
3. **Einkaufserfolge planen und kommunizieren – Commitment der Geschäftsführung:** Das vorhandene Instrument des quartalsweisen Business Plan Review wird genutzt, um die Entwicklung des Einkaufs zu planen und die Erfolge und Umsetzungsbarrieren mit der Geschäftsführung zu besprechen. Damit wird das Commitment der Geschäftsführung in die Entwicklung des Einkaufs gestärkt und im ganzen Unternehmen gut sichtbar.
4. **Systemgestützte Abwicklung der Beschaffung:** Die Beschaffungsprozesse sind im Rahmen des Qualitätsmanagementsystems nach ISO 9001 bereits dokumentiert, wenn auch nicht umfangreich optimiert. Zentrales Ziel in Phase 1 ist es, alle Beschaffungsvorgänge möglichst zu 100 % über die IT-Systeme abzuwickeln. Neben der Entwicklung der IT-Landschaft spielt dabei die Überarbeitung der Richtlinie zur Freigabe von Bezügen eine wichtige Rolle.
5. **Aufbau einer strategieorientierten Einkaufsorganisation:** Als eine weitere Voraussetzung für die Entwicklung des strategischen Einkaufs sind die Organisationsstrukturen strategiegerecht auszurichten. Konkret werden der strategische und der operative Einkauf organisatorisch getrennt. Darüber hinaus erfolgt eine Warengruppenstrukturierung des Einkaufs. Dabei werden direkte Materialien, indirekte Materialien und Investitionen jeweils in einem Team zusammengefasst.

6. **(Früh-) Einbindung des Einkaufs in den Einkaufsprozess:** Bekanntermaßen werden in der Frühphase der Entwicklungsprozesse sowie allgemeiner im Rahmen der Bedarfsspezifikation ein Großteil der Leistungen des Lieferanten bestimmt. Damit werden die Wahlmöglichkeiten zwischen Lieferanten stark eingeschränkt und die sich ergebenden Kosten werden weitgehend festgelegt. Insofern wird vom strategischen Einkauf darauf hingearbeitet, frühzeitig in die Entscheidungsprozesse einbezogen zu werden. In einigen Bereichen wie beispielsweise bei verschiedenen indirekten Leistungen ist der Einkauf anfangs überhaupt nicht beteiligt, sodass die Einbeziehung des Einkaufs grundsätzlich neu gestaltet werden muss.

Bereits in der Phase 1 werden erste Schritte zum Aufbau des strategischen Einkaufsmanagementsystems begonnen. Beispielsweise wird ein abteilungsübergreifender Reklamationsprozess geschaffen. Ferner wird mit dem Aufbau des Lieferantenmanagements und der Warengruppenstrategien begonnen. Diese Maßnahmen dienen der Kompetenzentwicklung im Einkauf und führen dazu, den Einkauf in allen beschaffungsrelevanten Unternehmensprozessen zu etablieren. Um bei der folgenden Beschreibung Redundanzen zu vermeiden werden diese Elemente innerhalb von Phase 2 beschrieben. Abb. 3.2 fasst wesentliche Hebel von Phase 1 zusammen.

1. Quick Wins als Katalysator der Strategieentwicklung

In der oben beschriebenen Ausgangssituation wurden Preise in der Regel nur verhandelt, wenn seitens des Lieferanten Preiserhöhungen drohten. Dabei stand die Abwehr von Preiserhöhungen im Mittelpunkt. Neue (direkte) Materialien bzw. neue Lieferanten wurden in der Regel nach technischen Gesichtspunkten – meist von der Entwicklungsabteilung – ausgewählt. Nach der technischen Klärung wurde von den bereits festgelegten Lieferanten der Preis mitgeteilt. Ferner erfolgten die Bestellungen und damit die Preisfindung auftragsorientiert. So wurden regelmäßig Klein- und Kleinstaufträge erteilt. Beispielsweise wurden trotz eines Jahresbedarfs von mehreren Millionen qm Folie Kleinstaufträge im Umfang von unter 100 qm vergeben. Eine ernsthafte Preisverhandlung ist in einer solchen Situation nicht möglich. Darüber hinaus gab es keine

> **Quick Wins realisieren:** Jahrespreisverhandlung, Skontoprogramm, Lean Beschaffung

> **Transparenz schaffen:** Warengruppenstruktur, Einkaufscontrolling

> **Einkaufserfolge planen und kommunizieren:** Business Plan Reviews – Commitment der Geschäftsführung

> **Systemgestützte Abwicklung der Beschaffung:** e-Procurement, IT-Landschaft entwickeln

> **Aufbau einer strategieorientierten Einkaufsorganisation:** Trennung strategischer und operativer Einkauf, Warengruppenstrukturierung, Trennung in direkten Einkauf, indirekten Einkauf und Investitionsgütereinkauf

> **Früheinbindung des Einkaufs in den Entwicklungsprozess:** Aufbau Projekteinkauf

Abb. 3.2 Wesentliche Hebel zur Entwicklung des strategischen Einkaufs in Phase 1

Kostentransparenz, sodass der Einkauf auch nicht über die Kostenstruktur für Preis-reduzierungen argumentieren konnte.

Die erste Quick Win-Maßnahme besteht darin, Jahresbedarfe zu ermitteln und diese mit den Hauptlieferanten gebündelt zu verhandeln. Dazu werden in den zentralen Warengruppen die Kompetenzen der einzelnen Lieferanten mit der Entwicklung durch-dekliniert. Beispielsweise können in einer Warengruppe besonders flexible Lieferanten für kundenindividuelle Lösungen erforderlich sein, ferner Lieferanten, die sich durch eine hervorragende Kostenkompetenz profilieren, oder Lieferanten, die sich durch bestimmte technische Kompetenzen auszeichnen. Ziel der Diskussion ist es, einen gro-ßen Teil des Volumens der Warengruppe bei zwei bis drei bevorzugten Lieferanten zu bündeln und mit diesen Rahmenverträge über Jahresvolumina abzuschließen. Die Durch-führung von **Jahrespreisverhandlungen** führte zu Einsparerfolgen, die häufig über den Erwartungen Vieler lagen.

Ein umfangreiches **Skonto-Programm** stellt eine zweite sehr erfolgreiche Quick-Win-Maßnahme dar. Für den Vertrieb vieler – insbesondere auch großer – Lieferanten ist es einfacher, einen Skontonachlass zu gewähren als einen allgemeinen Rabatt. So werden alle Lieferanten aufgefordert, die Zahlungsbedingungen auf 14-Tage 3 % Skonto umzustellen.

Einen weiteren schnellen Erfolg bringt das bereits bestehende Programm **Lean Beschaffung.** In diesem Programm werden gemeinsam mit Lieferanten die Sicherheit und die Flexibilität der Versorgung erhöht sowie die Bestände optimiert. Die grund-legende Idee besteht darin, dass der Lieferant geprüfte und freigegebene Ware bei sich lagert, sodass diese schnell und flexibel von der Schreiner Group abgerufen werden kann. Bis zum Abruf sind die Bestände beim Lieferanten gebucht. Dieses Programm ist nicht neu, kann aber durch den Einkauf intensiviert und erfolgreich umgesetzt werden.

Innerhalb kürzester Zeit hatte der „neue strategische Einkauf" ganz erhebliche, gut sichtbare und leicht messbare Erfolge erzielt. Die Kosten werden gesenkt und die Ver-sorgung der Produktion wird sicherer und flexibler. Die Realisierung von Quick Wins ist zwar keinesfalls als strategisch einzustufen. Allerdings konnte der Einkauf über die nachweisbaren Einsparungen zeigen, dass einkäuferische Professionalität einen ganz erheblichen Wertbeitrag für das Unternehmen leisten kann. So können diese Quick Wins als Türöffner verstanden werden, der die Türe für weitere zunehmend strategischere Pro-jekte einen kleinen Spalt öffnet.

2. Transparenz im Spend schaffen

Transparenz im Spend des Unternehmens bietet vielfältige kurzfristige Optimierungs-potenziale und ist die Basis jeder Strategieentwicklung. Letztlich steht die Leitfrage im Mittelpunkt:

- Wer
- kauft was,
- zu welchem Zeitpunkt,

- in welcher Menge,
- bei wem,
- in welcher Region und
- zu welchen Konditionen (Preis, Bezugskosten, finanzielle Konditionen)?

Im vorhandenen ERP-System sind die erforderlichen Basisdaten mit gewissen Einschränkungen verfügbar. Die Datenqualität ist zwar nicht perfekt, aber „gut und optimierbar". Damit kann mit dem Aufbau eines Einkaufscontrollings begonnen werden. Neben der Transparenz zur Entwicklung von einzelnen Materialien oder Verträgen sind weitere Sichten bedeutsam:

- **Warengruppensicht:** Im ersten Schritt steht die Transparenz über Warengruppen und Warensegmente im Mittelpunkt. So wird eine Warengruppenstruktur aufgebaut und im ERP-System angelegt. Damit kann die Entwicklung der Einkaufsvolumina mit den darin enthaltenen Mengen-, Preis- und Konditionseffekten sichtbar gemacht werden. Idealerweise sollen auch Hinweise zur Entwicklung der Total Cost transparent sein.
- **Lieferantensicht:** Über die warengruppenbezogene Sicht hinausgehend sollen Lieferanten mit ihren Einkaufsvolumina, Konditionen und weiteren Stärken und Schwächen transparent sein.
- **Bedarfsträger und Regionen:** Ebenso sollen die Verteilung und die Entwicklung von Bedarfen, Einkaufsvolumina oder Einkaufserfolgen strukturiert nach den einzelnen Bedarfsträgern, in einzelnen Beschaffungsregionen sowie in den Unternehmensdivisionen transparent sein.

Das Schaffen von Transparenz führt zu vielfältigen, auch kurzfristigen Optimierungspotenzialen und kann als erster Schritt in Richtung Entwicklung von Warengruppen- und Lieferantenstrategien verstanden werden. So wird bei der Schreiner Group bereits in der ersten Phase zur Entwicklung des strategischen Einkaufs mit dem Aufbau des Einkaufscontrollings begonnen, auch wenn anfangs zur Auswertung von Kennzahlen ein gewisser manueller Aufwand erforderlich ist. Frühzeitig können wesentliche Wertbeitragskennzahlen ermittelt werden, z. B.:

- Materialkostenveränderung
- Verhandlungserfolge
- Reklamationen pro Mio. € Einkaufsvolumen
- Termintreue
- Mengentreue

Während eine erste Transparenz kurzfristig verfügbar war, zog sich der umfassende Aufbau des Einkaufscontrollings bis zur Einführung der neuen SRM-Software im Jahr 2014 hin.

3. Erfolge planen und kommunizieren – Commitment der Geschäftsführung

Frühe Erfolge müssen geplant und wirkungsvoll kommuniziert werden. Bei der Schreiner Group waren quartalsweise Business Plan Reviews bereits etabliert. In diesen Reviews saßen die Geschäftsführung und der Einkauf zusammen. Ursprünglich wurde das Meeting genutzt, um grundsätzliche Entwicklungen in den Beschaffungsmärkten und im Einkauf zu diskutieren. Konkrete Zielvorgaben und Maßnahmen standen selten im Mittelpunkt.

Mit dem Übergang der Geschäftsführung von der zweiten auf die dritte Generation der Inhaberfamilie entwickelt sich eine neue Erwartung an den Ergebnisbeitrag des Einkaufs. Es wird ein strategischer Einkauf etabliert (siehe unten Abschnitt 5 zur Organisation) und ein neuer Leiter des Einkaufs mit Erfahrung im strategischen Einkauf eingestellt. Ferner werden die Business Plan Reviews ergebnisorientierter geführt. Innerhalb von 30 Tagen muss der neue Leiter des Einkaufs seine Ziele und Vorgehensweise gegenüber der Geschäftsführung vorstellen. Nach 100 Tagen sind die ersten Planungen nochmals zu konkretisieren. Damit erhalten die Business Plan Reviews eine völlig neue Qualität. Im Zentrum der Diskussion stehen nicht mehr allgemeine Entwicklungen der Beschaffungsmärkte, sondern die geplanten Maßnahmen und die damit verbundenen Erfolgskennzahlen. Die Verbindlichkeit der Aussagen wird wesentlich gesteigert.

Auf diese Weise werden die Potenziale des strategischen Einkaufs und die oben beschriebenen Erfolge für die Geschäftsführung sichtbar und präsent. Umsetzungsbarrieren können leicht angesprochen und diskutiert werden. In der Konsequenz führt dies zu einer zunehmenden Unterstützung des Einkaufs durch die Geschäftsführung. Da das Commitment der Geschäftsführung für den Einkauf im ganzen Unternehmen sehr präsent ist, ergeben sich hieraus wesentliche Konsequenzen für die Wahrnehmung der Rolle des Einkaufs im Unternehmen.

4. Systemgestützte Abwicklung der Beschaffung

Ziel von Phase 1 ist es, möglichst weitgehend alle Bestellungen über die IT-Systeme abzuwickeln. Das steigert die Effizienz in der Beschaffung und ebenso bei den Anwendern. Die systemgestützte Beschaffung ist für die Transparenz im Spend zwingend erforderlich. Auf dieser Basis kann der Einkauf die Verbesserungspotenziale in den Warengruppen beurteilen und entscheiden, welche Aufgaben er in den einzelnen Warengruppen übernehmen soll.

Zur Umsetzung dieser Zielsetzung wird eine neue portalorientierte SRM-Software eingeführt. Diese Software umfasst in der Konfiguration der Schreiner Group die Module zur Katalogbestellung und zum Ausschreibungs- und Vertragsmanagement. Ferner ist ein umfassendes Auswerte- und Reporting-Tool integriert. Für die effiziente Abwicklung der Beschaffung spielt insbesondere das Management elektronischer Kataloge eine zentrale Rolle und soll deshalb hier näher betrachtet werden. Die anderen Module der SRM-Software werden unten erläutert.

Bei der Schreiner Group wird das Katalogmanagement mit ca. 20 Katalogen, größtenteils Punchout-Katalogen über OCI-Schnittstelle, aufgebaut. Die Materialgruppen beziehen sich weitgehend auf indirekte Materialien, wie MRO, Bücher usw. Mithilfe der Kataloge können in den betreffenden Warengruppen die Prozesse vereinheitlicht und kontrolliert werden. Damit können die Prozesskosten in der Beschaffung reduziert werden. Ohne zusätzliche Personalkapazität kann somit der Einkauf die Verantwortung über die meisten Warengruppen übernehmen und Bündelungsaktivitäten starten. Die Beschaffungsvorgänge beschleunigen sich und werden sicherer. Gerade für die Anwender werden die Beschaffungsvorgänge einfacher. Für die Mitarbeiter im Unternehmen sind diese Vorteile unmittelbar spürbar und können als Leistung des Einkaufs dargestellt werden. Insgesamt steigt die Reputation des Einkaufs im Unternehmen ein weiteres kleines Stück. Darüber hinaus werden mit der Einführung eines e-Procurement-Systems im Einkauf Zeit und Ressourcen freigesetzt. Diese können in Richtung strategischer Einkauf umgeschichtet werden. Die Implementierung stellte sich allerdings schwieriger als erwartet heraus, sodass das Katalogmanagement erst im Jahr 2014 verfügbar war.

Darüber hinaus wird bereits im Jahr 2012 die Freigabe-Richtlinie erheblich geändert. Es werden klare Verantwortlichkeiten im Bestellprozess definiert. Die Zahl möglicher Besteller wird stark reduziert. Der Wildwuchs der Bestelltätigkeit wird damit beseitigt. Während früher der indirekte Spend zu über 90 % dezentral bestellt wurde, gibt es nun klar definierte Personen, die in jeweils ausgewählten Warengruppen beschaffen dürfen. In der Regel müssen hierbei die festgelegten Kataloge verwendet werden. Über die Auswahl und Verhandlung der Kataloge kontrolliert der Einkauf einen Großteil des Spends.

5. Aufbau einer strategieorientierten Einkaufsorganisation

Eine strategieorientierte Einkaufsorganisation muss den Kompetenzaufbau bei den Einkäufern unterstützen. Einerseits muss die Methodenkompetenz zu den strategisch relevanten Methoden entwickelt werden. Andererseits müssen Einkäufer tief gehende Fachkompetenz zu den Beschaffungsmärkten und den zu beschaffenden Gütern aufbauen. Darüber hinaus sollen sich die strategischen Einkäufer auf strategische Fragestellungen konzentrieren können. Zur Umsetzung dieser Anforderungen werden drei konkrete Maßnahmen ergriffen.

1. **Trennung des strategischen und operativen Einkaufs:** Es muss eine hinreichende Trennung des strategischen vom operativen Geschäfts erfolgen, um die strategische Entwicklung des Einkaufs voranzubringen. Folgende Argumente sprechen bei der Schreiner Group für die Trennung von operativem und strategischem Einkauf:
   Da operative Versorgungsengpässe kurzfristige Reaktionen erforderlich machen, um großen Schaden zu verhindern, jedoch fehlende oder mangelhafte Strategien sich in der Regel erst innerhalb von Jahren auswirken, verhindern operative Probleme stets die Entwicklung von Strategien. Wer einen Produktionsstillstand in der nächsten Woche vor Augen hat, wird nicht an den Aufbau einer Second Source denken, die in drei Jahren zur Verfügung stehen kann. Durch die Trennung des strategischen und des

operativen Einkaufs können sich die Strategen auf strategische Fragestellungen konzentrieren.

Ferner gibt es Zielkonflikte aufgrund der unterschiedlichen Fristigkeit, in der operative bzw. strategische Maßnahmen wirksam werden. Im operativen Einkauf stehen kurzfristige Ziele im Vordergrund. Im strategischen Einkauf sollten mittel- bis langfristige Wirkungen im zentralen Fokus liegen. Da der Erfolg kurzfristiger Ziele unmittelbar sichtbar ist, besteht auch aufgrund der unterschiedlichen Fristigkeit die Gefahr, dass strategische Ziele vernachlässigt werden.

Ferner erfordern operativer und strategischer Einkauf unterschiedliche Kompetenzen von den Mitarbeitern. Während operative Einkäufer als Manager des Tagesgeschäftes schnell und kreativ auf schwierige Situationen im Versorgungsprozess reagieren müssen, ist es die Aufgabe des strategischen Einkäufers strategische Entwicklungen zu steuern und langfristig erfolgreiche Versorgungsstrukturen aufzubauen.

Aus dem Einkaufsteam wurden die Personen mit operativen Aufgaben herausgelöst und produktionsnah in die Abteilung Supply Chain Management versetzt. Ihre Kernaufgaben sind: Disposition, Bestellungen, Reklamationen auf Ebene First Level, insgesamt also das Management des Versorgungsprozesses. Kernaufgaben der strategischen Einkäufer sind hingegen die Lieferantenauswahl im Ausschreibungsprozess, die Lieferantenqualifizierung, die strategische Lieferantenentwicklung und die Entwicklung und Umsetzung von Warengruppenstrategien. Darüber hinaus ist ein kleines Team für die Optimierung der Prozesse und Systeme sowie für das Einkaufscontrolling verantwortlich. Abb. 3.3 zeigt die ursprüngliche Organisation des Einkaufs. In Abb. 3.4 findet sich die neue Organisation des strategischen Einkaufs bei der Schreiner Group.

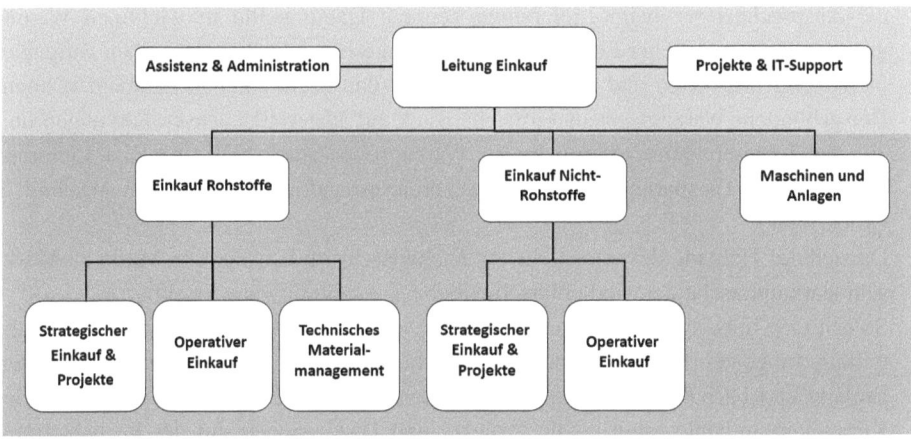

Abb. 3.3 Ursprüngliche Organisation des Einkaufs bei der Schreiner Group. (© Schreiner Group GmbH & Co. KG, Oberschleißheim)

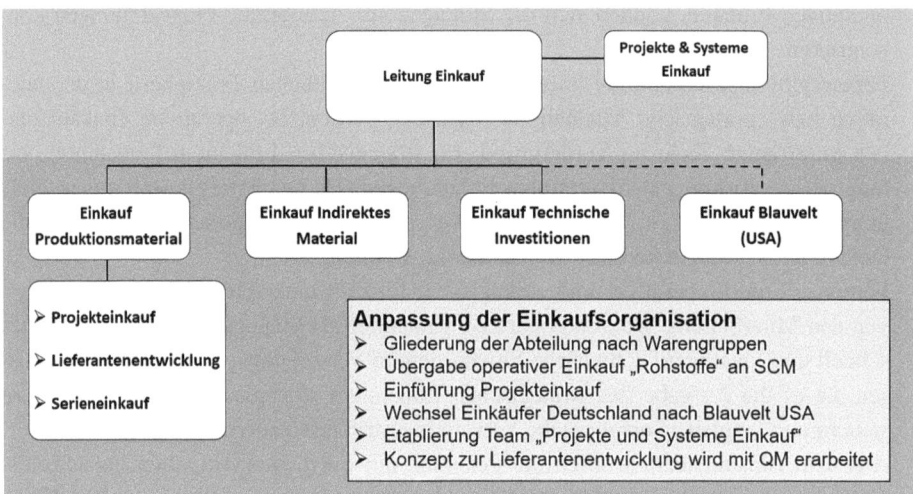

Abb. 3.4 Neue Organisation des strategischen Einkaufs bei der Schreiner Group (seit 01.01.2013). (© Schreiner Group GmbH & Co. KG, Oberschleißheim)

2. **Aufbau einer Warengruppensystematik als Basis eines strategischen Warengruppenmanagements:** Für den Aufbau des strategischen Einkaufs ist die Entwicklung einer Warengruppensystematik von zentraler Bedeutung. Bei der Schreiner Group muss eine neue Systematik eingeführt werden. Diese lehnt sich an ecl@ss an und ist vierstufig strukturiert. Die Einkäufer werden ausgewählten Warengruppen zugeordnet, damit sie sich auf einzelne Beschaffungsmärkte konzentrieren können. Als Spezialist für eine große oder mehrere kleine Warengruppen kann ein Einkäufer umfassendes Produkt- und Markt-Know-how aufbauen. Er lernt die Lieferanten und die Ansprechpartner beim Lieferanten kennen. Damit sollte in wichtigen Warengruppen ein strategischer Einkäufer die oben angesprochenen strategischen Aufgaben fachkundig bearbeiten und auf Augenhöhe mit den Lieferanten verhandeln können. Der gebündelte warengruppenspezifische Blick auf Materialkostenveränderungen und auf das Jahreseinkaufsvolumen in der Warengruppe sowie bei einzelnen Lieferanten führten zu Einsparungen in den Jahrespreisverhandlungen (vgl. oben Abschnitt 1 Quick Wins).

Da sich der Tiefgang des erforderlichen Fachwissens im Einkauf von Markt zu Markt sehr stark unterscheidet, sind unterschiedliche Konstellationen vorstellbar:

Soweit eine hohe spezifische Fachkompetenz zum Beschaffungsmarkt in der Fachabteilung dringend erforderlich und eine enge fachbezogene Zusammenarbeit zwischen Einkauf und Fachabteilung möglich ist, kann es genügen, wenn der Einkauf so viel Know-how aufbaut, damit er die Projekte und Diskussionen mit der Fachabteilung und den Lieferanten verständig begleiten kann. In diesem Fall bilden Fachabteilung und Einkauf ein Tandem, mit dem die strategische Entwicklung in der Warengruppe gesteuert wird. Bei der Schreiner Group wird beispielsweise die Warengruppe „Farben" vom Fachexperten für Farben mit einem zuständigen Einkäufer verantwortet. Die technische Auswahl der Farben erfolgt durch den Techniker in der Regel im Zusammenhang mit konkreten Kundenaufträgen. Der Einkauf kümmert sich hingegen um die Verträge. Er führt die Jahrespreisverhandlungen mit Bonusregelungen und verantwortet die Qualitätssicherungsvereinbarungen. Er sorgt dafür, dass eindeutige Spezifikationen definiert sind, da ansonsten die vertraglich festgelegten Leistungen nur wenig verbindlich sind. Über die Auswahl der Farben beeinflusst der Techniker ganz wesentlich die kaufmännischen Prozesse, indem er nicht unbedingt die kaufmännisch bevorzugten Lieferanten auswählt. Gegebenenfalls werden Schwierigkeiten gemeinsam besprochen, wobei in der Regel der technische Prozess führt.

Ist in der Fachabteilung keine spezifische Fachkompetenz zur Warengruppe erforderlich, kann der Einkäufer den Markt strategisch eigenständig bearbeiten und verantworten. In diesem Fall ist ein tief gehendes Fach-Know-how im Einkauf aufzubauen, um die strategischen Aufgaben eigenständig und auf Augenhöhe mit den Lieferanten sowie den Fachexperten im Unternehmen ausführen zu können. Bei der Schreiner Group wurde im Einkauf beispielsweise das Fach-Know-how in der Warengruppe „gummierte Folien" aufgebaut. Die Bestandteile gummierter Folien – Liner, Kleber, Folie, Top-Coat – ergeben zusammen den Haftverbund, der häufig für eine überlegene Qualität bei der Erfüllung von Kundenaufträgen verantwortlich ist. Das Zusammenspiel von Technik und Einkauf wird in den Warengruppen jeweils feinjustiert.

3. **Neustrukturierung der Einkaufsteams in direkter Einkauf, indirekter Einkauf und Investitionsgüter-Einkauf:** Verschiedene Warengruppen erfordern auch unterschiedliches Methoden- und Prozess-Know-how. So wird die Zusammensetzung der Einkaufsteams reorganisiert. Bisher waren die Teams nach „Rohstoffe", „Nicht-Rohstoffe" und „Investitionen" strukturiert. Insbesondere die Trennung in Rohstoffe und Nicht-Rohstoffe erscheint wenig zielführend, sodass die Teams nach „Direkte Materialien", „Indirekte Materialien" und „Investitionen" gegliedert werden. Jeder dieser drei Bereiche unterliegt einer eigenen Einkaufslogik und erfordert somit spezifische Prozesse. Im direkten Bereich sind die Nähe zur Entwicklung, zum Qualitätsmanagement und zu den Anwendungsentwicklern in den Geschäftsbereichen sowie die sichere bedarfsorientierte Versorgung zentrale Zielsetzungen. Im indirekten Einkauf sind häufig die Nähe zu den Bedarfsträgern und effiziente Prozesse bedeutsam. Beim Investitionsgütereinkauf stehen technisch anspruchsvolle Investitionsprojekte mit komplexen Projektmanagement im Zentrum, die in ihren Anforderungen häufig vollkommen einzigartig sind.

Durch die Trennung der drei Bereiche wird es möglich, maßgeschneiderte Prozesse und spezifisches Methoden-Know-how aufzubauen. Strategische Einkäufer können sich somit als Einkaufsexperten im jeweiligen Themenfeld profilieren. Ferner kann sich zu den jeweiligen Ansprechpartnern im Unternehmen eine enge partnerschaftliche Beziehung entwickeln. Damit werden die Voraussetzungen für die Übernahme von weiterer Verantwortung durch den Einkauf geschaffen.

6. (Früh-) Einbindung des Einkaufs in den Einkaufsprozess

Im Rahmen der Bedarfsdefinition und in den frühen Phasen des Entwicklungsprozesses werden wesentliche Weichen für den Einkaufsprozess gestellt. So sollten die Ausschreibungsunterlagen eindeutig definiert, international ausgerichtet und vor allem auch lieferantenunabhängig sein, sodass der Einkauf einen globalen Wettbewerb unter den Anbietern erzeugen kann. Auch die richtige Dimensionierung von Qualitätsstandards ermöglicht es, den Bieterkreis zu erweitern, da nicht nur wenige Qualitätsführer anbieten können. Schwierig wird es für den Einkauf ferner, wenn zum Zeitpunkt der Vertragsverhandlungen dem Lieferanten bereits unmissverständlich signalisiert wurde, dass nur er als Lieferant infrage kommt. In einer solchen Situation werden Preisverhandlungen eher zu einer ergebnislosen Show.

Für den Erfolg eines strategischen Einkaufs ist es somit von zentraler Bedeutung, in den frühen Phasen des Kaufentscheidungsprozesses eingebunden zu sein, um einkaufsrelevante Aspekte einbringen bzw. anmahnen zu können. Hierbei ist deutlich zwischen den Anforderungen im direkten Einkauf, im indirekten Einkauf und im Investitionsgütereinkauf zu unterscheiden.

Früheinbindung des Einkaufs bei direkten Materialien In der Ausgangssituation wurde der direkte Einkauf der Schreiner Group erst beim Übergang vom Produktentstehungsprozess in die Serie mit der Beschaffung beauftragt. Einen Projekteinkauf, der in den Entwicklungsprojekten integriert ist, gab es nicht. Vielmehr wurden die Aufgaben eines Projekteinkäufers von der Entwicklung nebenbei miterledigt. So kann die von der Entwicklung erfolgte Materialauswahl leicht overengineered sein. Alle wesentlichen Entscheidungen waren zum Zeitpunkt der Übergabe an den Einkauf bereits getroffen.

Zeitgleich zur Entwicklung des strategischen Einkaufs wird in den Jahren 2011/2012 der Produktentwicklungsprozess (PEP) der Schreiner Group überarbeitet. Diese Chance wird durch den neuen strategischen Einkauf genutzt. Trotz der stark abwickelnden Rolle des Einkaufs gelingt es dem neuen Einkaufsleiter, sich in das Team zur Prozessoptimierung einzubringen. In Workshops und vielfältigen Abstimmgesprächen wird die Rolle des Einkaufs im PEP definiert und so ein Projekteinkauf verankert. Herausfordernd ist dabei, dass der Einkauf neue Aufgaben im PEP übernimmt, ohne dafür weitere Personalkapazität zu bekommen.

Mit dieser Maßnahme werden die formalen Voraussetzungen geschaffen, den Einkauf im PEP zu positionieren. Diese Rolle allerdings wirkungsvoll werden zu lassen, ist die nächste Herausforderung:

In großen Bereichen der Entwicklung wird die Integration des Einkaufs in den PEP positiv aufgenommen, da sie eine Arbeitsentlastung bei ungeliebten Aufgabestellungen mit sich bringt. Einzelne Teams müssen allerdings erst (mühsam) durch positive Erfahrungen der anderen Entwicklungsteams überzeugt werden.

Schwierigkeiten bereitet zunächst, dass die Entwicklung nicht von den technischen Lieferantenkontakten abgenabelt werden darf. Der Austausch technischer Informationen mit den Lieferanten ist für die Entwickler essenziell. Allerdings wird dafür gesorgt, dass diese Kontakte nur unter Einbindung des Einkaufs erfolgen und vor allem, dass seitens der Technik keine frühzeitigen Festlegungen getätigt werden. Ebenso stellt es sich als schwierig heraus, den Vertrieb und einzelne Lieferanten auf den neuen Prozess zu verpflichten.

Ferner benötigen einzelne Anforderungen im PEP einige Zeit, bis sie richtig gelebt werden. Beispielsweise benötigte es Zeit, bis sich die gewünschte Qualität in der Definition der Lastenhefte und bei den Spezifikationen etabliert hatte. Im Extremfall werden Anfragen gesperrt, die am Einkauf vorbei getätigt werden.

Mit der Etablierung des Einkaufs im PEP wird eine der zentralen Voraussetzungen für wirkungsvolle strategische Maßnahmen des Einkaufs im Bereich Materialoptimierung geschaffen, die unten in Phase 2 beschrieben werden.

Reduzierung von Maverick Buying bei indirekten Materialien Der Einkauf indirekter Materialien war in der Ausgangssituation durch flächendeckendes Maverick Buying in allen wesentlichen Warengruppen, z. B. Marketing, IT, Logistik, Personal, gekennzeichnet. Die klassischen Probleme von Maverick Buying können beobachtet werden:

- Zu wenig Wettbewerb und Verhandlung in der Lieferantenauswahl
- Keine strategische Ausrichtung in der Warengruppe
- Wenig rechtssichere Verträge
- Absicherung gegen Compliance-Verstöße

Aufgrund der oben beschriebenen ergebnisorientierten Ausrichtung des Einkaufs (siehe Abschnitt 3 in diesem Kapitel) gibt es ein starkes Commitment der Geschäftsführung, dass sämtliche Beschaffungsaktivitäten über bzw. mit dem Einkauf abzuwickeln sind. Um diese Zielsetzung anzugehen wird eine Freigaberichtlinie erlassen, in der genau geregelt ist, wer welche Bestellungen veranlassen darf bzw. welche Freigabeprozesse dabei einzuhalten sind.

Die Resonanz fällt zunächst sehr differenziert aus. Einzelne Abteilungen freuen sich, dass ungeliebte kaufmännische Aufgaben abgegebenen werden können. Insbesondere sollen vom Einkauf zukünftig die Preise verhandelt und die Rechtssicherheit der Verträge gewährleistet werden. In einzelnen Warengruppen kann der Einkauf sehr schnell die Einkaufsverantwortung übernehmen.

Andere Abteilungen verhalten sich zunächst ablehnend. Die Diskussion der geplanten Zusammenarbeitsprozesse und die Suche nach einer gemeinsam akzeptierten Vorgehensweise bringen allerdings nach und nach Fortschritte. Dabei ist das entschiedene Commitment der Geschäftsführung ein zentraler Erfolgsfaktor für die Reduzierung des Maverick Buyings. Es ist allen Beteiligten mehr oder minder frühzeitig klar, dass die Art der Zusammenarbeit diskutiert werden kann, nicht aber die Tatsache einer Einkaufsfrüheinbindung an sich. Trotz schneller Anfangserfolge, beispielsweise bei IT oder bei Möbeln, dauert die vollständige Beseitigung des Maverick Buyings bis ins Jahr 2017.

Einkaufsfrüheinbindung in den Investitionsgütereinkauf In der Ausgangssituation wird beim Investitionsgütereinkauf, insbesondere beim Sondermaschinenbau, das Lastenheft durch das Industrial Engineering erstellt und letztlich auch der Lieferant ausgewählt. Auf dieser Basis beginnt der Einkauf mit dem Lieferanten Preise und Konditionen zu verhandeln. In der neuen Rolle ist der Einkauf bereits bei der Lastenhefterstellung beteiligt. Dabei wird darauf geachtet, dass durch das Lastenheft keine Festlegung des Lieferanten erfolgt, sondern dass mindestens zwei Lieferanten eine gute Chance haben, den Auftrag zu erhalten. Das Lastenheft wird mit den Lieferanten abgestimmt. Auf dieser Basis erfolgt dann die Preisverhandlung mit mindestens zwei Lieferanten. Der damit erzeugte Wettbewerb ist eine wichtige Voraussetzung für bessere Verhandlungserfolge.

Zwischenfazit

Mit den beschriebenen Maßnahmen wurde in den Jahren 2012 und 2013 die Basis für den systematischen Aufbau des strategischen Einkaufs geschaffen.

- Der Einkauf hat bewiesen, dass er einen erheblichen Wertbeitrag für das Unternehmen und für andere Abteilungen leisten kann.
- Die Geschäftsführung signalisiert ein leistungsorientiertes Commitment zur strategischen Entwicklung des Einkaufs. Die Kommunikation mit der Geschäftsführung ist direkt und faktenbasiert.
- Die Organisationsstruktur ist in Richtung Kompetenzaufbau im Einkauf und in Richtung Fokussierung auf strategische Aufgaben umgestaltet.
- Die Weichen für eine Einkaufsfrüheinbindung bei direkten und indirekten Materialien sowie bei Investitionsgütern sind gestellt.

Die Umsetzung einzelner Maßnahmen erstreckt sich weit in die Phase 2 hinein. Gleichzeitig werden schon in Phase 1 erste Aktivitäten gestartet, die der Phase 2 zuzuordnen sind. Die folgende Phase 2 ist durch den Aufbau eines professionellen Einkaufsmanagements charakterisiert.

3.4   Phase 2: Einkaufsmanagementsystem professionalisieren (2013–2016)

Story Phase 2

In Phase 2 werden die vielfältigen Einzelaktivitäten aus Phase 1 gebündelt und ein ganzheitliches strategisches Einkaufsmanagementsystem aufgebaut, das alle wesentlichen Aspekte eines industriellen Einkaufs integriert. Zentrale Bedeutung hat dabei der Übergang von einem stark projektweise orientierten Vorgehen hin zu einem systematischen Ansatz. Methodisches Konzept ist die oben bereits skizzierte 15M-Architektur der Supply-Strategie (vgl. Kap. 1 und vertieft in Kap. 4 sowie Heß 2010, 2017). Auf Basis der 15M-Architektur wird ein ganzheitliches Einkaufsmanagement aufgebaut. Im Sinne der evolutionären Entwicklung des strategischen Einkaufs werden die einzelnen

Module der 15M-Architektur schrittweise eingeführt bzw. im Laufe der Zeit nach und nach ausdifferenziert. Dabei werden jeweils die Module mit Nachdruck vorangetrieben, die aktuell für die Entwicklung des strategischen Einkaufs besonders potenzialträchtig erscheinen. Auch wenn sich dieser Prozess kontinuierlich entwickelt, lässt sich die Phase 2 in drei Abschnitte gliedern (vgl. Abb. 3.5).

1. Formulierung der ersten Rahmenstrategie Im Jahr 2013 wird erstmals eine Rahmenstrategie formuliert, mit der die Entwicklung des strategischen Einkaufs ganzheitlich ausgerichtet wird. Die erste Rahmenstrategie wird im dritten Abschnitt von Phase 2 im Jahr 2015 wesentlich überarbeitet. Die breite Diskussion der Rahmenstrategie und die damit verbundenen Ergänzungen und Konkretisierungen im Jahr 2016 kennzeichnen den Übergang zu Phase 3.

Die strategischen Stoßrichtungen der Rahmenstrategie zielen auf die Entwicklung der weiteren Strategiebausteine der 15M-Architektur: Es wird mit der Entwicklung von Warengruppenstrategien begonnen, indem eine Vorgehensweise mit Template entwickelt und erste Pilotstrategien formuliert werden. Lieferantenstrategien werden in enger Zusammenarbeit mit der Produktion in Form einer qualitätsorientierten Lieferantenentwicklung forciert. Die oben bereits angesprochene Optimierung der Beschaffungsprozesse und der damit verbundenen IT-Systeme wird systematisch fortgeführt.

2. Aufbau des 15M-Reifegradmanagements Im Frühjahr 2014 wird das bestehende Einkaufsmanagementsystem mit dem 15M-Reifegradmodell analysiert und bewertet. Hierzu wird der aktuelle Stand des strategischen Einkaufs mit dem Ideal der 15M-Architektur gespiegelt und es werden Verbesserungsideen identifiziert. Im Fokus steht nicht die Umorientierung der strategischen Ausrichtung oder wesentlicher strategischer Projekte, sondern die systematische Fortentwicklung der strategischen Stoßrichtungen mit den strategischen Projekten und den strategischen Steuerungsprozessen. Die Reifegradanalyse

➢ **Formulierung und Fortentwicklung einer Rahmenstrategie:** Wertbeitragsziele, Strategische Analyse, Strategische Stoßrichtungen, Strategische Projekte

➢ **Formulierung und Fortentwicklung von Warengruppenstrategien:** Systematik entwickeln, Pilotstrategien erstellen, weitere Strategien formulieren, Implementierung

➢ **Formulierung und Fortentwicklung von Lieferantenstrategien:** Lieferantenklassifizierung, Preferred Supplier-Strategien, Strategic-Supplier-Strategien

➢ **Aufbau und Fortführung Reifegradmanagement**

➢ **Optimierung der Beschaffungsprozesse und der IT-Systeme**

➢ **Ausbau der Zusammenarbeit mit cross-funktionalen Partnern sowie den Regionen (USA, China)**

Abb. 3.5 Wesentliche Hebel zur Professionalisierung des strategischen Einkaufs

wird ab 2014 (in etwa) jährlich durchgeführt, um Fortschritte zu ermitteln und die aktuelle strategische Ausrichtung zu überprüfen bzw. nachzujustieren.

Die Piloterfahrungen bei der Formulierung von Warengruppenstrategien führen zu einer stärkeren Handlungsorientierung. Die praktizierten Partnerschaftskonzepte werden mit einem Konzept zur Lieferantenklassifizierung und Lieferantenstrategie systematisiert und in die Warengruppenstrategien eingebunden. Die Prozessstrategien werden konsequent fortgesetzt. Darüber hinaus werden weitere strategische Elemente aufgenommen, die ursprünglich zurückgestellt wurden.

3. Evolutionäre Entwicklung der Strategien Nach der zweiten Reifegradanalyse wird im Frühjahr 2015 die Rahmenstrategie überprüft, erheblich fortgeschrieben und präzisiert. Die strategischen Stoßrichtungen werden neu strukturiert. Die weiteren Strategiebausteine werden angegangen und dabei evolutionär fortentwickelt. Beispielsweise wird Anfang 2016 damit begonnen auch im indirekten Einkauf Warengruppenstrategien zu formulieren. Hierzu wird eine vereinfachte Vorgehensweise entwickelt. Besondere Aufmerksamkeit erfahren weiterhin die strategischen Steuerungsprozesse, die internationale Zusammenarbeit mit den Einkaufsabteilungen in den USA und China sowie die Kommunikation mit den Stakeholdern im Unternehmen.

Am Ende der Phase 2 praktiziert der Einkauf seine neue Einkaufssystematik. Diese ist zwar noch lange nicht perfekt, aber erlaubt eine aktive Steuerung des gesamten Einkaufsgeschehens im Unternehmen. Der Einkauf wird als aktiver Player wahrgenommen, der für den Einkauf Verantwortung übernommen hat. Die Zusammenarbeit mit den anderen Abteilungen ist in vielen Einzelprozessen etabliert und wird von den Beteiligten wertgeschätzt. Als ein Player bei der Umsetzung der Unternehmensstrategie der Schreiner Group ist der Einkauf allerdings noch nicht angekommen.

1. Formulierung der ersten Rahmenstrategie (2013)
Im Jahr 2013 werden die verschiedenen strategischen Aktivitäten im Einkauf mit der Formulierung einer Rahmenstrategie gebündelt und systematisch ausgerichtet. Grundlage der Rahmenstrategie ist die 15M-Architektur. Die Rahmenstrategie hat sich an der Unternehmensstrategie zu orientieren. Sie gibt die grundsätzliche Richtung vor, an der sich Materialgruppenstrategien, Lieferantenstrategien sowie Prozessoptimierungen auszurichten haben. Diese Strukturierung der strategischen Aktivitäten war für die Schreiner Group neu und prägte die weitere strategische Entwicklung des Einkaufs entscheidend. Die Rahmenstrategie wird in einem Strategiepapier dokumentiert (vgl. im Detail Kap. 4).

In der Rahmenstrategie erfolgt eine tief gehende Analyse der Ist-Situation. Hierzu werden wesentliche Trends im Umfeld und im Unternehmen identifiziert, Anforderungen an den Einkauf ermittelt und ein daraus resultierender Handlungsbedarf für den Einkauf abgeleitet. Die Liste der Handlungsbedarfe ist sehr umfassend.

Aus dem Handlungsbedarf heraus, werden unmittelbar die vier strategischen Stoßrichtungen formuliert, die sich 1) auf die Entwicklung von Warengruppenstrategien bzw. 2) von Lieferantenstrategien, 3) auf die Standardisierung und Optimierung von

Einkaufs- und Versorgungsprozessen sowie 4) auf die Positionierung des Einkaufs in der Schreiner Group und am Markt beziehen. Die wesentlichen Projekte werden zugeordnet. Allerdings erfolgt innerhalb des Strategiepapiers keine detaillierte Beschreibung der strategischen Stoßrichtungen sowie der strategischen Projekte. Insgesamt bleibt der strategische Teil des Strategiepapiers noch sehr kompakt.

Auf die Verknüpfung zur Unternehmensstrategie wird bei der Formulierung der Rahmenstrategie und der strategischen Stoßrichtungen geachtet. Dazu werden – im Anhang des Strategiepapiers dokumentiert – die wesentlichen strategischen Ausrichtungen der Schreiner Group zusammengefasst. Allerdings werden die Interpretation von Anforderungen an den Einkauf, die Identifikation der Konsequenzen der Unternehmensstrategie für den Einkauf sowie die Ableitung der Rahmenstrategie noch weitgehend einkaufsintern durchgeführt. Sowohl die Stellung des Einkaufs im Unternehmen, wie auch die Strategiekompetenz im Einkauf lies es ratsam erscheinen, die erste Rahmenstrategie intern zu formulieren und nur eingeschränkt zu kommunizieren.

Zeitgleich wird mit der Formulierung von Warengruppenstrategien begonnen. Hierzu werden auf Basis des definierten Warengruppenschlüssels (vgl. Phase 1) 21 strategische Warengruppen definiert, für die im Laufe der Zeit Warengruppenstrategien formuliert werden sollen. Abb. 3.6 gibt einen Überblick über die Warengruppen, mit deren

Warengruppe	Komplexität	Anteil EKV	Analyse	Strategie
Folien gummiert	sehr hoch	sehr hoch	x	x
Maschinen	sehr niedrig	hoch		
Klebebänder	sehr hoch	hoch	x	
Farben	sehr hoch	mittel	x	x
Folien ungummiert	hoch	mittel	x	x
Release Liner	sehr hoch	mittel	x	x
Stanzen	sehr hoch	niedrig	x	
RFID-Inlays	sehr niedrig	niedrig		
Komplexe Bedruckstoffe	sehr niedrig	niedrig		
Kunststoffteile	sehr hoch	niedrig	x	
Nonwoven	sehr niedrig	niedrig		
Membrane	sehr hoch	niedrig	x	x
Druckformen	sehr niedrig	niedrig		
Papier	sehr niedrig	sehr niedrig		
Papierteile	sehr hoch	sehr niedrig	x	x
Hologramm	sehr niedrig	sehr niedrig		
Versandverpackung	hoch	sehr niedrig	x	x
Hülsen	sehr niedrig	sehr niedrig		
Klebstoffe	sehr niedrig	sehr niedrig		
Bändchengewebe	sehr niedrig	sehr niedrig		
Klebebänder (Druckereibedarf)	sehr niedrig	sehr niedrig		
Verbrauchsmat. & Kleinteile	sehr niedrig	sehr niedrig		

Abb. 3.6 Übersicht strategische Warengruppen bei der Schreiner Group (inhaltlich modifiziert). (© Schreiner Group GmbH & Co. KG, Oberschleißheim)

Anteil am Einkaufsvolumen (Stand 2012, aus Gesichtspunkten der Vertraulichkeit sind die Zahlen nur in einer Tendenz angegeben). Neben der strategischen Bedeutung wird festgelegt, für welche Warengruppen im nächsten Schritt eine Warengruppenstrategie entwickelt bzw. für welche Warengruppen nur eine strategische Analyse durchgeführt werden soll.

Zur Beurteilung der strategischen Bedeutung und zur Ermittlung einer ersten strategischen Ausrichtung der einzelnen Warengruppen wird ein Einkaufsportfolio aufgebaut (Abb. 3.7, aufgrund von Geheimhaltungsaspekten ist die Einordnung in das Portfolio modifiziert) (vgl. Kraljic 1985). Dazu wird mit einer Scoring-Systematik die Versorgungskomplexität in der Warengruppe eingeschätzt. Dabei stellt ein niedriger Wert eine einfache Versorgungssituation und ein hoher Wert eine hohe Versorgungskomplexität dar. Die zweite Achse im Einkaufsportfolio bezieht sich auf die strategische Bedeutung der Warengruppe.

Werden die beiden Dimensionen – Versorgungskomplexität und strategische Bedeutung – jeweils in hoch und niedrig eingeteilt, ergibt sich ein Portfolio mit vier Quadranten. Für jeden Quadranten im Portfolio wird eine grundlegende Ausrichtung in der Warengruppe empfohlen:

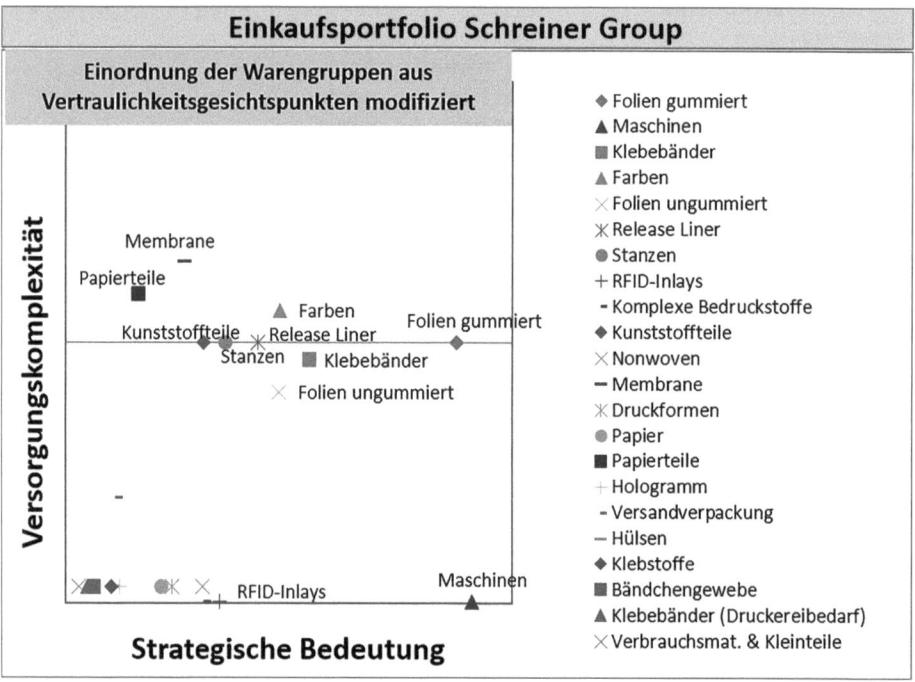

Abb. 3.7 Einkaufsportfolio Schreiner Group (Einordnung aus Vertraulichkeitsgesichtspunkten modifiziert). (© Schreiner Group GmbH & Co. KG, Oberschleißheim)

- **Strategische Artikel:** Strategische Bedeutung und Komplexität sind hoch. Es werden strategische Partnerschaften empfohlen.
- **Hebelartikel:** Strategische Bedeutung ist hoch und Komplexität ist niedrig. Es wird empfohlen, kostenorientiert zu handeln.
- **Engpassartikel:** Strategische Bedeutung ist niedrig und Komplexität ist hoch. Es wird empfohlen, die Versorgung zu sichern.
- **Unkritischer Artikel:** Strategische Bedeutung und Komplexität sind niedrig. Es wird empfohlen, die Prozesse möglichst effizient abzuwickeln.

Das Portfolio kann nur eine erste grundlegende Ausrichtung darstellen. Die Strategie selbst wird mit einem Strategietemplate festgelegt. Zunächst werden für drei besonders wichtige Warengruppen, Folien, Stanzen und Farben, Pilotprojekte gestartet. Dabei wird mit ausgewählten Fachexperten im Unternehmen, insbesondere mit dem Business Development (entspricht Produktmanagement), eng zusammengearbeitet. Diese Zusammenarbeit stärkt gleichermaßen die Fachkompetenz der Einkaufsmitarbeiter zu den Warengruppen und die Vertrauensbasis unter den beteiligten Personen, da eine gemeinsame Vorgehensweise in Märkten und gegenüber Lieferanten abgesprochen wird.

Ebenso zeitgleich, aber unabhängig von den Warengruppenstrategien wird im Unternehmen ein abteilungsübergreifendes Projekt mit dem Namen **„gezielte Materialumstellung"** gestartet. Ziel des Projektes ist, Materialien durch bessere zu ersetzen. Im Projekt werden insbesondere folgende Suchfelder definiert:

- Materialien, zu denen kostengünstigere Alternativen gefunden werden;
- Materialien, mit denen es regelmäßig Qualitätsprobleme gibt;
- Materialien, die nicht mehr marktgängig sind und deshalb nur noch für die Schreiner Group hergestellt werden;

Durch den Ersatz dieser Materialien durch kostengünstigere, marktgängige und qualitativ zuverlässigere Materialien können weitere Einsparungen realisiert werden. Gleichzeitig soll die Zahl unterschiedlicher Materialien reduziert werden, was zu einem zusätzlichen Einspareffekt führt. Das Konzept wird im Einkauf erarbeitet (zur Vorgehensweise vgl. Abb. 3.8 und 3.9).

Bei der Suche nach geeigneten Materialien und den passenden Substituten wird eng mit den Lieferanten zusammengearbeitet. Aufgrund ihrer Marktkenntnisse können seitens der Lieferanten wesentliche Empfehlungen gegeben werden. Das Projekt erfährt im Unternehmen eine hohe Aufmerksamkeit, da ein wesentlicher Ergebnisbeitrag erwartet wird. In der Zusammenarbeit mit den anderen Abteilungen konnte sich der Einkauf bewähren und erhebliche nachweisbare Erfolge realisieren. Hierbei handelt es sich eindeutig um strategische Erfolge, deren Früchte in der Regel erst nach zwei bis im Extremfall fünf Jahren geerntet werden können. Als eine erhebliche Barriere stellten sich Vorbehalte des Vertriebs heraus, der den Aufwand einer neuerlichen

Herleitung „Material-Umstellungs-Portfolio"
Alle ermittelten Materialien werden in ein Material-Umstellungs-Portfolio eingeordnet.
Anhand dieses Portfolios werden die Umstellungsprojekte priorisiert und unter Betrachtung
„benötigter – vorhandener Kapazität" gestartet.

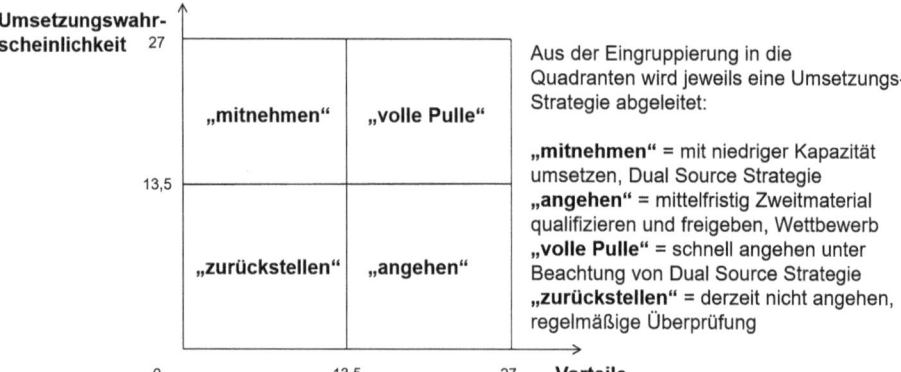

Abb. 3.8 Priorisierung von Projekten zur gezielten Materialumstellung. (© Schreiner Group
GmbH & Co. KG, Oberschleißheim)

Y-Achse „Umsetzungswahrscheinlichkeit" (max. 27)

➢ Aufwand intern/extern (hoch=1/mittel=2/niedrig=3) x 2*

➢ Kunden (Anzahl, Wichtigkeit; <3 = 3 / <20 = 2 / >=20 = 1) x 3*

➢ Produkte (Anzahl; <10 = 3 / <25 = 2 / >= 25 = 1) x 1*

➢ Risiko (Abkündigung, Versorgung/Wechsel; hoch=1/mittel=2/niedrig=3) x 3*

X-Achse „Vorteile" (max. 27)

➢ Non-Konformitäts-Kosten (hoch = 3 / mittel = 2 / niedrig = 1) x 3*

➢ Einsparpotenziale p. a. (hoch = 3 / mittel = 2 / niedrig = 1) x 3*

➢ Logistikvorteile (Bestand, Belieferung; hoch=3/mittel=2/niedrig=1) x 1*

➢ Komplexitätsreduzierung (hoch=3/mittel=2/niedrig=1) x 2*

* = Gewichtung

Abb. 3.9 Bewertungskriterien zur Bewertung von Projekten der gezielten Materialumstellung. (©
Schreiner Group GmbH & Co. KG, Oberschleißheim)

Materialqualifikation beim Kunden fürchtete. Im Laufe der Zeit wird deutlich, dass
das Projekt gezielte Materialumstellung integraler Bestandteil des Warengruppenmanagements sein muss. In der Konsequenz wird die Steuerung von Maßnahmen zur
gezielten Materialumstellung in die Warengruppenstrategie integriert.

Erste Elemente einer Lieferantenentwicklung wurden bereits in Phase 1 angegangen. In Phase 2 wird neben der bereits vorhandenen Lieferantenbewertung die aktive Lieferantenentwicklung aufgebaut und ein aktives Reklamationsmanagement etabliert. Dies erfolgt in enger Zusammenarbeit mit der Produktion.

Aktives Reklamationsmanagement bedeutet, dass nicht nur Fehlleistungen des Lieferanten reklamiert werden, sondern vorausschauend die Lieferanten-Leistung verbessert werden soll. Hierzu werden in wöchentlichen Jour Fixes alle Lieferprobleme genau analysiert. In der Regel ergeben sich die Probleme, die auf dem Jour Fixe behandelt werden, aus einer aktuellen Reklamation, aus einer schlechten Lieferantenbewertung oder im Rahmen des On-Boarding eines Lieferanten. Kleine Aktionen werden direkt umgesetzt. Für größere Verbesserungen wird ein Lieferanten-Entwicklungsplan aufgestellt. Darüber hinaus werden die Mitarbeiter in der Produktion beim Lieferanten geschult, damit sie die Anforderungen der Schreiner Group in Bezug auf Qualität oder Sauberkeit verstehen. Teils werden über 100 Mitarbeiter eines Lieferanten geschult. Die Vorgehensweise ist sehr erfolgreich. Bei bedeutsamen Folienlieferanten konnte die Reklamationsquote erheblich gesenkt werden. Mit Audits wird die Wirksamkeit der Maßnahmen überwacht. Innerhalb weniger Jahre hat sich die Zahl der A-Lieferanten vervierfacht.

Die erfolgreiche Zusammenarbeit im Lieferantenmanagement zwischen Produktion, Einkauf und Lieferant ist ein weiterer Baustein zur Festigung der Vertrauensbasis und eröffnet Spielräume für weitere strategische Projekte.

Die Fortentwicklung und die Digitalisierung der Prozesse werden über alle Abschnitte von Phase 2 hinweg aktiv vorangetrieben: Besondere Aufmerksamkeit erfährt die Einführung der neuen SRM-Software mit folgenden Modulen:

- **Ausschreibungsmanagement:** Der Ausschreibungsprozess wird digitalisiert. Die verschiedenen Fachabteilungen sowie die Lieferanten werden schnittstellenfrei integriert.
- **Vertragsmanagement:** Im eher einfach gehaltenen Vertragsmanagement können alle lieferantenseitigen Verträge dokumentiert und gesteuert werden.
- **Katalogmanagement:** Wie oben dargestellt wird im Katalogmanagement die Beschaffung von C-Teilen über elektronische Kataloge abgewickelt.
- **Lieferantendatenbank und Lieferantencockpit:** Aus den verschiedenen Systemen werden alle relevanten Daten zu den Lieferanten zusammengeführt und für den Nutzer aufbereitet. Es sei daran erinnert, dass zu diesem Zeitpunkt ein einfaches ERP-System für die Bestelltätigkeit und ein zweites System für die kaufmännische Abwicklung zur Verbuchung der Finanzströme im Einsatz sind. Mit der Einführung der neuen SRM-Software können die Daten über Schnittstellen automatisiert zusammengeführt werden. Damit erhalten die Einkäufer alle relevanten Informationen zu einem Lieferanten gebündelt.
- **Auswertungs- und Reporting-Tool:** Die vielfältigen Aktivitäten zum Einkaufscontrolling werden fortentwickelt und weitgehend automatisiert, sodass alle wesentlichen Kennzahlen per Knopfdruck ermittelt werden können.

2. Aufbau des 15M-Reifegradmanagements (2014)

Im Frühjahr 2014 wird erstmalig ein 15M-Reifegradworkshop im Kreis der Einkaufsteamleiter durchgeführt. Innerhalb eines Tages wird das bestehende Einkaufsmanagement am Ideal der 15M-Architektur gespiegelt. Dazu werden die 15 Module der
15M-Architektur in 36 Aufgabenfelder eines strategischen Einkaufs strukturiert, z. B.
Messen des Einkaufserfolges, Lieferantenbewertung. Die einzelnen Aufgabenfelder
werden im Workshop der Reihe nach durchgesprochen. Zunächst wird jeweils die aktuelle Situation bei der Schreiner Group vorgestellt und mit der Best-Practice-Lösung der
15M-Architektur verglichen. Bereits an dieser Stelle ergeben sich regelmäßig fruchtbare
Diskussionen, beispielsweise wie gut die Risikobeurteilung von Lieferanten im Unternehmen funktioniert. Im Rahmen der Diskussion werden vielfältige Verbesserungsideen
identifiziert und erste Einschätzungen getroffen, wie bedeutsam die einzelnen Ideen
sind. Auch dieser Schritt kann sehr kontrovers ablaufen. Die Ergebnisse werden dokumentiert. Abschließend kann die Reife der Aufgabenerfüllung mithilfe der 15M-Reife-
gradbewertung beurteilt und zu einem Score verdichtet werden. Nach Abarbeitung aller
Aufgabenfelder ist die Analyse beendet und es kann ein Gesamtscore zur Reife des strategischen Einkaufs ermittelt werden. (Das 15M-Reifegradmodell als wichtiges Element
einer evolutionären Strategieentwicklung wird in Kap. 5 detailliert vorgestellt.)

Die Analyse und Diskussion des gesamten Einkaufsmanagements an einem Tag
durchzuführen ist herausfordernd. Allerdings werden damit auch langatmige Aus-
einandersetzungen verhindert. Die bedeutsamen Handlungsbedarfe werden identifiziert
und können dann im Anschluss an den Reifegradworkshop nochmals konkretisiert werden. Bei der Schreiner Group wird zwei Monate später ein zweiter Workshop durchgeführt, in dem die identifizierten Handlungsbedarfe nochmals beurteilt und konkrete
Maßnahmen entwickelt und beschlossen werden (Die etwas zu lange Zeitspanne zwischen den beiden Workshops war urlaubsbedingt.).

Ziel und Ergebnis der ersten Reifegradanalyse bei der Schreiner Group ist es nicht,
einen wesentlichen strategischen Schwenk vorzunehmen oder neue strategische Projekte
zu starten. Die grundsätzliche strategische Ausrichtung hat sich vielmehr als sinnvoll
erwiesen. Aus der Reifegradanalyse ergibt sich vielmehr eine umfangreiche Maßnah-
menliste zur Fortentwicklung der aktuellen Strategie. Die Maßnahmen sind nach den
strategischen Stoßrichtungen und den strategischen Projekten strukturiert. Im Folgenden
werden einige besonders wichtige Entwicklungen skizziert:

Die **Steuerung von strategischen Projekten und Maßnahmen** wird intensiv diskutiert und fortentwickelt. Die großen abteilungsübergreifenden Projekte werden im Rahmen einer softwaregestützten Projektmanagementsystematik detailliert gesteuert. Diese
Software wird allerdings teils als zu komplex und wenig handhabbar eingestuft. Darüber
hinaus sind nur ein (kleiner) Teil der Maßnahmen und der Projekte im System berücksichtigt. Die Strategieentwicklung und das Multiprojektmanagement können deshalb mit
dem bestehenden Instrumentarium nicht hinreichend gesteuert werden. So wird eine Systematik zur Maßnahmensteuerung aufgebaut, die einen Überblick über den Strategiefortschritt ermöglicht, ohne wesentliche Doppeleingaben bei den Großprojekten zu bewirken.

Die **Warengruppenstrategien** und die Warengruppentemplates werden näher betrachtet. Anfang 2014 sind die drei Pilotstrategien formuliert. Insgesamt werden die Strategien als sehr gelungen, allerdings zu wenig handlungsorientiert beurteilt. In der Konsequenz werden deshalb verstärkt strategische Handlungsalternativen, strategische Stoßrichtungen und strategische Maßnahmen im Template der Warengruppenstrategie berücksichtigt. Bei Analysetools, wie beispielsweise der Kostenstrukturanalyse, werden punktuelle Fortentwicklungen vorgenommen. Darüber hinaus sollen nach Abschluss der Pilotphase weitere Strategien durch die jeweiligen Einkäufer formuliert werden. Als Herausforderung wird die Entwicklung der Strategiekompetenz der „normalen strategischen Einkäufer" gesehen. Insofern wird eine begleitete Vorgehensweise gewählt. Im zweiwöchigen Jour Fixe mit allen Category Managern werden jeweils ein oder zwei Strategien vorgestellt und diskutiert. In der Diskussion der eigenen, aber auch fremder Warengruppenstrategien wird die Strategiekompetenz bei den Mitarbeitern geschult. Dieser Schritt wird weitgehend einkaufsintern durchgeführt.

Die oben bereits vorgestellte Einbindung des Einkaufs in den **Produktentstehungsprozess** hat sich zunehmend etabliert und bringt die erhofften Früchte. Beispielsweise werden ab dem Jahr 2014 gemeinsam mit der Forschung und Entwicklung und der Anwendungsentwicklung der Geschäftsbereiche Lastenhefte erarbeitet, die dann ab 2015 eingeführt werden. Insbesondere wird darauf geachtet, dass nur Lastenhefte eingeführt werden, die eine lieferantenunabhängige Ausschreibung sicherstellen. Damit können erhebliche Ausschreibungserfolge realisiert werden und das Warengruppenmanagement bekommt nochmals einen gewaltigen Impuls.

Erhebliche Fortschritte werden mit der Entwicklung eines **Konzeptes zur Lieferantenklassifizierung und Lieferantenstrategie** angestrebt, das auf dem oben bereits vorgestellten Konzept zur Lieferantenentwicklung aufsetzt. Neben Suppliers und Bidders werden zwei strategische Lieferantentypen etabliert: Preferred Suppliers und Strategic Suppliers. Mit Preferred Suppliers werden enge Entwicklungspartnerschaften bezeichnet. Basis ist eine vertrauensvolle Zusammenarbeit mit intensiver Kommunikation. Strategic Suppliers sind Lieferanten, mit denen über Jahre intensiv zusammengearbeitet werden soll. Es ergibt sich eine Partnerschaft, die allerdings erheblich schwächer ausgebildet ist als die bei Preferred Suppliers. Die Zahl von Strategic Suppliers ist somit deutlich höher als die von Preferred Suppliers. Neu am Konzept ist, dass die Steuerungsprozesse klar definiert sind und stringent umgesetzt werden. Welche Voraussetzungen müssen erfüllt sein, dass ein Lieferant Strategic Supplier oder Preferred Supplier wird? Welche Pflichten und Rechte haben die Lieferanten? Wie erfolgen die Abstimmung und die Kommunikation? Was passiert, wenn es in der Partnerschaft Probleme gibt? Neu ist auch, dass die Lieferantenklassifizierung in der Warengruppenstrategie verankert wird. So muss aus der Warengruppenstrategie heraus begründet werden, ob ein Preferred Supplier oder ein Strategic Supplier erforderlich ist und welchen Wertbeitrag der Lieferant für die Warengruppen zu erbringen hat. Nur wenn eine schlüssige Warengruppenstrategie vorliegt, kann ein Lieferant den Status als Strategic oder Preferred Supplier erhalten.

Mit den Strategic Suppliers wird mindestens zweimal im Jahr ein Strategiegespräch zur Geschäftsentwicklung, zu Potenzialen und Problemen durchgeführt. Damit die Zusammenarbeit konstruktiv entwickelt werden kann, sollten diese Gespräche losgelöst von der Jahrespreisverhandlung erfolgen. In der Anfangsphase werden mit FLEXcon und einem Lieferanten im Bereich Sondermaschinenbau nur zwei Lieferanten als Preferred Supplier ernannt. Die Gespräche mit FLEXcon zur Entwicklung der strategischen Zusammenarbeit werden sehr offen und vertrauensvoll geführt. Dabei wird die Partnerschaft mit FLEXcon schrittweise intensiviert. Beispielsweise wird nach und nach eine offene Angebotskalkulation eingeführt. Die intensive Preferred Supplier-Beziehung eröffnet in der Schreiner Group ganz neuartige Potenziale, die in den folgenden Perioden zu ganz erheblichen Verbesserungen bei den Produkten und in den Geschäftsprozessen führen. Diese Vorteile und die damit verbundene Wirkung auf die Positionierung des Einkaufs im Unternehmen werden unten näher vorgestellt. Das Konzept zur Lieferantenstrategie wird in Abschn. 4.4 näher ausgeführt.

Bereits Ende 2014 wird die Reifegradbeurteilung mit Blick auf das Jahr 2015 wiederholt, um Fortschritte bzw. auch Umsetzungsbarrieren zu erkennen und neue Handlungsimpulse zu identifizieren. Wie bereits Anfang 2014 werden die 36 Aufgabenfelder des strategischen Einkaufs durchgesprochen und die aktuelle Situation analysiert und bewertet. In teils kontroversen Diskussionen werden im Teamleiterkreis die weiteren Vorgehensweisen aufeinander abgestimmt. Neben vielen Anregungen im Detail wird aus der Analyse heraus die Fortschreibung der Rahmenstrategie angestoßen. Damit ergibt sich der Übergang zum dritten Abschnitt in Phase 2.

3. Fortschreibung der Rahmenstrategie (2015)

Die Entwicklung des strategischen Einkaufs hat im Laufe des Jahres 2014 erheblich an Fahrt gewonnen. Vielfältige strategische Projekte werden evolutionär vorangetrieben. In der Zusammenarbeit mit den verschiedenen Fachabteilungen kann der Einkauf nach und nach Erfolge realisieren und damit Vertrauen aufbauen. Auch wenn die Neupositionierung des Einkaufs noch wesentliche Lücken aufweist, ist doch ein ganz erheblicher Fortschritt festzustellen. Die erste Rahmenstrategie kann in diesem Prozess als Landkarte gesehen werden, die die Richtung und die grundsätzliche Route vorgibt. Die beiden Reifegradworkshops können in diesem Bild gesprochen als GPS und Navigation verstanden werden, die helfen die aktuelle Position zu identifizieren und Hinweise auf die nächsten konkreten Schritte zu geben.

Im zweiten Reifegradworkshop wird deutlich, dass es sinnvoll ist nach zwei Jahren die Rahmenstrategie zu überprüfen, fortzuschreiben und stellenweise zu präzisieren. Einige Projekte waren bereits abgearbeitet. Erhebliche, nicht vorhersehbare Entwicklungen haben sich ergeben, gleichermaßen in den strategischen Projekten, wie auch in der Zusammenarbeit mit den anderen Abteilungen. Eine grundsätzliche Neuorientierung der Rahmenstrategie wird allerdings nicht als notwendig angesehen und auch nicht angestrebt.

Ein weiterer wesentlicher Impuls für die Überarbeitung der Rahmenstrategie ergibt sich aus der Überarbeitung der Unternehmensstrategie der Schreiner Group. Im Jahr 2014 wird mit großem Nachdruck und Engagement die Unternehmensstrategie neu ausgerichtet, in vielen Aspekten geschärft und in den folgenden Jahren umgesetzt. Mit der Aktualisierung der Einkaufsstrategie sollten die Konsequenzen der neuen Strategie für den Einkauf analysiert und in die Einkaufsstrategie eingearbeitet werden.

Darüber hinaus hat sich die Zusammenarbeit mit den anderen Abteilungen auch im Hinblick auf strategische Fragestellungen stark intensiviert. Insofern erschien es angebracht, das Anforderungsmanagement sowie die Kommunikation im Unternehmen auf eine neue Basis zu stellen. Bisher wurde die neue Rolle des Einkaufs in der Zusammenarbeit mit den Abteilungen praktiziert. Allerdings wurde über die allgemeine Strategie des Einkaufs nur wenig gesprochen. Zuerst sollte die Leistung des Einkaufs bezüglich strategischer Fragestellungen stimmen, bevor dafür geworben wird. Nachdem nun die Erfolge des Einkaufs zunehmend akzeptiert waren, sollte die Einkaufsstrategie und die darin enthaltene neue Rolle des Einkaufs mit einer „Roadshow" in allen Abteilungen mit Einkaufsbezug vorgestellt und erläutert werden. Als Basis für die angestrebte Kommunikation sollte die Einkaufsstrategie aktualisiert und „hübsch" gemacht werden. Die wesentlichen Fortentwicklungen in der zweiten Version der Rahmenstrategie können wie folgt zusammengefasst werden:

1. **Strategische Stoßrichtungen:** Nach intensiver Diskussion werden die strategischen Stoßrichtungen reformuliert und auch ein wenig umstrukturiert:

    1. „Wir optimieren das Beschaffungsportfolio zur Beherrschung der marktseitigen Komplexität und entwickeln Warengruppenstrategien zur Stärkung der Marktposition." Die erste strategische Stoßrichtung bezieht sich weiterhin auf das Warengruppenmanagement. Dabei wird explizit auf die Optimierung des Beschaffungsportfolios u. a. durch die gezielte Materialumstellung und durch die Standardisierung hingewiesen.

    2. „Wir entwickeln ein schlankes und leistungsfähiges Lieferantenportfolio, insbesondere durch den Roll-out des Preferred Supplier Programms und die Reduzierung der Lieferantenzahl." Die zweite strategische Stoßrichtung zielt auf die Lieferantenstrategie. Betont wird die Zusammenarbeit mit Preferred Suppliers, da hier wesentliche strategische Entwicklungspotenziale gesehen werden. Dieses Thema war zwei Jahre zuvor noch nicht im Fokus.

    3. „Wir entwickeln ein zentrales Einkaufsmanagement für alle Warengruppen, insbesondere durch Umsetzung gruppenweit abgestimmter Beschaffungsstrategien, durch einheitliche systemgestützte Prozesse, Mitarbeiterentwicklung und Einkaufscontrolling." In der dritten strategischen Stoßrichtung wird die Entwicklung des strategischen Einkaufs insgesamt gesteuert. Im Zentrum stehen der Aufbau eines zentralen strategischen Einkaufs mit einheitlicher Rahmenstrategie, Einkaufscontrolling und gruppenweit einheitlichen Einkaufsprozessen.

2. **Strategiemodell und Unternehmensstrategie:** Es wird sehr großer Wert auf eine anschauliche Darstellung der verschiedenen Strategieebenen und deren Verknüpfungen gelegt. Insbesondere sollte die Durchgängigkeit zwischen der neuen Schreiner-Strategie, den Wertbeitragszielen des Einkaufs, der Einkaufsstrategie und den Warengruppenstrategien verdeutlicht werden.

3. **Wertbeitragsziele:** Die Verknüpfung zwischen externer und interner Analyse und dem Handlungsbedarf für den Einkauf wird inhaltlich nur leicht aktualisiert. Dieser Teil der Strategie war – wie oben ausgeführt – bereits 2013 detailliert ausgearbeitet worden.

4. **15M-Reifegradanalyse:** Ausführlich werden die Ergebnisse der Reifegradanalyse und die Konsequenzen für den Einkauf ins Strategiepapier aufgenommen.

5. **Zentrale Herausforderungen:** Zusammen mit weiteren Analysen ergeben sich vielfältige Herausforderungen an den Einkauf, die zu den zentralen Herausforderungen des Einkauf verdichtet werden.

6. **Strategische Projekte:** Zu den strategischen Stoßrichtungen werden die strategischen Projekte zugeordnet und mit ihren wesentlichen Meilensteinen beschrieben.

7. **One Pager:** Für die interne und externe Kommunikation wird ein One Pager erstellt. Auf einer Seite werden alle wesentlichen Strategieelemente zusammengefasst, sodass die grundlegende Idee und Ausrichtung der Strategie einfach präsentiert werden kann. Für die unternehmensweite Kommunikation wird der One-Pager zum Erfolgsfaktor, da die Einkaufsstrategie sehr verständlich und abgestimmt auf die Unternehmensstrategie erläutert werden konnte.

Insgesamt werden die einzelnen Aussagen präzisiert und die Darstellung der Folien auf Präsentationsniveau gebracht. Die inhaltliche Diskussion der Rahmenstrategie erfolgt in Kap. 4.

Neben der Überarbeitung der Rahmenstrategie werden die weiteren Strategiebausteine – wie oben in Abschnitt 2 von Phase 2 vorgestellt – intensiv vorangetrieben. Dabei ergeben sich folgende Besonderheiten:

Die **Zusammenarbeit mit den Regionen bzw. mit den Werken in China und in den USA** wird intensiviert. Beide Standorte sind im Einkauf personell nur gering ausgestattet, sodass strategische Fragestellungen über den Einkauf in Deutschland koordiniert werden müssen. Dies gilt insbesondere für die Warengruppen- und Lieferantenstrategien. Aufgrund zu geringer Absprachen entwickelten sich ursprünglich einzelne Aspekte in Deutschland und in China bzw. den USA in unterschiedliche Richtungen. Durch regelmäßige Strategiegespräche sollten nun die Strategien zuverlässig abgestimmt werden. Bei den Beschaffungsprozessen erfolgt eine Klärung, welche Prozesse einheitlich sein müssen und wie diese Prozesse definiert werden. Der Prozess der Lieferantenfreigabe und der Prozess der Verlagerung eines Auftrags in ein anderes Werk sind Beispiele für Prozesse, die vereinheitlicht werden. Ebenso werden die Kennzahlen im Einkaufscontrolling weltweit einheitlich definiert. Als zentral für eine erfolgreiche Zusammenarbeit wird eine intensive Kommunikation gesehen. So sollen die Kollegen aus den USA und China möglichst zweimal jährlich nach Deutschland kommen. Die betroffenen deutschen Einkäufer sollen mindestens einmal im Jahr die beiden Standorte besuchen. Insgesamt entwickelte sich in kurzer Zeit eine vertrauensvolle Zusammenarbeit über die verschiedenen Einkaufsstandorte hinweg.

Wesentliche Fortschritte bringt das Schreiner-weit eingeführte **Technologiemanagement** in Bezug auf die Entwicklung des Warengruppenmanagements. Zuvor zeigte die oben beschriebene Systematik der zweiwöchigen Warengruppenmeetings einige Schwächen. Trotz intensiver Zusammenarbeit zwischen den Einkäufern entwickelt sich die Qualität der Strategien sehr differenziert. Während einzelne Strategien hervorragend ausgearbeitet waren, waren andere Strategien wenig handlungsorientiert. Die Zusammenarbeit mit den technischen Fachabteilungen war unterschiedlich intensiv. Insgesamt sollte eine Konzentration auf besonders bedeutsame Märkte erfolgen, für die dann umfassende Strategien formuliert werden sollten.

Mit der Entwicklung des Technologiemanagements bei der Schreiner Group ergibt sich eine einmalige Chance, die Warengruppenstrategien auf eine breitere abteilungsübergreifende Basis zu stellen. Bereits im Jahr 2015 werden für wesentliche Technologiecluster, wie beispielsweise Kleben, Siebdruck oder Membrane, Produktgruppen-Lenkungskreise und Arbeitsgruppen installiert. Bezüglich zugekaufter Technologien entspricht die Einteilung der Technologiecluster weitgehend der Struktur der strategischen Warengruppen im Einkauf. Ein großer Teil der strategischen Warengruppen ist in den Technologieclustern berücksichtigt. Gelegentlich ist die Warengruppenstruktur im Einkauf etwas tiefer gegliedert als im Technologiecluster, aber trotzdem leicht zuordenbar. Dem Technologiecluster Folien lassen sich beispielsweise die Warengruppen ungummierte und gummierte Folien zuordnen.

Die Lenkungskreise im Technologiecluster sind cross-funktional mit allen Stakeholdern zum Cluster besetzt und klären alle Fragen rund um das Cluster. So werden Kundenanforderungen, Technologie- und Produktentwicklungen oder das Lieferantenportfolio besprochen. Ende 2015 wird endgültig beschlossen, dass der Einkauf in allen beschaffungsmarktrelevanten Clustern im Lenkungskreis vertreten ist. Auf diese Weise kann der Einkauf Fragen zur Warengruppenstrategie ins Technologiecluster einbringen. Umgekehrt fliesen auch die Anforderungen der Stakeholder in die Warengruppenstrategien ein. Die so formulierten Warengruppenstrategien sind damit mit allen Stakeholdern intensiv abgestimmt und lassen sich damit erheblich einfacher umsetzen. Mit dem Aufbau des Technologiemanagements bahnt sich bereits der Übergang zu Phase 3 an.

Aufgrund eines Personalwechsels wird der **indirekte Einkauf** von einem neuen Teamleiter übernommen. Dieser startet mit Nachdruck die Entwicklung von Warengruppenstrategien für indirekte Warengruppen. Aufgrund der vielfältigen Warengruppen wird der Steckbrief für indirekte Materialien stark vereinfacht. Zentrales Element stellt dabei der Ausschreibungskalender dar. In Abstimmung mit den Fachabteilungen wird im Ausschreibungskalender festgelegt, wann welche Ausschreibungen in den einzelnen Warengruppen erfolgen. Auf diese Weise werden alle Warengruppen in einem angemessenen, meist zwei- oder dreijährigen Zyklus neu angefragt. Der große Vorteil des Ausschreibungskalenders besteht darin, dass unerquickliche Diskussionen mit den Fachabteilungen vermieden werden können, ob in einer Warengruppe schon wieder ausgeschrieben werden muss.

Das im Jahr 2014 entwickelte **Konzept zur Lieferantenstrategie** wird umgesetzt und gelebt. Insbesondere reift die Partnerschaft mit FLEXcon, dem Pilotlieferanten in der Klasse Preferred Supplier. In vielfältigen strategischen Projekten werden ganz erhebliche Einsparungen realisiert. Das Konzept der Lieferantenstrategie und der Lieferantenpartnerschaft wird in Abschn. 4.4 ausführlich erläutert.

Zwischenfazit

Am Ende von Phase 2 ist das Einkaufsmanagementsystem in seiner grundlegenden Struktur aufgebaut: Eine differenzierte Rahmenstrategie ist formuliert und wird umgesetzt. Mit dem 15M-Reifegradmanagement wird die Entwicklung des Systems gesteuert. Warengruppenstrategien und Lieferantenstrategien sind grundsätzlich vorhanden, auch wenn noch nicht flächendeckend ausgerollt. Ein grundsätzliches Strategieverständnis und die Strategiekompetenz der Mitarbeiter haben sich beachtlich entwickelt. Die Zusammenarbeit mit den Fachabteilungen funktioniert auf Projekt- und Maßnahmenebene in der Regel hervorragend. Vielfältige Projekterfolge konnten realisiert werden. Die wesentlichen Wertbeitragsziele des Einkaufs verbessern sich planmäßig (vgl. Abschn. 3.7). Unabhängig von diversen Verbesserungspotenzialen zu den bestehenden Strukturen wird als nächster grundsätzlicher Schritt ein systematisches Anforderungsmanagement und damit verknüpft eine enge Einbindung der Einkaufsstrategie in die Unternehmensstrategie gesehen. Hierin liegt der Fokus von Phase 3.

3.5   Phase 3: Integration in die Unternehmensstrategie vorantreiben (seit 2016)

Story Phase 3

Mit der Präsentation der Rahmenstrategie des Einkaufs im Geschäftsleitungskreis im März 2016 wird eine umfangreiche und facettenreiche Kontroverse losgetreten. Zentrale Kritikpunkte sind, dass die Einkaufsstrategie zu wenig in die neue Unternehmensstrategie der Schreiner Group eingebunden ist und dass der Einkauf zu stark kostenorientiert ausgerichtet ist. Vielfältige weitere Aspekte werden angesprochen, die aber eher nur als punktuell bedeutsam oder als Missverständnisse eingestuft werden müssen. Der Einkauf stellt sich konstruktiv der Diskussion. Gerne wird der Impuls aufgenommen die Einkaufsstrategie verstärkt mit der Unternehmensstrategie zu verknüpfen. Zentraler Aspekt ist der Beitrag des Einkaufs bei kundenfokussierten Innovationen. In intensiven Diskussionen wird geklärt, was das konkret bedeutet. Schließlich wird die Einkaufsstrategie um eine strategische Stoßrichtung ergänzt und darüber hinaus präzisiert. Auch bezüglich der weiteren Feedbacks zur Strategie erfolgt eine Überprüfung und ggf. Anpassung der Strategie, meist in Form von Anpassungen der Darstellung bzw. der Kommunikation. Letztlich hat die Diskussion den Einkauf auf die Bühne der Unternehmensstrategie gehoben. Der Einkauf überzeugt mit seiner umfangreich ausgearbeiteten und in die Unternehmensstrategie integrierten Funktionalstrategie.

Jenseits dieser Diskussion ist Phase 3 durch eine umfangreiche Kommunikation der Strategie mit den verschiedenen Stakeholdern geprägt. Damit werden wesentliche Weichen in Richtung eines systematischen Anforderungsmanagements gestellt. Darüber hinaus werden die oben beschriebenen Strategiebausteine weiterhin evolutionär entwickelt. Hervorzuheben sind die Anpassungen im Warengruppenmanagement, insbesondere in Bezug auf das oben bereits angesprochene unternehmensweite Technologiemanagement. Ferner wird ein materialorientiertes Risikomanagement aufgebaut.

Integration der Einkaufsstrategie in die Unternehmensstrategie
Die Überarbeitung der Einkaufsstrategie im Jahre 2015 wurde zunächst mit dem Leiter des Strategiebüros abgestimmt, der sich über Inhalt und Methodik positiv äußerte. Mit dem für den Einkauf zuständigen Geschäftsleitungsmitglied bestand aufgrund der Zuständigkeit kontinuierlich eine sehr enge Kommunikation. Nach dessen Zustimmung wurde die Strategie dem Geschäftsführer präsentiert, der die Strategie ebenso unterstützend zur Kenntnis nahm. Es sei daran erinnert, dass es ursprünglich seine Idee war, den Wandel im Einkauf herbeizuführen. Ferner konnte mit ihm im Rahmen der regelmäßigen Business Plan Reviews die grundsätzliche Vorgehensweise bereits im Vorfeld besprochen und abgestimmt werden.

Im März 2016 wird die Einkaufsstrategie dem Geschäftsleitungskreis vorgestellt. Die anschließende Diskussion über das Strategiepapier verläuft sehr kontrovers. Trotz gewisser Zustimmung gipfelt die Kritik darin, dass die Einkaufsstrategie zu wenig abgestimmt und zu wenig in die Unternehmensstrategie integriert ist. Die Kritik ist (methodisch) interessant, da sich der Einkauf bei der Strategieformulierung intensiv um die Verknüpfung zwischen Unternehmensstrategie und Einkaufsstrategie bemüht hatte. Richtig ist allerdings, dass der Einkauf mit seiner Strategie nicht explizit in den Strategieentwicklungsprozess der Unternehmensstrategie integriert war. Ferner wurden auch keine expliziten Abstimmgespräche mit anderen Abteilungen geführt. Bestenfalls wurden sporadisch einzelne Fragen mit Kollegen diskutiert. So kann die Kritik teils als Kommunikationsproblem gesehen werden, weil die anderen Stakeholder nicht richtig abgeholt wurden. Eine zurückhaltende Position anderer Abteilungen aufgrund von Missverständnissen und Fehlinterpretationen ist damit leicht nachvollziehbar.

Zum Teil kann die Kritik allerdings auch als Response auf Fehlinterpretationen des Einkaufs gesehen werden. Trotz intensiven Bemühens laufen einkaufsinterne Interpretationen, was für das Unternehmen und für die anderen Abteilungen am besten ist, Gefahr nicht richtig zu treffen. Erst eine persönliche Abstimmung im Sinne eines Anforderungsmanagements gibt die nötige Sicherheit, die Anforderungen der anderen Stakeholder richtig einzuschätzen. Insofern eröffnet die Kritik die einmalige Chance, die Anforderungen der Stakeholder zu klären, in die Einkaufsstrategie zu integrieren und zukünftig die Basis für ein systematisches Anforderungsmanagement zu legen.

Über mehrere Wochen erstreckt sich die Diskussion zur strategischen Ausrichtung des Einkaufs und zu seinem Rollenverständnis. So werden die Teilnehmer der Geschäftsleitungsrunde um ein (schriftliches) Feedback zur Einkaufsstrategie gebeten. Das erlaubt eine sehr sachbezogene Auseinandersetzung mit den unterschiedlichen Argumenten. Ziel ist eine gemeinsam im Unternehmen getragene Einkaufsstrategie, in der trotz aller unvermeidlicher Zielkonflikte die Anforderungen der Stakeholder bestmöglich erfüllt werden. Das Ergebnis der Diskussion kann wie folgt zusammengefasst werden.

1. Neue strategische Stoßrichtung zur Kundenvertrautheit Eine der strategischen Stoßrichtungen der Unternehmensstrategie zielt auf die nachhaltige Entwicklung der Kundenvertrautheit (vgl. Abschn. 2.3). Die Schreiner Group hat den Anspruch, die Anforderungen und die Bedarfe ihrer Kunden so gut zu verstehen, dass aktiv innovative Problemlösungen angeboten werden können. In der Diskussion wird zunächst kritisiert, dass der Einkauf in seiner Strategie zu dieser Stoßrichtung keinen entscheidenden Beitrag leistet. Anschließend wird die Frage konkretisiert, was er denn beitragen kann und sollte. Letztlich geht es darum, den Einkauf sowie ausgewählte Lieferanten in den Produktentwicklungsprozess zu integrieren, um Beschaffungsmarkt-, Technologie- und Problemlösungswissen frühzeitig in die Produktentstehung einfließen zu lassen.

Zum Teil waren diese Aufgabenstellungen in der Einkaufsstrategie bereits berücksichtigt. Insbesondere im Konzept der Zusammenarbeit mit Preferred und Strategic Suppliers war die Einbeziehung von Lieferanten in den Entwicklungsprozess ein zentrales Element. Aufgrund der Bedeutung erscheint es allerdings sinnvoll, diesen Aspekt sehr viel pointierter – mit einer eigenen strategischen Stoßrichtung – hervorzuheben.

Zum Teil werden in der Diskussion auch wichtige neue Aspekte deutlich. Von größter Tragweite ist in diesem Zusammenhang das „kunden- und marktorientierte Vertrags- und Risikomanagement" (vgl. Abb. 3.10). Kundenvertrautheit bedeutet Kunden für neuartige Fragestellungen innovative individuell zugeschnittene Lösungen anzubieten. In diesem Rahmen müssen dem Kunden vielfältige Produkteigenschaften zugesichert werden, von denen nicht wenige von den zugekauften Materialien abhängen. Eine Vertriebszusage ohne Abstimmung mit Lieferanten läuft Gefahr, Eigenschaften zuzusichern, die kein Lieferant einhalten kann bzw. deren Erfüllung extreme Aufwendungen verlangen. Vor diesem Hintergrund ist es sinnvoll, dass der Einkauf ggf. zusammen mit Schlüssellieferanten in den Klärungsprozess mit dem Kunden integriert wird. Neben der Berücksichtigung von innovativen Lösungen sollten damit die aufgezeigten Risiken vermieden werden.

In der Summe wird die Unterstützung der Unternehmensstrategie zur Kundenvertrautheit mit einer neuen strategischen Stoßrichtung in der Strategie stark hervorgehoben: „Wir richten die Ziele des Einkaufs an den Kunden und deren Märkte aus – die Absicherung von Risiken ist ein wichtiger Bestandteil. Dabei unterstützen wir unseren kundenfokussierten Innovationsprozess durch die Einbindung des Know-how ausgewählter Lieferanten." Die bereits laufenden Projekte werden der strategischen Stoßrichtung zugeordnet. Ferner wird ein neues Projekt zum „kunden- und marktorientierten Vertrags- und Risikomanagement" gestartet.

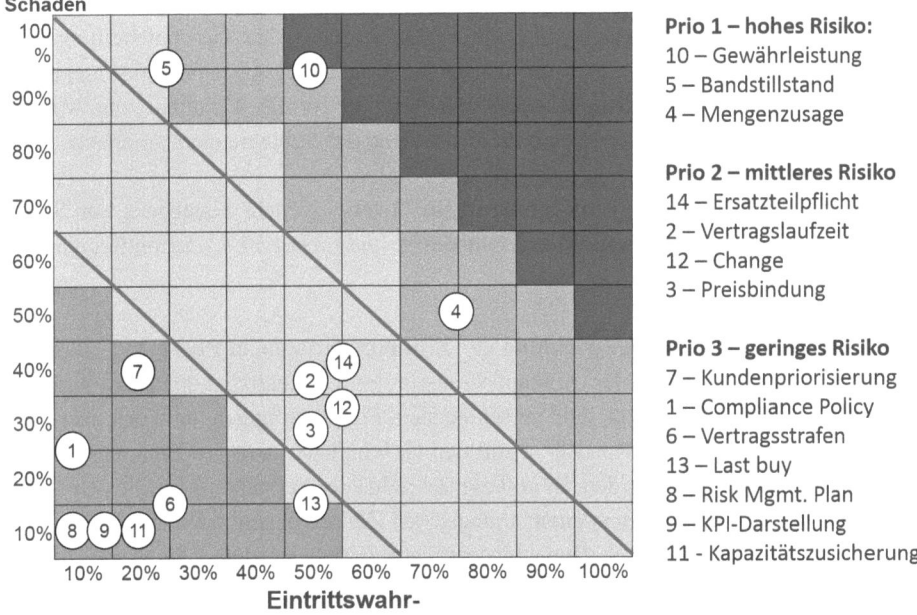

Abb. 3.10 Einschätzung und Priorisierung der Vertragsrisiken. (© Schreiner Group GmbH & Co. KG, Oberschleißheim)

Darüber hinaus wird der Zusammenhang zwischen Unternehmensstrategie, Einkaufsstrategie und strategischen Projekten mit entsprechenden Tabellen explizit veranschaulicht. So wird in einer Tabelle aufgezeigt, mit welchen strategischen Projekten die einzelnen Stoßrichtungen des Unternehmens unterstützt werden (vgl. Abschn. 4.6).

2. Aufgaben des Einkaufs Mit der Kritik, der Einkauf ist in seinem Strategiepapier zu kostenfokussiert, wird die Rolle des Einkaufs ein weiteres Mal thematisiert. Die Kritik überrascht, da der Einkauf dem eigenen Selbstverständnis nach sich intensiv um zuverlässige Lieferanten bemüht. Versorgungssicherheit, Qualität und Innovation der Zulieferungen sind wichtige Ziele des Einkaufs. Das konnte an den Zielsetzungen in der Einkaufsstrategie und den verfolgten Projekten überzeugend aufgezeigt werden. Letztlich ist festzustellen, dass ein umfassender Konsens zwischen Einkauf und den Kritikern vorliegt. Aus dieser Debatte folgen zwei Konsequenzen. Zum einen werden im Strategiepapier missverständliche Formulierungen überarbeitet. Zum zweiten wird die neue Rolle des Einkaufs als Business Partner aus dem Geschäftsleitungskreis heraus vehement angemahnt und gefordert. Die Debatte wird so zum „Wasser auf den Mühlen des Einkaufs".

3. Freigabeprozess einer Einkaufsstrategie In der Diskussion wird die Frage aufgeworfen, wie bzw. wer eine Einkaufsstrategie freigeben kann. Hierzu wird die oben

beschriebene Vorgehensweise über Strategiebüro, Geschäftsführung in den Geschäftsleitungskreis bestätigt. Letztlich wird die Freigabe durch den Geschäftsleitungskreis
als maßgeblich eingestuft. Am Ende der Diskussion erhält die Einkaufsstrategie die
Zustimmung des Geschäftsleitungskreises und damit die formale Genehmigung. Mit diesem offiziellen Status vereinfacht sich die Umsetzung der Strategie ganz erheblich.

4. Weitere Feedbacks zur Einkaufsstrategie Diverse weitere Feedbacks zur Strategie werden fachlich diskutiert, Missverständnisse aufgeklärt bzw. Formulierungen im
Strategiepapier geschärft.

Kommunikation und Fortentwicklung der Einkaufsstrategie in Phase 3

Nach der Verabschiedung der Einkaufsstrategie im Geschäftsleitungskreis wird die
geplante Kommunikation mit den verschiedenen Fachabteilungen und den Regionen
angegangen. In Form einer Roadshow soll den Geschäftspartnern des Einkaufs die Einkaufsstrategie vorgestellt werden. Es soll ein tief gehendes Verständnis für die neue Rolle
des Einkaufs, die damit verbundenen strategischen Zielsetzungen sowie die Konsequenzen für die operativen Beschaffungsprozesse geschaffen werden. Gleichzeitig sollen
natürlich auch auf die Anforderungen der anderen Abteilungen sensibel gehört werden.
Insgesamt werden sieben Veranstaltungen, inklusive einer Informationsveranstaltung in
den USA, durchgeführt. Die Resonanz war durchgängig positiv.

Die weiteren Strategiebausteine werden auf Basis der in Phase 2 entwickelten
Konzepte evolutionär fortentwickelt und umgesetzt. Die oben bereits angesprochene
Fortentwicklung des Warengruppenmanagements durch den Aufbau des unternehmensweiten Technologiemanagements gewinnt in Phase 3 an Geschwindigkeit.
Wie oben angesprochen werden die zentralen Warengruppenstrategien überarbeitet
und im Technologiemanagement diskutiert und gemeinsam beschlossen. Damit erfolgt
eine enge Verzahnung zwischen den Warengruppenstrategien, den Entwicklungsabteilungen, der Produktion und letztlich auch dem Vertrieb als Vertreter des Kunden.
Warengruppenstrategien und Lieferantenstrategien werden synchronisiert. Eine sehr
offene und vertrauensvolle Kommunikation mit den Lieferanten verhindert ein „Over-
engineering", da der Lieferant die günstigste, technisch geeignete Lösung kennt und
vorzuschlagen hat.

Ebenso werden die Prozesse zur Steuerung der Supply-Strategie kontinuierlich fortentwickelt. Zweiwöchig werden die strategischen Projekte vom Einkaufsleiter mit den
Projektleitern durchgesprochen. Quartalsweise werden die Projekte im gesamten Einkauf vorgestellt und diskutiert. Dies dient einerseits der Information aller Einkäufer
über aktuelle Entwicklungen bei den strategischen Projekten. Andererseits können
dadurch frühzeitig Fragestellungen an den Schnittstellen erkannt und behandelt werden. Anfang 2017 wird die Reifegradanalyse aktualisiert, um die laufenden strategischen Projekte auf ihre Wirksamkeit hin zu überprüfen bzw. neue Verbesserungsideen
zu identifizieren.

Zwischenfazit

Am Ende von Phase 3 sind die neue Rolle des Einkaufs und seine Position als geschätzter Business Partner etabliert. Die umfassende Verantwortung des Einkaufs an der Lieferantenschnittstelle mit Verantwortung für Versorgung, Qualität, Kosten und Innovation ist nicht nur akzeptiert, sondern wird vom Einkauf auch eingefordert. Die Zusammenarbeit mit den Stakeholdern hat sich stark intensiviert. Wesentliche strategische Steuerungsprozesse werden abteilungsübergreifend verantwortet. Die Einkaufsstrategie ist umfangreich auf die Unternehmensstrategie und die Anforderungen aller Beteiligten hin ausgerichtet. Die Kontroverse hat ferner sehr deutlich gemacht, welche Bedeutung der Einkauf im Unternehmen mittlerweile erreicht hat. Andernfalls wäre ein derart intensives Bemühen der Stakeholder um die Einkaufsstrategie nicht nachvollziehbar. Auch wenn sich die Position des Einkaufs im Unternehmen etabliert hat, heißt es aber nicht, dass der Aufbau des Einkaufsmanagements „abgeschlossen" ist. So gibt es vielfältige Entwicklungspotenziale in den einzelnen Strategiebausteinen sowie in der Zusammenarbeit mit den beteiligten Abteilungen. Darüber hinaus wird ein Einkaufsmanagement niemals abgeschlossen sein können, da Veränderungen im Umfeld neue Herausforderungen mit sich bringen, wie beispielsweise die Anforderungen durch die Entwicklungen hin zur Industrie 4.0.

3.6 Ausblick Phase 4: Entwicklung in Richtung Industrie 4.0 (seit 2017)

Story Phase 4

Phase 4 setzt Phase 3 fort. Allerdings verstärken sich im Jahre 2017 die Anforderungen der Absatzmärkte an „Industrie 4.0"-Lösungen. Das führt dazu, dass die Entwicklungslinien von Phase 3, die Integration des Einkaufs in die Unternehmensstrategie und insbesondere in den Prozess zur Generierung kundenfokussierter Innovationen, an Geschwindigkeit und an Intensität gewinnen. Die Veränderungen für den Einkauf erscheinen dabei allerdings so gravierend, dass mit dem Aufkommen von Industrie 4.0-Anwendungen der Beginn einer neuen Phase gesehen werden kann. Zunächst soll die grundsätzliche Logik der Entwicklung vorgestellt und anschließend mit einem Beispiel illustriert werden.

Ein Etikett ist klassisch ein Informationsträger. Zunächst waren die Informationen analog, dann über Strichcodes maschinell lesbar und seit der RFID-Technologie kann die Information auch ohne unmittelbaren Sichtkontakt gelesen werden. Zukünftig können Etiketten – in begrenztem Umfang – Informationen auch erzeugen, verarbeiten und versenden. Das Etikett wird zum Minicomputer. In der Konsequenz eröffnet sich damit ein heute noch völlig unübersehbares Spektrum neuer Anwendungen. Gleichzeitig steigen allerdings die Anforderung und die Komplexität, da die 4.0-Lösung rund um das Etikett für die jeweilige Anwendung des Kunden entwickelt werden muss.

Für den Einkauf ergeben sich erhebliche Konsequenzen, die mit dem anschließenden Beispiel illustriert werden sollen:

- **Neuartige Materialien:** Der Einkauf muss völlig neuartige Warengruppen erschließen, wie z. B. flexible bestückte Leiterplatten, Fremdprogrammierung von Apps. Das Erschließen neuer Warengruppen gehört allerdings zur Kernkompetenz des Einkaufs, sodass dieser Aspekt keine außergewöhnliche Herausforderung darstellt.
- **Neuartige Geschäftsmodelle:** Industrie 4.0-Lösungen erfordern häufig eine unternehmensübergreifende Zusammenarbeit und verlangen in diesem Zusammenhang meist erhebliche Investitionen. Damit werden neuartige Geschäftsmodelle in der Zusammenarbeit mit den Lieferanten benötigt.
- **Neuartige Partnerschaften:** Eng mit den neuartigen Geschäftsmodellen verbunden erfordern Industrie 4.0-Lösungen häufig intensive Partnerschaften mit Lieferanten. Für einen eher wettbewerbsorientierten Einkauf ist dies eine Revolution.
- **Neuartiges Projektmanagement:** Innerhalb des Projektes zur Entwicklung der kundenfokussierten Anwendung hat der Einkauf die Zusammenarbeit mit Lieferanten in der Supply Chain auszusteuern. Während bisher die Steuerung einzelner Lieferanten, die im Entwicklungsprozess eingebunden sind, schon als herausfordernd und neuartig eingestuft wurde, müssen nun ganze Lieferantennetzwerke sowie Kunden und Joint-Venture-Netzwerke ausgesteuert werden.

Beispiel

Ein – etwas vereinfachtes – Beispiel soll den Zusammenhang veranschaulichen. Man stelle sich ein sehr teures Medikament vor, das der Patient täglich exakt zu einem bestimmten Zeitpunkt einnehmen muss, damit es seine volle Wirkung entfalten kann. Um den Prozess zu kontrollieren, erfasst das Etikett den Zeitpunkt, wann das Medikament aus der Blisterverpackung herausgedrückt wird. Diese Information wird vom Etikett an einen Minisender in der Verpackung weitergereicht, der die Information in die Cloud bzw. an bestimmte Adressaten sendet. Adressaten sind in erster Linie Patient, Arzt, Angehörige oder Pflegepersonal. Weitere Adressaten können – unter Beachtung datenschutzrechtlicher Beschränkungen – beispielsweise Pharmahersteller sein, die die Wirksamkeit von Medikamenten in klinischen Studien nachweisen müssen, oder die Krankenkassen.

In einem solchen Projekt arbeiten vielfältige Partner zusammen. Neben der Entwicklung der Schreiner Group sind zunächst die Kunden, wie Pharmahersteller und eventuell auch Verpackungshersteller, intensiv eingebunden. Darüber hinaus werden vielfältige externe Partner beteiligt, die durch den Einkauf ausgesteuert werden müssen:

- **Entwicklungspartner:** Ein Start-up-Unternehmen mit ständig neuartigen kreativen Ideen übernimmt die Rolle des Entwicklungspartners für die elektronische Umsetzung, z. B. für das Design der Leiterplatte mit dem Herzstück des gesamten Systems.

- **Lieferant der Leiterplatte:** Ein Lieferant in Asien übernimmt die Verantwortung für die bestückten Leiterplatten.
- **Chip-Lieferant:** Ein Chip-Lieferant entwickelt die Firmware und liefert die Chips an den Lieferanten in Asien.
- **Sondermaschinenbau:** Ein Sondermaschinenbauer entwickelt die benötigten Fertigungsstraßen bei Schreiner.

Die Koordination der externen Partner ist die Aufgabe des Einkaufs. So müssen mit den Beteiligten innovative Geschäftsmodelle für eine langfristige Zusammenarbeit entwickelt werden. Dies erfordert auch neuartige partnerschaftliche Zusammenarbeitsprozesse. Auch das Projektmanagement zur Abstimmung der Zulieferer untereinander enthält eine bisher unbekannte Komplexität.

Das Beispiel veranschaulicht den Innovationsgrad von Industrie 4.0-Lösungen. Verstärkt wird die Herausforderung im Einkauf auch noch dadurch, dass das Spektrum möglicher Lösungen sehr breit ist und insofern die Anforderungen an den Einkauf sehr heterogen sind.

3.7 Erfolge der strategischen Transformation bei der Schreiner Group

Die Strategieentwicklung ist kein Selbstzweck, sondern zielt auf die Verbesserung bei den zentralen Wertbeitragszielen des Einkaufs. Dabei wird bei der Schreiner Group nicht nur auf das Ausmaß der Erfolge wert gelegt. Mindestens genauso wichtig ist deren Nachhaltigkeit. Die Einkaufserfolge sollen sich über den gesamten Betrachtungszeitraum kontinuierlich in eine positive Richtung entwickeln.

Mit der Realisierung von Quick Wins können in Phase 1 kurzfristig spürbare Effekte erzielt werden. Bereits in Phase 1 werden allerdings strategische Maßnahmen wie die Qualitätsoffensive aufgesetzt, sodass mit dem Rückgang der Quick Wins in Phase 2 die ersten (schnellen) strategischen Erfolge hochlaufen. Zeitgleich werden allerdings auch eher langfristig wirkende Maßnahmen gestartet, wie beispielsweise das Preferred Supplier Programm, die gezielte Materialumstellung oder die Materialstandardisierung. Auf diese Weise können – trotz einer mittlerweile optimierten Einkaufssituation – weiterhin erhebliche Erfolge erzielt werden. Da im Jahr 2016 der Einkauf in der Unternehmensstrategie angekommen ist, können in Phase 3 besonders herausfordernde Aufgaben angegangen werden, wie beispielsweise das Programm zum Vertrags- und Risikomanagement, in dem die Risiken entlang der Supply Chain vom Kunden bis zu den Lieferanten gesteuert werden.

Um eine nachhaltige Unterstützung im Unternehmen für die Strategieentwicklung zu bekommen, genügt es nicht auf positive strategische Effekte „in Prosa" hinzuweisen. Vielmehr sollten die Ziele in Form von Kennzahlen quantifiziert und die Ergebnisse gemessen und berichtet werden. Bereits in Phase 1 hat der strategische Einkauf die wesentlichen Wertbeitragsziele (quantitativ) gemessen und in den Business Plan Reviews mit der Geschäftsführung besprochen. In Phase 2 wird das Spektrum der Wertbeitragsziele erweitert.

Über die Wertbeitragsziele hinaus war ein zentrales strategisches Ziel der strategischen Transformation, den Kulturwandel voranzutreiben, der mit dem Aufbau eines strategischen Einkaufs verbunden ist. Im Folgenden sollen kurz die zentralen Ergebnisse der Kulturveränderung aufgezeigt werden. Eine detaillierte Betrachtung erfolgt im Abschnitt zum Change Management (vgl. Kap. 6). Anschließend werden wesentliche Wertbeitragsziele und die Ergebnisse der Einkaufsstrategie präsentiert.

Kulturwandel in Richtung Strategieorientierung

In der Ausgangssituation arbeitete der Einkauf nahezu ausschließlich operativ projektorientiert. Jeder Bedarf wurde einzeln beschafft, gelegentlich vorher angefragt und nur selten umfangreich ausgeschrieben. Im Laufe der Strategieentwicklung erfolgt ein grundsätzliches Umdenken: Es wird versucht Bedarfe zu bündeln und zu verhandeln, z. B. in Form von Jahreskontrakten. Zur Absicherung werden Rahmenverträge angestrebt. Bei indirekten Materialien wird mit Ausschreibeplänen gearbeitet. Dabei wird den Einkäufern zunehmend mehr bewusst, dass die Verhandlungsergebnisse nicht nur vom Verhandlungsgeschick, sondern auch ganz erheblich von den strategischen Rahmenbedingungen abhängig sind. So rückt die Veränderung der Rahmenbedingungen mit Hilfe von Warengruppenstrategien bzw. Lieferantenstrategien in den zentralen Fokus. Um Fragen zu beantworten, wie beispielsweise die Abhängigkeit von einem Lieferanten in einen Markt reduziert werden kann, muss gleichermaßen die Fachkompetenz zum Beschaffungsmarkt wie die Kompetenz zur Strategieentwicklung aufgebaut werden. Analoges gilt für die Formulierung von Lieferantenstrategien und Prozessoptimierungen. Innerhalb des aufgezeigten Strategieentwicklungsprozesses kann die Fachkompetenz der Einkäufer zu den wesentlichen Beschaffungsmärkten sowie die Strategiekompetenz ganz erheblich gesteigert werden. Im Jahr 2016 gibt es zu mehr als 80 % des Spends eine aktuelle Warengruppenstrategie.

Parallel dazu haben sich zentrale strategische Verhaltensweisen entwickelt. Das oben ausgeführte „Heldentum der Firefighter" spielt keine Rolle mehr. Held im strategischen Einkauf ist, wer die grundlegenden Rahmenbedingungen optimiert und damit einen nachweisbaren Erfolg erzielt. Die evolutionäre Entwicklung der strategischen Rahmenbedingungen und die Zusammenarbeit mit den Fachabteilungen, mit den anderen Standorten bzw. den Lieferanten werden als Kerntugenden gesehen. Umgekehrt erwarten auch die anderen Abteilungen vom Einkauf eine strategische auf die Unternehmensstrategie hin ausgerichtete Orientierung. Bei allen Verbesserungsideen, die zu erkennen sind, kann für die Einkaufssituation im Jahr 2016 festgestellt werden: Der strategische Einkauf ist strategisch.

Wertbeitragsziele

Zur Erfolgsmessung werden 12 KPI's (Key Performance Indicators) aus der Unternehmens- und Einkaufsstrategie abgeleitet, die den Wertbeitrag des Einkaufs für die Schreiner Group definieren. Im Folgenden werden die wesentlichen Erfolge der Strategieentwicklung vorgestellt.

Kostenentwicklung Allgemein werden im industriellen Einkaufsumfeld kontinuierliche und nachhaltige Einsparungen bei Produktionsmaterialen angestrebt. Diese bewegen sich in der Regel im Durchschnitt um die 3 %. Die Schreiner Group orientierte sich bei ihrer Zielsetzung an solchen Industriestandards unter Berücksichtigung der Branchen- und Unternehmensbesonderheiten. Die Messung der Einsparungen erfolgt üblicher Weise getrennt in den Bereichen direkte Materialien, indirekte Materialien und Investitionsgüter, da sich die Einkaufserfolgsmessung in diesen Bereichen aufgrund spezifischer Rahmenbedingungen grundsätzlich unterscheiden.

Kostenentwicklung direkte Materialien – Materialkostenveränderung Die Kostenentwicklung bei direkten Materialien kann mithilfe der Materialkostenveränderung gemessen werden. Dazu wird die durchschnittliche Preisveränderung einzelner Materialen – gewichtet mit der gekauften Menge im Zieljahr – ermittelt. Im Betrachtungszeitraum von 2011 bis 2017 kann die Schreiner Group jedes Jahr spürbare Beschaffungserfolge erzielen, sodass sich die Einkaufsaktivitäten innerhalb von sechs Jahren zu einem nachhaltigen und bedeutsamen Wertbeitrag aufaddieren. Einkaufserfolge sind per se und isoliert nur schwer zu beurteilen. Letztlich muss die Einsparung an der Marktpreisentwicklung gespiegelt werden, um die Leistung des Einkaufs beurteilen zu können. Bei der Suche nach einem geeigneten Marktpreisindex bietet sich der Materialkostenindex des Branchenverbandes der Etikettenhersteller VskE (Verband selbstklebender Etikettenhersteller) an. Im Betrachtungszeitraum von 2011 bis 2017 steigt der Materialkostenindex der Branche um ca. 9 %. Im Ergebnis ist festzuhalten, dass die Einkaufsaktivitäten relativ zur Marktentwicklung sehr erfolgreich waren und so einen nachhaltigen Wertbeitrag geleistet haben.

Auch wenn die ursprünglich eher ungünstige Ausgangssituation erste Einsparerfolge recht leicht ermöglichte, muss die positive und nachhaltige Materialkostenentwicklung über sechs Jahre hinweg als großer Erfolg angesehen werden.

Kostenentwicklung direktes Material – Projekterfolge Bei der Berechnung der Materialkostenveränderung gegenüber Vorjahr können nur Materialien berücksichtigt werden, die im Vorjahr bereits bezogen wurden. Im Projekt gezielte Materialumstellung wird aber versucht, Kosten durch gezielte Materialsubstitution zu senken. Da hierbei häufig neue Materialien zum Einsatz kommen, gehen die dabei erzielten Einsparerfolge nicht in die Berechnung der Materialkostenveränderung mit ein. Sie müssen als Projekterfolge zusätzlich berichtet werden. Folgende zwei Beispiele zeigen den Erfolg:

- Für ein Material aus der Warengruppe Haftverbund wurde ein neuer Lieferant mit marktgängigen Materialien freigegeben und das Material beim Kunden qualifiziert. Hieraus konnten dauerhafte signifikante Einsparungen realisiert werden.
- Erhebliche Einsparungen wurden durch Lieferantenwechsel und die Realisierung neuer Werkzeuge im Bereich Needle-Trap erreicht

Einsparungen im indirekten Einkauf Da es bei der Schreiner Group im indirekten Einkauf kein genummertes Material gibt, können bei indirekten Materialien Material-kostenveränderungen nicht (automatisiert) ausgewertet werden. Ferner sind Einsparziel-setzungen in den indirekten Warengruppen unterschiedlich bedeutsam.

Durch die beschriebene Transformation konnte auch im indirekten Einkauf bei vielen Warengruppen Erfolge erzielt werden. Solche Erfolge sind insbesondere in der für die Druckbranche gewichtigen Warengruppen Stanzen, Druckformen, Logistikleistungen und Packmittel von Bedeutung. Durch die Eindämmung von Maverick Buying wurden auch bei Büromöbeln und -materialien erhebliche Einsparungen realisiert, ebenso im Dienstleistungsbereich.

Einsparungen im Einkauf technischer Investitionen Beim Kauf von technischen Investitionen ist der Einkauf mittlerweile intensiv eingebunden. Die Messung von Ein-sparungen ist in diesem Bereich besonders problematisch, sodass die folgenden Angaben nur eine sehr allgemeine Vorstellung zu den Einspareffekten vermitteln können.

- **Signifikante Erhöhung der Verhandlungserfolge:** Verhandlungserfolge sind bei technischen Investitionen schwer zu ermitteln, da in der Regel die Verhandlung von Leistung und Preis Hand in Hand geht. Insofern werden nur Verhandlungserfolge nach Lastenheftvereinbarung betrachtet. Ferner gehören Verhandlungserfolge zum normalen Prozedere einer Einkaufsverhandlung. Um den Fortschritt aufzeigen zu können, werden die durchschnittlichen Verhandlungserfolge bei technischen Investitionen nach Lastenheftvereinbarung gegenüber den durchschnittlichen Ein-sparungen früherer Perioden verglichen. Im Betrachtungszeitraum konnten die Ein-sparungen signifikant verbessert werden.
- **Auswirkung auf Maschinenstundensatz und Deckungsbeitrag:** Im Ergebnis interessieren die Konsequenzen für die Maschinenstundensätze, auf die neben den reinen Investitionskosten auch andere Kosteneffekte einwirken. Im Betrachtungs-zeitraum leistet der Einkauf auch hier einen positiven Beitrag zu wettbewerbsfähigen Maschinenstundensätzen und zufriedenstellenden Deckungsbeiträgen.

Entwicklung der Leistung Neben der direkten Kostenverbesserung trägt der Ein-kauf zu signifikanten Leistungssteigerungen, Prozessverbesserungen und zur Ver-stärkung der Risikoabsicherung bei. Hieraus ergeben sich gleichermaßen Einsparungen bei den Prozesskosten, wie auch eine Leistungssteigerung der Schreiner Group auf den

Absatzmärkten. Näher betrachtet werden folgend Verbesserungen bei der Qualität, der Logistikleistung, der Materialstandardisierung, der Effizienz in den Bestellprozessen und der Risikoabsicherung. Darüber hinaus werden mit dem Zentralisierungsgrad und der Partnerquote zwei Basiskennzahlen betrachtet. Weitere beachtliche Leistungen des Einkaufs, z. B. in Bezug auf den Innovationsbeitrag der Lieferanten, können aktuell (noch) nicht gemessen werden.

Verbesserung der Qualitätsleistung der Lieferanten Die Qualitätsleistung der Lieferungen, im Sinne der Fehlerfreiheit, kann direkt über die Reklamationsquote gemessen werden. Alternativ gibt die Lieferantenbewertung einen Hinweis darauf, wie leistungsfähig die Lieferanten in Bezug auf Qualitäts- und Logistikleistung eingeschätzt werden. Folgende Kennzahlen zeigen den Fortschritt im Betrachtungszeitraum auf:

- **Zahl der Reklamationen:** Die Zahl der Reklamationen bei Lieferanten sank von 2011 bis 2016 um zwei Drittel.
- **Reklamationen pro 1 Mio. € Einkaufsvolumen bei bevorzugten Partnern:** Als Erfolgsausweis des Partnerprogramms kann die Reduzierung der Zahl an Reklamationen bei bevorzugten Partnern gesehen werden. So sank die Zahl der Reklamationen pro 1 Mio. € Einkaufsvolumen bei bevorzugten Partnern um über 80 %.
- **Anteil A-Lieferanten:** Die Zahl der A-Lieferanten (=A-Grade in der Lieferantenbewertung) konnte im Zeitraum von 2011 bis 2016 vervierfacht werden. Hieraus lassen sich erhebliche Verbesserungen in der Qualitäts- und Logistikleistung ableiten.

Verbesserung der Logistikleistung der Lieferanten Termintreue und Mengentreue sind bei der Schreiner Group die zentralen Kennzahlen für die Logistikleistung. Ferner ist hier wieder die Zahl der A-Lieferanten als Indikator für eine positive Entwicklung anzuführen.

- **Liefertermintreue:** Unterstützt durch das Programm „Lean Management" konnte die Liefertermintreue um nahezu 25 % verbessert werden. Durch Intensivierung des Programms wird eine weitere Verbesserung bis Ende 2018 angestrebt. Termintreue ist definiert als Anteil der pünktlich gelieferten Positionen relativ zu allen Lieferpositionen. Pünktlich ist eine Lieferung, die mit voller Menge am bestätigten Termin oder einen Tag zu früh angeliefert wird.
- **Mengentreue:** Ebenso auf Basis des Lean Management-Programms konnte die Mengentreue erheblich gesteigert werden. Auch hier wird an einem weiteren Fortschritt gearbeitet.

Prozessverbesserungen und Digitalisierung In den zentralen Einkaufsprozessen konnten erhebliche Verbesserungen erzielt werden. Im Einzelnen konnten folgende Erfolge realisiert werden:

- **100 % Systemabdeckung im Bestellprozess:** Durch die Einführung des e-Procurement-Systems konnte die Systemabdeckung im Bestellprozess auf 100 % gesteigert werden. Dabei spielte die dezentrale Nutzung von elektronischen Katalogen eine wichtige Rolle. Damit konnten die Prozesskosten signifikant gesenkt werden.
- **Rahmenvertragsquote im Ausschreibungsprozess:** Deutlich mehr als die Hälfte des Einkaufsvolumens sind in Rahmenverträgen abgesichert. In die Lieferverträge fließen direkt die Anforderungen aus den Kundenverträgen ein.
- **Standardisierungsgrad:** In einem breit angelegten Projekt wurden für alle Produktgruppen Standardmaterialien festgelegt. Die Nutzung von Standardmaterialien zeigte bereits nach kurzer Zeit erhebliche Erfolge.

Verbesserung bei Basiskennzahlen Darüber hinaus werden weitere Kennzahlen als wichtige Treibergrößen gesehen:

- **Zentralisierungsgrad:** Die Ausgangssituation war durch umfangreiches Maverick Buying in den indirekten Warengruppen gekennzeichnet. Ende 2017 werden alle direkten und indirekten Warengruppen durch den Zentraleinkauf betreut und gesteuert.
- **Partnerquote:** Das Partnerprogramm (Preferred und Strategic Suppliers) wurde neu aufgebaut. Mittlerweile wird ein erheblicher Anteil des Einkaufsvolumens bei „bevorzugten Partnern" bezogen.

Bewerbung BME-Innovationspreis

Als sichtbarer Ausdruck für den Erfolg der Strategieentwicklung kann auch die Bewerbung für den BME-Innovationspreis im Jahr 2017 gesehen werden. Hierzu ist nicht nur die eigene Überzeugung notwendig, dass das etablierte System eine gewisse Reife erreicht hat. Vielmehr mussten auch die Entscheidungsträger im Unternehmen überzeugt sein, dass der Einkauf mittlerweile – unabhängig von allen Verbesserungspotenzialen, die natürlich noch gesehen werden – ein respektables Einkaufsmanagement aufgebaut hat und einen erheblichen sichtbaren Wertbeitrag für das Unternehmen leistet. Auch wenn es letztlich nicht für den Gewinn des Awards gereicht hat, ist die Finalteilnahme eine Anerkennung durch die Jury, dass ein hervorragendes System entstanden ist.

Angemerkt sei an dieser Stelle, dass die Aufbereitung der Bewerbungsunterlagen für den BME-Innovationspreis zwar durchaus arbeitsintensiv war. Allerdings kann der Zwang die Vorgehensweise zu reflektieren und die zentralen Aspekte zu dokumentieren als äußerst hilfreich und nützlich angesehen werden und hat insofern die Fortentwicklung des Systems befeuert. Die evolutionäre Entwicklung des strategischen Einkaufs bei der Schreiner Group ist ja nicht beendet, sondern wird weiterhin mit Nachdruck vorangetrieben.

Nachdem in diesem Kapitel die strategische Transformation des Einkaufs bei der Schreiner Group mit der Entwicklung des strategischen Einkaufs vom Abwickler über den Strategen zum geschätzten Business Partner chronologisch nachgezeichnet wurde, soll im Folgenden das zugrunde liegende Konzept und dessen Umsetzung bei der Schreiner Group vorgestellt werden. Hierzu werden die drei Erfolgskonzepte der strategischen Transformation, der ganzheitliche Strategieansatz (Kap. 4), die evolutionäre Entwicklung der Strategie (Kap. 5) und das erforderliche Change Management (Kap. 6), beschrieben.

Literatur

Heß, G. (2010). *Supply-Strategien in Einkauf und Beschaffung – Systematischer Ansatz und Praxisfälle* (2. Aufl.). Wiesbaden: Gabler.

Heß, G. (2017). *Strategischer Einkauf und Supply-Strategie – Schrittweise Entwicklung des strategischen Einkaufs mit der 15M-Architektur 2.0* (4. Aufl.). Wiesbaden : Gabler.

Kraljic, P. (1985). Versorgungsmanagement statt Einkauf. *Harvard Manager, 7*(1), 6.

Erfolgskonzept: Ganzheitliches Strategiekonzept

4

In diesem Abschnitt wird das erste Erfolgskonzept „Ganzheitlichkeit des Strategiekonzeptes" am Beispiel der Schreiner Group erläutert. Das Konzept orientiert sich an der 15M-Architektur der Supply-Strategie. Es werden die Strategiebausteine der Rahmenstrategie, der Marktstrategien, der Lieferantenstrategien sowie der Prozessstrategien grundsätzlich erläutert und am Beispiel der Schreiner Group illustriert. Dabei liegt der Schwerpunkt der Ausführungen auf der Anwendung der Konzepte bei der Schreiner Group. Zur tief gehenden Beschreibung der Strategiebausteine in der 15M-Architektur sei auf Heß (2010 und 2017) verwiesen.

4.1 Grundgedanke eines ganzheitlichen Strategiekonzeptes

Mit einer Strategie sollen die Voraussetzungen für den zukünftigen Erfolg geschaffen werden. Dies gilt gleichermaßen für die Unternehmens- wie für die Einkaufsstrategie. Hierzu soll für einen mittel- bis langfristigen Planungshorizont ein anzustrebendes Zukunftsbild mit allen planungsrelevanten Aspekten entworfen werden. Nur so können die Wechselwirkungen verschiedener Entscheidungen und unterschiedlicher Rahmenbedingungen berücksichtigt werden.

Diese Forderung nach einer ganzheitlichen Betrachtung führt allerdings zu einer sehr komplexen Planungssituation, da vielfältigste Aspekte gleichzeitig berücksichtigt werden müssen. Um diese Komplexität der strategischen Planung bewältigen zu können, gibt es zwei Möglichkeiten. Zum einen könnte man auf einem sehr abstrakten Niveau planen. Die Portfolioplanung ist ein Beispiel dieser Vorgehensweise. Mit einer Portfolioplanung, z. B. einem Einkaufsportfolio, kann eine erste strategische Orientierung entstehen.

© Springer Fachmedien Wiesbaden GmbH, ein Teil von Springer Nature 2019
G. Heß und M. Laschinger, *Strategische Transformation im Einkauf*,
https://doi.org/10.1007/978-3-658-25540-4_4

Für eine umfassende Ausrichtung des Einkaufs kann eine so geplante Einkaufsstrategie allerdings nicht genügen.

Alternativ kann in einem ganzheitlichen Strategiekonzept die Planungssituation in Planungsebenen zerlegt werden, die sequenziell und ggf. auch arbeitsteilig abgearbeitet werden können. Das allgemein bekannte Strategiekonzept von Michael E. Porter leistet diese Aufgabe ganz hervorragend für den Anwendungsbereich der Unternehmens- und Wettbewerbsstrategie (Porter 2013, 2014).

Die 15M-Architektur der Supply-Strategie erhebt den Anspruch, ein ganzheitliches Strategiekonzept für den Einkauf zu bieten, in dem alle relevanten strategischen Aspekte des Einkaufs berücksichtigt sind. Diese werden in fünf Planungsebenen, die Strategie-bausteine genannt werden, und 15 Module strukturiert. Die strategische Planung kann in den Strategiebausteinen sequenziell und ggf. auch arbeitsteilig erfolgen. Beispielsweise wird die übergreifende Rahmenstrategie durch das Leitungsteam und anschließend die Marktstrategien für einzelne Beschaffungsmärkte durch die verantwortlichen Commodity Manager erarbeitet. Die Schnittstellen zwischen den Strategiebausteinen sind aus-führlich beschrieben. Der Aufbau der 15M-Architektur ergibt sich aus der folgenden ganz einfachen generischen Überlegung, die exemplarisch am Beispiel Schreiner Group ausgeführt wird (vgl. Abb. 4.1).

Die Schreiner Group ist im Markt für selbstklebende Etiketten in mehreren strate-gischen Segmenten, z. B. Pharma, Automotive, aktiv und verfügt dort über eine Unter-nehmens- und Wettbewerbsstrategie. Um erfolgreich Leistungen auf den Absatzmärkten anbieten zu können, müssen Leistungen auf den Beschaffungsmärkten bezogen wer-den, wie beispielsweise Folien, Druckfarben, Kleber, aber auch indirekte Leistun-gen wie Strom, Druckmaschinen oder Beratungsleistungen. In der Regel bewegt sich

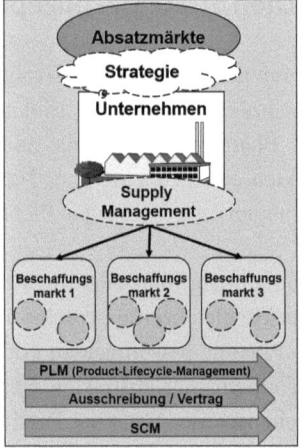
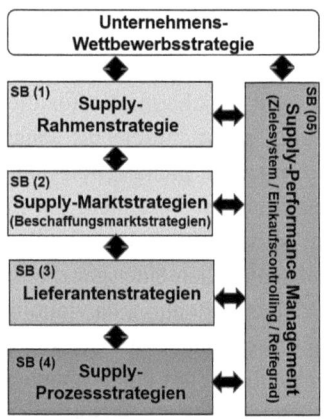

Abb. 4.1 Ableitung der fünf Strategiebausteine einer Supply-Strategie (Heß 2016, S. 14, 2017, S. 25). (© Institut für Beschaffungsstrategie Prof. Dr. Gerhard Heß)

ein Unternehmen auf sehr vielen Beschaffungsmärkten. Für einen Mittelständler wie die Schreiner Group sind häufig 15 bis 20 Beschaffungsmärkte besonders bedeutsam. Eine Warengruppe ist dann bedeutsam, wenn das Einkaufsvolumen bzw. das Risiko der Beschaffung hoch ist und/oder sich strategische Wettbewerbsvorteile über den betrachteten Beschaffungsmarkt stärken lassen.

Innerhalb der Beschaffungsmärkte werden die Leistungen bei Lieferanten bezogen. In Abb. 4.1 werden die Lieferanten durch die hellen Kreise in den Beschaffungsmärkten symbolisiert. Letztlich konkretisiert sich die Leistung und Gegenleistung in der einzelnen Lieferantenbeziehung, sodass die strategische Entwicklung der einzelnen Lieferantenbeziehungen als bedeutsam angesehen wird.

Für die Effektivität und die Effizienz der Zusammenarbeit mit Lieferanten sind die Beschaffungsprozesse entscheidend, z. B. Ausschreibungs- und Vertragsmanagementprozess, Prozess der operativen Bestellabwicklung und der logistischen Anlieferung (Supply Chain Management-Prozess).

Das Vorgehen auf den einzelnen Beschaffungsmärkten, gegenüber Lieferanten und zur Optimierung von Prozessen muss koordiniert und auf die Unternehmens- und Wettbewerbsstrategie hin bezogen werden. Diese Aufgabe erfolgt innerhalb des Supply Managements mit der Supply-Rahmenstrategie.

Aus diesen einfachen Überlegungen heraus kann das Strategiekonzept im Einkauf mit fünf Strategiebausteinen (SB 1 bis SB 5) strukturiert werden (vgl. rechte Seite von Abb. 4.1):

- **SB 1 Supply-Rahmenstrategie:** In der Rahmenstrategie erfolgt die grundsätzliche strategische Ausrichtung des Einkaufs. Dabei muss die Ausrichtung an der Unternehmens- und den Wettbewerbsstrategien sichergestellt werden. Ferner sind die Markt-, Lieferanten- und Prozessstrategien untereinander und auf die Unternehmensstrategie hin abzustimmen.
- **SB 2 Supply-Marktstrategien:** Für jeden bedeutsamen Supply-Markt wird eine Supply-Marktstrategie abgeleitet und verfolgt.
- **SB 3: Lieferantenstrategien:** Im Lieferantenmanagement werden die Lieferanten, z. B. mit einer Lieferantenbewertung gesteuert. Für Top-Lieferanten sollte jeweils eine Strategie zur Entwicklung des Lieferanten sowie der Zusammenarbeit mit dem Lieferanten formuliert werden.
- **SB 4 Supply-Prozessstrategien:** Die Schlüsselprozesse der Beschaffung sollten mit Hilfe von Prozessstrategien im Hinblick auf die Anforderungen der Unternehmens- und Wettbewerbsstrategien entwickelt werden.
- **SB 5: Supply-Performance Management:** Das Performance Management dient der Steuerung und der evolutionären Entwicklung des Gesamtsystems. Es werden die strategischen Ziele, die strategischen Projekte sowie die Entwicklung der einzelnen Maßnahmen überwacht und gesteuert. Ferner wird auch das Einkaufsmanagementsystem selbst systematisch fortentwickelt.

Soweit Verwechslungen ausgeschlossen sind, wird folgend das voranstehende Wort „Supply" weggelassen und von Rahmenstrategie (SB 1), Marktstrategien (SB 2), Lieferantenstrategien (SB 3), Prozessstrategien (SB 4) und Performance Management (SB 5) gesprochen.

Die fünf Strategiebausteine werden in der 15M-Architektur in 15 Module gegliedert (vgl. Abb. 4.2). Angemerkt sei, dass 15M im Namen der 15M-Architektur für 15 Module steht. Um Redundanzen zu vermeiden, werden die einzelnen Module nicht in diesem Abschnitt beschrieben, sondern in den folgenden Kapiteln, in denen die Strategien, Instrumente und Prozesse der Schreiner Group vorgestellt werden.

Der modulare Ansatz hilft das ganzheitliche Strategiekonzept prägnant zu strukturieren. Darüber hinaus wird der evolutionäre Ansatz unterstützt, da die Module je nach Priorität und aktueller Kapazität schrittweise eingeführt werden können. In größeren Unternehmen ist es sogar möglich, dass die einzelnen Geschäftseinheiten die Module in unterschiedlicher Reihenfolge implementieren. Soweit die Schnittstellen der 15M-Architektur eingehalten werden, können die verschiedenen Vorgehensweisen später zusammengeführt werden.

Die 15M-Architektur wurde in den Jahren 2006 bis 2008 entwickelt. Nach nahezu zehn Jahren Praxiserfahrung wurde im Jahr 2016 die 15M-Architektur überarbeitet und die Version 2.0 veröffentlicht (Heß 2016, 2017). In der 15M-Architektur 1.0 wurden die Module mit M1 (= Modul 1) bis M15 (= Modul 15) durchnummeriert. Um Verwechslungen auszuschließen werden die Module in der neuen 15M-Architektur 2.0 mit

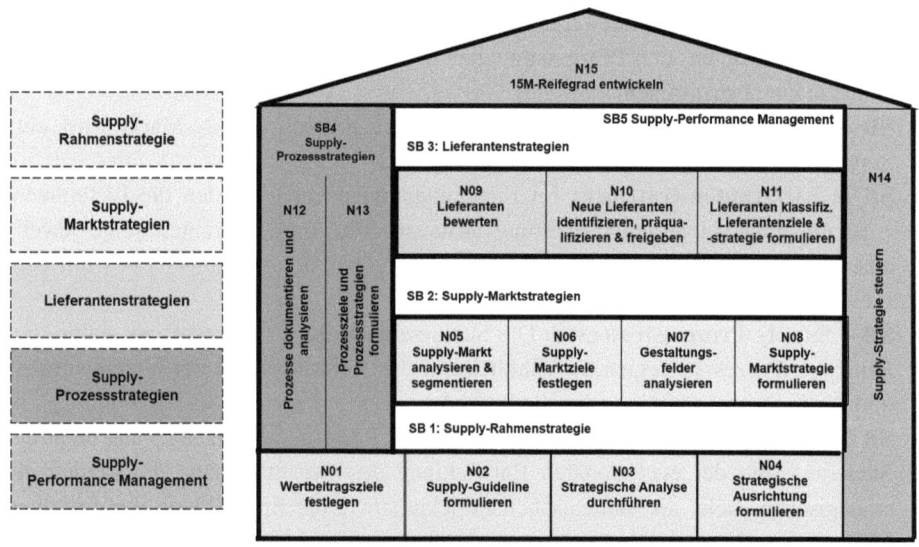

Abb. 4.2 Die 15M-Architektur der Supply-Strategie 2.0 (Heß 2016, S. 16, 2017, S. 26). (© Institut für Beschaffungsstrategie Prof. Dr. Gerhard Heß)

Modul N01 bis Modul N15 bezeichnet. Dabei wurde der Buchstabe N als Nachfolge-buchstabe nach M gewählt und kann für „neues Modul" stehen.

Ferner sei angemerkt, dass die Schreiner Group im Jahr 2012 auf Basis der 15M-Architektur Version 1.0 den strategischen Einkauf aufgebaut hat. Mittlerweile wurde auf die Version 2.0 umgestellt. Um den Leser nicht zu verwirren, erfolgt die gesamte Darstellung auf Basis der Version 2.0. Soweit erforderlich werden die Begriff-lichkeiten transferiert. In einzelnen Originaldokumenten können sich Terminologien der Version 1 befinden, die nicht umgestellt werden konnten. Hierauf wird ggf. hingewiesen.

In Kap. 4 zum ganzheitlichen Strategiekonzept werden die Strategien, Instrumente und Prozesse der Schreiner Group zu den Strategiebausteinen SB 1 bis SB 4 betrachtet: Rahmenstrategie (Abschn. 4.2), Marktstrategien (Abschn. 4.3), Lieferantenstrategien (Abschn. 4.4) und Prozessstrategien (Abschn. 4.5). Aspekte des Risikomanagements werden in den einzelnen Kapiteln mit betrachtet. Darüber hinaus werden in Abschn. 4.6 die Zusammenarbeit mit anderen Abteilungen sowie die Integration in die Unter-nehmensstrategie näher betrachtet.

4.2 Rahmenstrategie: Konzept am Beispiel Schreiner Group

1. Ziel und Aufbau der Rahmenstrategie

„Die Rahmenstrategie definiert und steuert die grundsätzliche strategische Ausrichtung im Einkauf. Sie verknüpft den Einkauf mit dem Wertsystem, den Strategien und den Geschäftszielen des Unternehmens. Sie legt die grundsätzlichen Vorgehensweisen (= strategische Stoßrichtungen) fest. Sie priorisiert diese und konkretisiert diese mit strategischen Programmen und Projekten" (Heß 2017, S. 43, leicht modifiziert). Die Rahmenstrategie ist bei der Schreiner Group in einem Strategiepapier mit über 50 Sei-ten dokumentiert. Die erste Rahmenstrategie wurde bereits im Jahr 2013 formuliert. Sie wurde im Teamleiterkreis des Einkaufs entwickelt und zeigt die großen Entwicklungs-linien auf, die im Einkauf angestrebt werden sollen. Mit der gemeinsam formulierten Rahmenstrategie wurden die Handlungen der beteiligten Personen intensiv aufeinander ausgerichtet.

Im Jahr 2015 wurde die Rahmenstrategie umfangreich überarbeitet und dabei in einzelnen Teilbereichen vertieft ausgearbeitet. Beim Übergang zu Phase 3 im Jahr 2016 wird – wie in Kap. 3 beschrieben – die Rahmenstrategie aufgrund eines Impulses aus der Geschäftsleitung intensiv diskutiert und vertieft an der Unternehmensstrategie aus-gerichtet. Dazu wird ein umfangreicher Stakeholder Dialog initiiert. Die folgende Vorstellung der Rahmenstrategie der Schreiner Group soll die Ganzheitlichkeit der Strategie verdeutlichen und orientiert sich an der Rahmenstrategie aus dem Jahr 2016. Abweichungen früherer Strategiepapiere bzw. die Entwicklung der Strategie werden fall-weise angesprochen.

Zur Entwicklung einer Rahmenstrategie sind in der 15M-Architektur der Supply-Stra-tegie vier Module vorgesehen:

Modul N01 Wertbeitragsziele festlegen Die Wertbeitragsziele definieren den Beitrag, den der Einkauf für den Unternehmenserfolg leisten soll. In diesem Rahmen sind gleichermaßen quantitative Ziele, wie beispielsweise die Reduzierung der Materialkosten, wie auch qualitative Ziele festzulegen. Unter anderem kann es die Aufgabe des Einkaufs sein, Nachhaltigkeitsaspekte in der Lieferkette sicherzustellen. Die Wertbeitragsziele definieren die Basis für die Einkaufserfolgsmessung und das Einkaufscontrolling. Bei der Schreiner Group wurde bereits im ersten Strategiepapier 2013 mit einer umfassenden Systematik ein breites Spektrum an quantitativen und qualitativen Wertbeitragszielen abgeleitet.

Modul N02 Supply-Guideline formulieren Mit diesem Modul soll die Leitidee zur Entwicklung des Einkaufs formuliert werden. Hierzu kann beispielsweise eine Supply-Vision oder ein Supply-Leitbild definiert werden. Die Schreiner Group folgte – wie in Kap. 3 ausgeführt – im Einkauf der Vision „Der Einkauf soll zum geschätzten Business Partner entwickelt werden". Eine explizite Visionsentwicklung fand nicht statt. So soll folgend auf Modul N02 nicht näher eingegangen werden.

Modul N03 Strategische Analyse durchführen Bevor eine Strategie formuliert werden kann, sollte zunächst die Ausgangssituation analysiert und beschrieben werden. Dabei sollten strategische Handlungsoptionen identifiziert werden. Typische Analysefelder sind beispielsweise die Steuerung der zentralen Risiken, Strukturierung der Supply-Märkte und Festlegung, für welche Märkte eine Marktstrategie formuliert werden soll.

Bei der Schreiner Group werden neben einer Übersicht von Eckdaten, die Ergebnisse der Reifegradanalyse ausführlich interpretiert, die Organisationsstrukturen präsentiert, eine Übersicht über die strategischen Warengruppen mit den dazugehörigen Verantwortlichkeiten ausgeführt und eine umfangreiche Risikoanalyse durchgeführt. Darüber hinaus werden in der Analyse der Wertbeitragsziele Aspekte der internen Analyse mit betrachtet.

Die Eckdaten und die Einkaufsorganisation wurden bereits in Kap. 2 bzw. in Abschn. 3.3 beschrieben. Die Marktübersicht wird in Abschn. 3.4 näher ausgeführt. Die Reifegradanalyse wird in Kap. 5 umfangreich thematisiert. So werden in diesem Kapitel insbesondere die Überlegungen zum Risikomanagement vorgestellt.

Modul N04 Strategische Ausrichtung formulieren Die strategische Ausrichtung des Einkaufs erfolgt üblicherweise mit drei bis fünf strategischen Stoßrichtungen. Eine strategische Stoßrichtung beschreibt sloganhaft eine wesentliche Entwicklungslinie der Supply-Strategie. Die strategischen Stoßrichtungen werden mit strategischen Programmen, Projekten und Maßnahmen konkretisiert. Es sollten Strategietreiber in Form von KPI's fixiert werden, die den Strategiefortschritt aufzeigen. Mit Strategy Maps können strategische Stoßrichtungen bis in die Programme und Projekte hinein konkretisiert werden. Es werden die strategischen Stoßrichtungen und die damit verknüpften Programme und Projekte der Schreiner Group beschrieben. Strategietreiber werden innerhalb der strategischen Ziele umfassend definiert. Auf eine Veranschaulichung der Strategie mit Strategy Maps wird bei der Schreiner Group verzichtet.

2. One-Pager der Rahmenstrategie 2016

Der One-Pager der Rahmenstrategie gibt im Sinne einer Management-Summary einen Überblick über die wesentlichen Elemente der Rahmenstrategie. In Abb. 4.3 ist der One-Pager der Rahmenstrategie in der Version 2016 abgebildet.

In der oberen Zeile finden sich die vier strategischen Stoßrichtungen der Unternehmensstrategie der Schreiner Group. Diese wurden bereits in Kap. 2 vorgestellt. Da sie für die Entwicklung der Rahmenstrategie allerdings sehr bedeutsam sind, sollen sie nochmals kurz wiederholt werden:

- Exzellenz in der Kundenvertrautheit
- Exzellenz in kundenfokussierter Innovation
- Beherrschung der Komplexität
- Sicherung der Grundwettbewerbsfähigkeit

Anschließend werden die Wertbeitragsziele vorgestellt. Die quantitativen Wertbeitragsziele sind in der zweiten Zeile aufgeführt. Die Zielwerte sind aus Vertraulichkeitsgesichtspunkten zugedeckt. Darüber hinausgehende qualitative Wertbeitragsziele sind unter der Überschrift „Zentrale Herausforderungen" auf der linken Seite zusammengefasst.

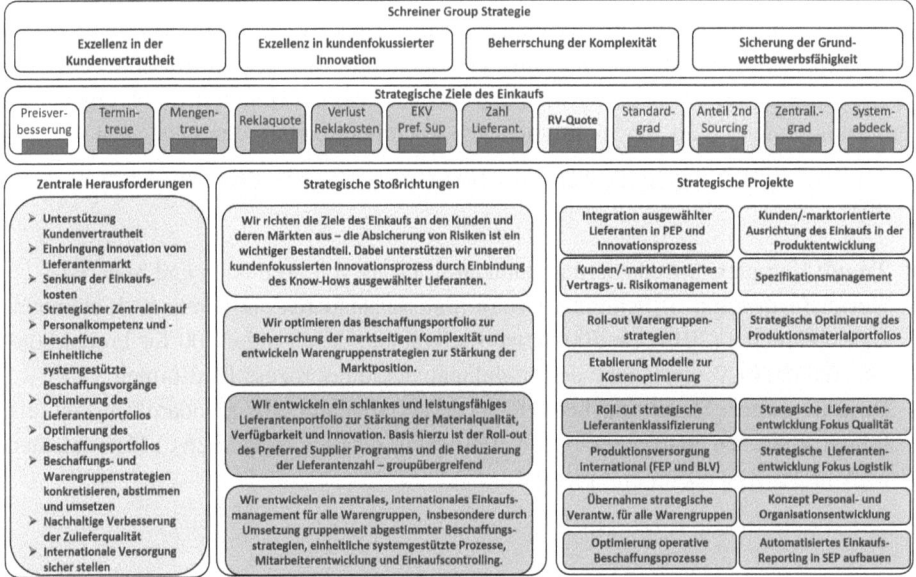

Abb. 4.3 One-Pager der Schreiner Group Rahmenstrategie 2016. (Ausführung © Schreiner Group & GmbH Co. KG, Oberschleißheim, Methodik; © Institut für Beschaffungsstrategie Prof. Dr. Gerhard Heß)

Rechts daneben sind die vier strategischen Stoßrichtungen mit den dazugehörigen strategischen Programmen abgebildet. Aspekte der internen Analyse werden im One-Pager nur implizit im Rahmen der Wertbeitragsziele berücksichtigt.

Zur Vorstellung der Rahmenstrategie werden folgende Aspekte vertieft:

- Ableitung der qualitativen Wertbeitragsziele (Modul N01)
- Überblick über die quantitativen Wertbeitragsziele und Strategietreiber (Modul N01)
- Interne Analyse, insbesondere Analyse der Top-Risiken (Modul N03)
- 1. Strategische Stoßrichtung: Kundenfokus (Modul N04)
- 2. Strategische Stoßrichtung: Warengruppenstrategien und Reduktion marktseitiger Komplexität (Modul N04)
- 3. Strategische Stoßrichtung: Lieferantenentwicklung (Modul N04)
- 4. Strategische Stoßrichtung: Internationales Einkaufsmanagement (Modul N04)
- Verknüpfung von Unternehmensstrategie, Rahmenstrategie und Projekte (Modul N04)

3. Ableitung der qualitativen Wertbeitragsziele (Modul N01)

Die Ableitung der qualitativen Wertbeitragsziele wird bereits in der ersten Rahmenstrategie im Jahr 2013 sehr systematisch angegangen. Die zentrale Frage lautet: Welche Anforderungen des Unternehmens, der Unternehmensstrategie oder einzelner interner Stakeholder soll der Einkauf erfüllen? Allgemein ausgedrückt wird analysiert, welcher Beitrag zur Wertentwicklung seitens des Einkaufs angestrebt werden soll.

Bei der Analyse wird zunächst zwischen Schreiner Group-internen Trends und Schreiner Group-externen Entwicklungen unterschieden. Mit Brainstorming-Workshops werden die relevanten Trends und Entwicklungen identifiziert. Anschließend wird der jeweilige Trend bzw. die Entwicklung benannt und es werden die sich ergebenden Herausforderungen und der sich ergebende Handlungsbedarf ermittelt[1]. Am Beispiel der internen Entwicklung „Komplexitätsreduzierung" soll die Vorgehensweise illustriert werden:

- **Trend:** Komplexitätsreduzierung: Standardisierung von Produkten und Material
- **Herausforderung:** a) Schreiner Group Materialstandards einführen; b) Lieferantenzahl optimieren (2014: ca. 500 aktive Lieferanten, davon unter 200 für Produktionsmaterialien) c) Mitgestaltung der Produktentwicklungsprozess-Plattformen
- **Resultierender Handlungsbedarf:** a) Materialvielfalt als Standardkennzahl einführen; Ursachen analysieren b) Materialvielfalt deutlich reduzieren c) Materialdatenbank im Projekteinkauf einführen; d) …

---

[1]Eine alternative Vorgehensweise zur Ableitung der Wertbeitragsziele findet sich in Heß (2017, S. 43 ff.).

Insgesamt ergibt sich eine detailliert ausgearbeitete Analyse der Wertbeitragsziele. Damit die wesentlichen Wertbeitragsziele im Tagesgeschäft stets präsent sein können, wird zu dieser umfassenden Betrachtung eine Verdichtung auf wenige Schlagworte vorgenommen. Diese ist im One-Pager unter der Überschrift „Zentrale Herausforderungen" abgebildet.

Die erstmalige Analyse der Wertbeitragsziele wird im Jahr 2013 ausnahmslos einkaufsintern durchgeführt. Einkaufsleitung und Teamleiter sind dabei bemüht ihre Einschätzung zu den Anforderungen der verschiedenen Stakeholder einzubringen, um so die Wertbeitragsziele des Einkaufs aus einer übergreifenden Sicht heraus abzuleiten. Natürlich wird die laufende Kommunikation dazu genützt, die eine oder andere Frage mit den Stakeholdern abzustimmen. Explizite Workshops oder Strategierunden oder gar ein gemeinsam unterzeichnetes Dokument gibt es in Phase 1 und 2 nicht. In Phase 3 wird die Diskussion der Rolle des Einkaufs und damit verbunden die Frage nach den Wertbeitragszielen intensiv geführt. Die Wertbeitragsziele werden um zwei wesentliche Aspekte ergänzt. Im Ergebnis ergibt sich folgende Liste an Wertbeitragszielen:

- **Unterstützung der Kundenvertrautheit** (eine wichtige Ergänzung im Jahr 2016)
- **Einbringung Innovation vom Lieferantenmarkt** (ebenso wichtige Ergänzung im Jahr 2016)
- **Senkung der Einkaufskosten**
- **Strategischer Zentraleinkauf** (entspricht Bekämpfung von Maverick Buying)
- **Personalkompetenz und -beschaffung**
- **Einheitlich systemgestützte Beschaffungsvorgänge** (ist auch für die Anwender bedeutsam)
- **Optimierung des Lieferantenportfolios**
- **Optimierung des Beschaffungsportfolios**
- **Beschaffungs- und Warengruppenstrategien konkretisieren, abstimmen und umsetzen**
- **Nachhaltige Verbesserung der Zulieferqualität**
- **Internationale Versorgung sicherstellen**

4. Überblick über die quantitativen Wertbeitragsziele und Strategietreiber (Modul N01)

In Abschn. 3.7 werden die Erfolge der Supply-Strategie bei der Schreiner Group ausführlich vorgestellt. In diesem Zusammenhang werden die Definitionen und die erzielten Ergebnisse der strategischen Ziele bereits ausgeführt. Folgend werden die zentralen Wertbeitragsziele und Strategietreiber aus dem One-Pager nochmals zusammengefasst. Dabei soll insbesondere die zugrunde liegende Systematik herausgearbeitet werden.

Die Grundüberlegung der Wertbeitragsziele geht davon aus, dass der Einkauf letztlich einen Beitrag zur Rentabilität des Unternehmens leisten muss. Insofern müssen seine Leistungen an der Rendite ansetzen und helfen, den Umsatz des Unternehmens zu steigern, die Kosten zu senken oder den Kapitaleinsatz zu reduzieren (Rendite = (Umsatz minus Kosten)/Kapitaleinsatz).

Kosten Besondere Bedeutung hat für den Einkauf in der Regel die Kostensenkung. Zentrales Ziel im One-Pager ist die Materialkostenveränderung mit einer industrieüblichen angestrebten Einsparung bei Produktionsmaterialien. In Abschn. 3.7 werden noch vielfältige weitere kostenorientierte Zielsetzungen und Ergebnisse präsentiert, wie beispielsweise die Einsparungen im Rahmen von Investitionsprojekten.

Umsatz durch Lieferleistung Eine hervorragende Performance der Lieferanten kann zur Steigerung der Performance des Unternehmens gegenüber seinen eigenen Kunden beitragen. Hohe und zuverlässige Qualität von Zukaufteilen kann die Qualität im eigenen Produkt und damit den Umsatz erhöhen. Analoges gilt in Bezug auf die Logistikleistung der Lieferanten. Im One-Pager werden jeweils zwei qualitätsorientierte und zwei logistikorientierte Zielsetzungen ausgewiesen:[2]

Qualitätsorientierte Zielsetzungen

- Reklamationsquote < X %
- Verlust Reklamationskosten < X %

Logistikorientierte Zielsetzungen:

- Termintreue > X %
- Mengentreue > X %

Aus diesen und weiteren Kennzahlen wird deutlich, dass der Einkauf bei der Schreiner Group auch jenseits der Kostenposition einen ganz erheblichen Wertbeitrag leisten soll. Angemerkt sei, dass diese leistungsorientierten Kennzahlen in der Regel zusätzlich auch eine positive Wirkung auf die Kostenposition mit sich bringen. Eine direkte Messung von Innovationen durch Lieferanten gibt es bei der Schreiner Group bisher nicht, auch wenn dies angesichts der verfolgten strategischen Stoßrichtungen eine interessante Ergänzung wäre.

Kapitaleinsatz Aufgrund der Finanzsituation der Schreiner Group haben kapitaleinsatzorientierte Zielsetzungen keine hervorgehobene Bedeutung.

Neben den Wertbeitragszielen werden **Strategietreiber** verfolgt. Strategietreiber zeigen den Fortschritt bei den strategischen Stoßrichtungen auf. Zu jeder Stoßrichtung werden deshalb ein bis zwei Strategietreiber definiert:

---

[2]Zahlenwerte aus Geheimhaltungsgründen anonymisiert.

Strategietreiber zur Stoßrichtung Warengruppenstrategien und Reduktion markt-seitiger Komplexität In dieser Stoßrichtung stehen materialorientierte Zielsetzungen und Risikoaspekte im Fokus mit folgenden Strategietreibern:[3]

- Standardisierungsgrad > X %
- Anteil 2nd-Sourcing > X %

Strategietreiber zur strategischen Stoßrichtung Lieferantenentwicklung Mit der Entwicklung von Lieferanten zu Preferred Suppliers und Strategic Suppliers soll gleich-zeitig die Lieferantenzahl reduziert werden. Dies führt zu den beiden Strategietreibern:[4]

- Anteil Einkaufsvolumen mit Preferred Suppliers > X %
- Anzahl Lieferanten minus X %

Beide Kennzahlen zur Entwicklung des Lieferantenportfolios können indirekt auch als Strategietreiber zur strategischen Stoßrichtung „Warengruppenstrategie" verstanden werden.

Strategietreiber zur strategischen Stoßrichtung Kundenfokus Kundenfokussierte Prozesse bzw. Innovationen setzen eine intensive entwicklungsorientierte Zusammen-arbeit voraus. Als Treibergröße dient die Rahmenvertragsquote:[5]

- Rahmenvertragsquote > X %

Die strategische Stoßrichtung „Kundenfokus" wird auch durch die Kennzahl „Ein-kaufsvolumen mit Preferred Suppliers" der vorausgehenden strategischen Stoßrichtung „Lieferantenentwicklung" unterstützt.

Strategietreiber zur strategischen Stoßrichtung Internationales Einkaufs-management In dieser Stoßrichtung ist die Übernahme einer umfassenden Einkaufsver-antwortung im Unternehmen und Optimierung der Beschaffungsprozesse zentral. Dies führt zu folgenden Strategietreibern:

- Zentralisierungsgrad 100 %, d. h. der gesamte Spend wird über den Einkauf gesteuert.
- Systemabdeckung 100 %, d. h. alle Beschaffungsprozesse laufen systemgestützt.

Die Wertbeitragsziele zu Kosten, Qualität und Logistik definieren die finalen Ziele des Einkaufs und können in der Regel allen strategischen Stoßrichtungen zugeordnet

---

[3]Zahlenwerte aus Geheimhaltungsgründen anonymisiert.

[4]Zahlenwerte aus Geheimhaltungsgründen anonymisiert.

[5]Zahlenwerte aus Geheimhaltungsgründen anonymisiert.

werden. Bei Qualität und Logistik besteht allerdings eine etwas engere Verknüpfung zur strategischen Stoßrichtung der Lieferantenentwicklung, sodass sie auch direkt dieser Stoßrichtung zugeordnet werden können. Insgesamt besteht eine enge Korrespondenz zwischen den Wertbeitragszielen, den Strategietreibern und den strategischen Stoßrichtungen.

Die Ist-Werte zu den Zielen werden monatlich ermittelt, analysiert und berichtet.

5. Interne Analyse, insbesondere Analyse der Top-Risiken (Modul N03)
Wie bereits erwähnt, werden die meisten Analysefelder der internen Analyse an anderen Stellen in diesem Buch ausgeführt. Beispielsweise werden die Eckdaten des Einkaufs in Kap. 2, die Einkaufsorganisation in Abschn. 3.3 oder das Reifegradmanagement in Kap. 5 beschrieben. Im Folgenden soll nur auf das Analysefeld Risikomanagement näher eingegangen werden.

Da es keine Entscheidungen unter Sicherheit gibt, werden in der 15M-Architektur Risikobetrachtungen auf allen Strategieebenen in die Strategieformulierung integriert. Bei der Schreiner Group wird mit folgenden Bausteinen das Risikomanagement strukturiert:

- **Top-Risiken:** Die Top-Risiken, die übergreifend für den gesamten Einkauf gelten, werden in der Rahmenstrategie gesteuert. Diese werden im Folgenden besprochen.
- **Business Interruption Risk:** Auf Ebene der einzelnen Materialien wird beurteilt, welche Konsequenzen ein beliebiges, nicht näher definiertes Versorgungsproblem beim Material verursachen würde. Es wird unterstellt, dass völlig unvorhersehbare Risiken, wie ein Tsunami oder ein Meteoriteneinschlag, passieren können. Die Steuerung des Business Interruption Risk wird folgend beschrieben.
- **Beschaffungsmarktrisiken:** Risiken in Bezug auf die Beschaffungsmärkte werden in den Warengruppenstrategien gesteuert (vgl. Abschn. 4.3).
- **Lieferantenrisiken:** Im Freigabeprozess neuer Lieferanten werden Risikoaspekte, wie z. B. das Einholen von Kreditauskünften, beachtet (vgl. Abschn. 4.4).
- **Vertragsrisiken:** Im Vertriebsprozess werden die technischen, kaufmännischen und zeitlichen Risiken der Materialversorgung im Kundenprojekt analysiert und abgesichert. Gegebenenfalls werden Lieferanten an der Risikobeurteilung beteiligt (vgl. Abschn. 3.5).
- **Unternehmensweites Risikomanagement:** Im Jahr 2017 wird der Einkauf in das unternehmensweite Risikomanagement mit ausgewählten Top-Risiken und dem Business Interruption Risk integriert.

Steuerung der Top-Risiken Die Top-Risiken des Einkaufs werden mit einer Risk-Map gesteuert (vgl. Abb. 4.4). Zum Aufbau der Risk-Map wird im Einkaufsteam ein Brainstorming-Workshop durchgeführt, in dem die Top-Risiken des Einkaufs identifiziert und bewertet werden. Dabei wird die Eintrittswahrscheinlichkeit der identifizierten Risiken beurteilt und der Schaden abgeschätzt, der sich im Schadensfall ergeben kann. Zu den

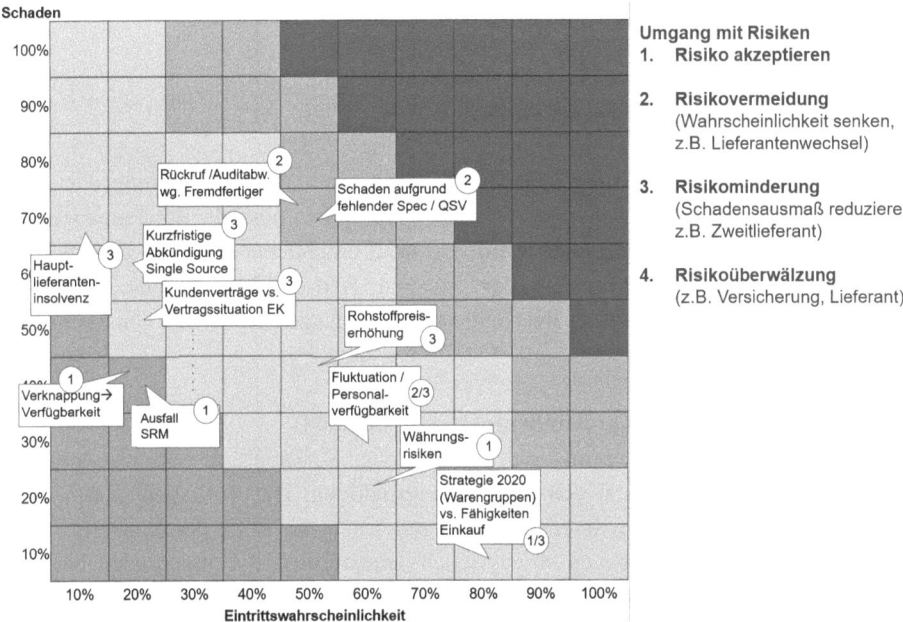

Abb. 4.4 Risk-Map der Top-Risiken bei der Schreiner Group. (© Schreiner Group GmbH & Co. KG, Oberschleißheim)

größten Risiken gehören, ein möglicher Schaden aufgrund fehlender Spezifikation (Spec) oder fehlender Qualitätssicherungsvereinbarung (QSV), ein Rückruf oder eine Auditabweichung. Weitere Top-Risiken sind der Abb. 4.4 zu entnehmen. Zu jedem Risiko wird die grundsätzliche Vorgehensweise zur Steuerung des Risikos festgelegt:

1. Risiko akzeptieren
2. Risikovermeidung, Eintrittswahrscheinlichkeit reduzieren
3. Risikominderung, Schadensausmaß reduzieren
4. Risikoüberwälzung

Für die Fälle 2 bis 4 werden konkrete Maßnahmen definiert und umgesetzt. Beispielsweise wird ein umfangreiches Projekt zur Qualifizierung von Second Sources bei kritischen Materialien durchgeführt, um das Schadensausmaß der Risiken „Insolvenz eines Hauptlieferanten" und „Kurzfristige Abkündigung Single Source" zu vermindern.

Business Interruption Risk Seit 2016 wird für alle Funktionsteile und alle Lieferanten von Funktionsteilen das Business Interruption Risk ermittelt. Dazu werden vom Einkauf in Zusammenarbeit mit dem Technologiemanagement und der Anwendungsentwicklung alle Materialien nach der folgenden Härtegradsystematik klassifiziert:

- Härtegrad 1: Alternativen sofort verfügbar
- Härtegrad 2: Alternativen verfügbar, aber nicht sofort
- Härtegrad 3: Firmeninterne Freigabe erforderlich
- Härtegrad 4: Kundenfreigabe erforderlich

Auf Basis dieser Klassifizierung kann der Schaden ermittelt werden, wenn das Material oder der Lieferant aus beliebigem Grund vollkommen ausfällt. Für besonders kritische Materialien bzw. Lieferanten werden – trotz erheblicher Kosten – 2nd Sources aufgebaut. Mittlerweile gibt es in den höheren Härtegradklassen eine sehr hohe 2nd-Source-Quote. Das Business Interruption Risk-Management ist ins Unternehmensrisikomanagement integriert.

6. Strategische Stoßrichtung: Kundenfokus (Modul N04)

Die erste strategische Stoßrichtung zielt auf eine enge Verknüpfung zwischen den Kunden der Schreiner Group und den Beschaffungsmärkten. Die Aufnahme dieser Stoßrichtung ist das Ergebnis der intensiven Diskussion um die Rolle des Einkaufs, die in Phase 3 der oben beschriebenen strategischen Transformation stattgefunden hat (vgl. Abschn. 3.5). Auslöser dieser Diskussion war die Einschätzung einzelner Teilnehmer im Geschäftsleitungskreis, dass der Einkauf in seiner Strategie keinen ernsthaften Beitrag zu den beiden kundenorientierten Stoßrichtungen der Unternehmensstrategie leistet (zur Erinnerung: Exzellenz in der Kundenvertrautheit und Exzellenz in der kundenfokussierten Innovation). Im Ergebnis kristallisierten sich zwei wesentliche Ansatzpunkte heraus, wie der Einkauf die beiden kundenorientierten Stoßrichtungen der Unternehmensstrategie unterstützen kann:

- Zum einen muss im Innovationsprozess eine enge Verknüpfung zu den Beschaffungsmärkten hergestellt werden. Das Know-how von Lieferanten bzw. die Marktkenntnis des Einkaufs können innovative Ideen in die Produktentwicklung einbringen. Gleichzeitig müssen aber auch die Anforderungen für eine erfolgreiche Beschaffung bereits frühzeitig im Innovationsprozess beachtet werden.
- Zum zweiten sollte der Einkauf, gegebenenfalls unterstützt von Lieferanten, bei der Spezifizierung kundenindividueller Lösungen beteiligt werden. Neben der Identifikation innovativer Ideen bei der Entwicklung von kundenindividuellen Lösungen soll damit abgesichert werden, dass dem Kunden zugesagte Eigenschaften auch eingehalten werden können. Hier gab es im Vorfeld immer wieder Schwierigkeiten. Diese konnten zwar in der Regel gelöst werden, aber meist zulasten stark überhöhter Kosten.

Diese Anforderungen führen zur ersten strategischen Stoßrichtung:

„Wir richten die Ziele des Einkaufs an den Kunden und deren Märkten aus – die Absicherung von Risiken ist ein wichtiger Bestandteil. Dabei unterstützen wir unseren kundenfokussierten Innovationsprozess durch Einbindung des Know-how ausgewählter Lieferanten."

Mit dieser strategischen Stoßrichtung wird der Kundenfokus des Einkaufs transparent. Der Einkauf steuert die Schnittstelle zwischen Kunde bzw. Vertrieb und den Beschaffungsmärkten sowie zwischen der Entwicklung und den Beschaffungsmärkten. Zur Umsetzung der strategischen Stoßrichtung werden bestehende Maßnahmen der neuen Stoßrichtung zugeordnet und durch neue Projekte ergänzt. Insgesamt wird die strategische Stoßrichtung mit vier strategischen Projekten vorangetrieben:

- **Integration ausgewählter Lieferanten in den PEP und Innovationsprozess** (PEP steht für Produktentwicklungsprozess): Die fallweise Einbindung von Lieferanten in den Entwicklungsprozess soll intensiviert werden. Hierzu müssen enge partnerschaftliche Lieferantenbeziehungen entwickelt werden. Insofern ist dieses Projekt eng mit dem Projekt der Lieferantenklassifizierung und Lieferantenentwicklung verknüpft. Da enge Entwicklungspartnerschaften nach Möglichkeit mit Preferred Supplier umgesetzt werden sollen.
- **Kunden- und marktorientierte Ausrichtung des Einkaufs in der Produktentwicklung:** In diesem Projekt wird das Projekt der gezielten Materialumstellung fortgeführt, das oben bereits vorgestellt wurde (vgl. Abschn. 3.4). Ziel des Projektes ist, Materialien durch bessere zu ersetzen. Insbesondere sollen kostengünstigere bzw. qualitativ zuverlässigere Alternativen gesucht werden. Alte Materialien, die auf den Beschaffungsmärkten nicht mehr frei verfügbar sind, sollen durch neue verfügbare Materialien ersetzt werden. Aufgrund der schwierigen und aufwendigen Umstellungsprozesse können mögliche Materialien erst nach und nach beurteilt und umgestellt werden. So hat das Projekt eine sehr lange Laufzeit. Das Projekt erfolgt in enger Zusammenarbeit mit Lieferanten, die Ihre Erfahrungen in die gezielte Materialumstellung einfließen lassen.
- **Kunden- und marktorientiertes Vertrags- und Risikomanagement:** Mit klarer Systematik muss der Einkauf ggf. mit Unterstützung von Lieferanten die Spezifikationen innovativer kundenindividueller Lösungen frei geben. Es muss technisch und wirtschaftlich geklärt werden, ob die erforderlichen Leistungen in den Beschaffungsmärkten auch verfügbar sind. Ferner werden Auslaufszenarien, z. B. Last-Buy-Orders, für Materialien entwickelt, die von Lieferanten abgekündigt werden. Dieses Projekt wurde bereits oben in Abschn. 3.5 beschrieben.
- **Spezifikationsmanagement:** Wie oben beschrieben konnte erst ab Phase 2 nach und nach sichergestellt werden, dass für Ausschreibungen schriftliche Spezifikationen vorliegen. Allerdings sind nicht alle Spezifikationen mit den Lieferanten bereits abgestimmt. Dies kann zu Fehlspezifizierungen oder zu unnötigen Überspezifizierungen führen, sodass im Projekt für durchgängige mit Lieferanten abgestimmte Spezifikationen gesorgt werden soll.

Die Erfahrung mit diesen Projekten zeigt, wie weitreichend die Konsequenzen sind und welche Potenziale gehoben werden können, wenn der Einkauf frühzeitig in die Entwicklung und in den Vertriebsprozess eingebunden ist.

**7. Strategische Stoßrichtung: Warengruppenstrategien und Reduktion markt-
seitiger Komplexität (Modul N04)**

Die zweite strategische Stoßrichtung zielt auf die Entwicklung des Warengruppenmanagements mit der Formulierung und Umsetzung von Warengruppenstrategien.
Anfangs wurden das Warengruppenmanagement (führend der Einkauf) und die Optimierung der technologischen Spezifikation (führend die Entwicklung) getrennt in voneinander unabhängigen Projekten vorangetrieben. Zunehmend wird deutlich, dass die
technologische Fortentwicklung von Materialien in den entsprechenden Warengruppen
zusammen mit den Warengruppenstrategien entwickelt werden muss. Spätestens mit der
Neuorientierung des Technologiemanagements im Jahr 2015 werden die Technologie-
planung und das Warengruppenmanagement weitgehend integriert.

So ergibt sich die zweite strategische Stoßrichtung:

**„Wir optimieren das Beschaffungsportfolio zur Beherrschung der marktseitigen
Komplexität und entwickeln Warengruppenstrategien zur Stärkung der Markt-
position."**

Diese strategische Stoßrichtung wird mit drei strategischen Projekten umgesetzt:

- **Roll out Warengruppenstrategien:** In diesem Projekt wird der Roll out der Warengruppenstrategien gesteuert. Konkret wird festgelegt, für welche Märkte und in
  welcher Reihenfolge Strategien entwickelt werden sollen. Die Qualität und die
  Umsetzung der Strategien werden überwacht.
- **Strategische Optimierung des Produktionsmaterialportfolios:** Mit der Materialstandardisierung sollen insbesondere über die Geschäftsbereiche hinweg gemeinsame
  Materialstandards definiert und somit die Zahl der Materialien reduziert werden. Das
  soll den Bezug von Kleinstmengen stark reduzieren und erhebliche logistische Vorteile mit sich bringen. Soweit möglich sollen keine schreinerspezifischen Materialien
  sondern Standardmaterialien von Lieferanten verwendet werden.
- **Etablierung Modelle der Kostenoptimierung:** Es ist geplant, Kostenoptimierungen
  in ausgewählten Materialgruppen zu realisieren. Hierzu sollen verschiedene Methoden und Tools eingeführt werden, z. B. zur Total Cost- oder Lebenszyklusanalyse, zu
  LPP (Linear Performance Pricing), zu NLPP (Non-linear Performance Pricing) oder
  zur Preisstrukturanalyse.

Die Zielsetzung von Warengruppenstrategien und der Aufbau der Warengruppenstrategien werden in Abschn. 4.3 ausführlich beschrieben. Die Steuerungsprozesse im
Warengruppenmanagement werden in Kap. 5 diskutiert.

8. Strategische Stoßrichtung: Lieferantenentwicklung (Modul N04)

Die Grundlagen im Lieferantenmanagement, wie die Lieferantenbewertung und der
Lieferantenfreigabeprozess, sind bei der Schreiner Group etabliert. Kontinuierliche
Fortentwicklungen werden im Reifegradmanagement gesteuert und finden statt, wer-
den aber nicht als strategieprägend eingeschätzt. Der Schwerpunkt der Einkaufsstrategie

liegt in der Entwicklung einer intensiven Zusammenarbeit mit wesentlichen Lieferanten rund um die Themen Innovation, Qualität und Logistik. Als zentrales Konzept wird dazu die Lieferantenklassifizierung ausgearbeitet, in der auch verschiedene Formen der Zusammenarbeit im Sinne einer Lieferantenstrategie integriert sind. Dies führt zur dritten strategischen Stoßrichtung:

„Wir entwickeln ein schlankes und leistungsfähiges Lieferantenportfolio zur Stärkung der Materialqualität, Verfügbarkeit und Innovation. Basis hierzu ist der Roll out des „Bevorzugter Partner"- Programms und die Reduzierung der Lieferantenzahl – Group übergreifend."

Die strategische Stoßrichtung wird mit vier strategischen Projekten konkretisiert:

- **Roll out strategische Lieferantenklassifizierung:** Das Konzept der Lieferantenklassifizierung wird in Abschn. 4.4 ausführlich vorgestellt. Mit dem strategischen Projekt Roll out der strategischen Lieferantenklassifizierung wird die Umsetzung sichergestellt. Es müssen die Klassifizierungsprozesse und die Zusammenarbeitsprozesse mit Lieferanten etabliert werden. Schrittweise sollen Preferred und Strategic Suppliers aufgebaut werden.
- **Strategische Lieferantenentwicklung – Fokus Qualität:** Bereits sehr frühzeitig wird die nachhaltige Optimierung der Lieferantenqualität intensiv vorangetrieben. Dazu werden in Zusammenarbeit mit der Produktion sämtliche Qualitätsprobleme analysiert, die von Lieferanten verursacht wurden. Neben der Lösung des aktuellen Problems wird intensiv daran gearbeitet, dass entsprechende Qualitätsprobleme sich nicht wiederholen. Zu diesem Punkt wird auch intensiv mit den Lieferanten zusammengearbeitet. Die intensive Diskussion löst nicht nur die aufgetretenen Probleme und verhindert deren Wiederholung, sondern schafft auch eine starke Sensibilisierung bei den Lieferanten bezüglich der Qualitätsanforderungen der Schreiner Group. Dies ist insbesondere bei Materialien für die pharmazeutische Industrie von herausragender Bedeutung. Besonders intensiv wird diesbezüglich mit Preferred und Strategic Suppliers kooperiert. Die signifikante Verbesserung der Lieferantenqualität ist in Abschn. 3.7 dokumentiert.
- **Strategische Lieferantenentwicklung – Fokus Logistik:** Analog zum Projekt Fokus Qualität wird auch die Logistikleistung der Lieferanten nachhaltig entwickelt. Die Verbesserung der Lieferleistung ist auch in Abschn. 3.7 beschrieben.
- **Produktionsversorgung international (Fengpu/China und Blauvelt/USA):** Im Zentrum des Projektes steht die gemeinsame abgestimmte Produktionsversorgung der Standorte in China und in den USA. Soweit sinnvoll sollen gemeinsame Lieferanten eingesetzt werden. Diese sollen auch gemeinsam gesteuert werden. Umgekehrt soll auch gemeinsam entschieden werden, welche Materialien lokal zu versorgen sind. Dies setzt abgestimmte Warengruppen- und Lieferantenstrategien voraus. Aufgrund der geringen personellen Ausstattung der beiden Standorte im Einkauf muss der Schwerpunkt der strategischen Arbeit in der Zentrale liegen. Besonders intensiv werden die Lieferantenstrategien abgestimmt, da diese die Lieferantenauswahl vor Ort unmittelbar beeinflussen.

Die enge Zusammenarbeit mit den Töchtern in China und in den USA betrifft alle Strategiebausteine und wird deshalb an verschiedenen Stellen in der Rekonstruktion des Falls angesprochen. Insbesondere wird im Rahmen der 4. strategischen Stoßrichtung und bei der Analyse des Change Managements auf die Zusammenarbeit mit China und den USA näher eingegangen.

Der Aufbau der Lieferantenstrategien und das Konzept Lieferantenklassifizierung werden in Abschn. 4.4 und die Steuerungsprozesse im Lieferantenmanagement in Kap. 5 ausführlich beschrieben.

9. Strategische Stoßrichtung: Internationales Einkaufsmanagement (Modul N04)
Die Fortentwicklung und Professionalisierung des Einkaufsmanagements ist Gegenstand der vierten strategischen Stoßrichtung. Im Einkaufsmanagement geht es um die Gesamtsteuerung des Einkaufs und darum, die Voraussetzungen für effektive und effiziente Warengruppen-, Lieferanten- und Prozessstrategien zu schaffen. Die internationale Ausrichtung des Einkaufsmanagements ist dabei als besondere Herausforderung zu sehen. Wichtige Aufgabenstellungen in diesem Zusammenhang sind:

- Formulierung und Umsetzung der Rahmenstrategie
- Aufbau und Entwicklung des Einkaufscontrollings sowie des Reifegradmanagements
- Personalentwicklung
- Organisationsentwicklung, z. B. auch Entwicklung hybrider Einkaufsstrukturen oder Reduzierung von Maverick Buying
- Aufbau und Entwicklung eines übergreifenden Risikomanagements
- Digitalisierung der Einkaufsprozesse

Zusammengefasst ergibt sich die vierte strategische Stoßrichtung:
  „**Wir entwickeln ein zentrales internationales Einkaufsmanagement für alle Warengruppen, insbesondere durch Umsetzung gruppenweit abgestimmter Beschaffungsstrategien, einheitlicher Prozesse, Mitarbeiterentwicklung und Einkaufscontrolling.**"
Folgende vier Themen werden bei der Schreiner Group als strategierelevant eingestuft und mithilfe strategischer Projekte aktiv vorangetrieben:

- **Übernahme strategischer Verantwortung für alle Warengruppen:** Die Reduzierung bzw. die Beseitigung von Maverick Buying, insbesondere bei indirekten Materialien, wird sehr frühzeitig angegangen. Hierzu wird ein Konzept zur Zusammenarbeit des Einkaufs mit den Fachabteilungen beim Einkauf indirekter Materialien ausgearbeitet (vgl. Abschn. 3.3). Trotz schneller Anfangserfolge zieht sich die vollständige Umsetzung bis ins Jahr 2017 hinein.
- **Konzept Personal- und Organisationsentwicklung:** Das Konzept zur Personalentwicklung zielt auf die persönliche Entwicklung und Schulung von Mitarbeitern.

Ferner wird die Attraktivität der Mitarbeit im Einkauf der Schreiner Group gesteigert. Dies erscheint notwendig, da die Arbeitgeberkonkurrenz im Großraum München stark ist und viele Großkonzerne gute Mitarbeiter intensiv umwerben.

Die größeren Organisationsmaßnahmen sind bereits in Phase 1 (Abschn. 3.3) abgeschlossen. Zentrale Aufgabe in den Phasen 2 und 3 ist es, die Vernetzung mit den anderen Abteilungen zu organisieren. Beispielsweise kann die oben bereits ausgeführte Mitarbeit des Einkaufs im Technologiemanagement als Maßnahme gesehen werden.

- **Optimierung operative Beschaffungsprozesse:** Im Zentrum dieses Projektes steht die bereits weit fortgeschrittene Einführung der SRM-Software mit den Bereichen Katalogeinkauf, Ausschreibungsprozess und Vertragsmanagement.
- **Automatisches Einkaufs-Reporting in der neuen SRM-Software aufbauen:** Bereits sehr frühzeitig können bei der Schreiner Group aus den Beschaffungssystemen Auswertungen und Kennzahlen generiert werden. Allerdings ist der manuelle Auswerteaufwand anfangs sehr hoch. Beispielsweise benötigte der oben angesprochene 25–30-seitige Business Plan Review-Bericht in der Regel fünf Kalendertage zur Erstellung. Das ist nicht effizient und verhindert ein schnelles reaktionsfähiges Controlling. Mit der Einführung der SRM-Software soll das Einkaufs-Reporting automatisiert werden.

10. Verknüpfung von Unternehmensstrategie, Rahmenstrategie und Projekte (Modul N04)

Aufgrund der kritischen Diskussion im Geschäftsleitungskreis wird besonders hoher Wert darauf gelegt, die Verknüpfung zwischen der Unternehmensstrategie, den Geschäftszielen und den Zielen sowie den Strategien des Einkaufs zu veranschaulichen. Hierauf wird unten in Abschn. 4.6 näher eingegangen.

Die Rahmenstrategie ist in einem Strategiepapier auf Basis Power Point dokumentiert. Dabei werden die strategischen Projekte mit ihren Meilensteinen beschrieben. Jenseits der vorgestellten Elemente finden sich einige „Theoriefolien" zur 15M-Architektur oder auch zur Zielsetzung, die mit der Rahmenstrategie verfolgt werden soll. Diese Hintergrundfolien helfen die Methodik der Strategieformulierung zu erläutern. Sie können jedoch ausgeblendet werden, falls sie bei einer Präsentation nicht benötigt werden.

Die Implementierung der Strategie erfolgt mit der Umsetzung der strategischen Projekte. Sensibel sollte der Strategiefortschritt überwacht werden. Basis hierzu ist ein klassisches Maßnahmentracking und die Überwachung der Wertbeitragsziele und der Strategietreiber. Darüber hinaus sollte regelmäßig die Validität der Strategie überprüft werden. Die Steuerung der Rahmenstrategie wird in Abschn. 5.3 ausführlich besprochen. In den beiden folgenden Kapiteln werden die Marktstrategien (Abschn. 4.3) und die Lieferantenstrategien (Abschn. 4.4) vorgestellt.

4.3   Supply-Marktstrategien: Konzept am Beispiel Schreiner Group

Supply-Marktstrategien, die bei der Schreiner Group Warengruppenstrategien genannt werden, „beschreiben die Strategie eines Unternehmens auf jeweils einem Beschaffungsmarkt. Dabei werden die Märkte meist über die zu beschaffenden Leistungen abgegrenzt", z. B. Markt für gummierte Folien, Farben, Markt für IT-Dienstleistungen (Heß 2017, S. 93, leicht modifiziert).

Nutzen von Warengruppenmanagement und Warengruppenstrategien
Die grundsätzliche Idee des Warengruppenmanagements ist es, alle Aktivitäten im Einkauf organisatorisch zu bündeln, die sich auf jeweils einen Beschaffungsmarkt beziehen. Auf diese Weise werden die Käufe und Aktivitäten gemeinsam betrachtet, die sich auf einen bestimmten Lieferantenkreis, auf bestimmte Technologien bzw. auf bestimmte Bedarfe beziehen. So können erhebliche Synergien erkannt und gehoben werden, die zur Steigerung des Wertbeitrags des Einkaufs führen. Im Einzelnen lassen sich folgende Chancen mit einem strategischen Warengruppenmanagement realisieren:

- **Know-how Aufbau:** Durch die Spezialisierung auf eine oder wenige Warengruppen kann der Einkäufer Know-how zu den Lieferanten, zu den Technologien bzw. zu den Bedarfen aufbauen. Damit kann er Marktstrukturen und Markttrends frühzeitig erkennen. Ohne diese Kompetenzen wird es dem Einkauf nicht gelingen, marktstrategische Entscheidungen beurteilen oder gar treffen zu können. Eine warengruppenorientierte Denkhaltung muss in der Regel als Voraussetzung eines strategischen Einkaufs gesehen werden.
- **Projektübergreifende Bündelung von Bedarfen:** Innerhalb der Warengruppe können Bedarfe projektübergreifend gebündelt werden. Nicht jeder Bedarf wird in Form einer isolierten Bestellung bzw. eines eigenständigen Projektes beschafft. Vielmehr wird versucht, verschiedene Bedarfe innerhalb einer Warengruppe zusammenzufassen und beispielsweise in Form von Rahmenverträgen zu bündeln.
- **Verbesserung der Wettbewerbsposition durch Zusammenarbeit mit Lieferanten:** Projektübergreifende Bündelung von Bedarfen ist in der Regel die Voraussetzung für Lieferantenpartnerschaften. Darüber hinaus sollten Partnerschaften in der Warengruppe gegen Abhängigkeitsrisiken abgesichert sein. Somit sollten Partnerschaftsstrategien mit Lieferanten in einer Warengruppenstrategie eingebettet sein.
- **Verbesserung der Wettbewerbsposition durch Zusammensetzung des Lieferantenportfolios:** Erhebliche Synergiepotenziale stecken in der Optimierung des Lieferantenportfolios, z. B. in Bezug auf die regionale Zusammensetzung, die Verteilung der erforderlichen technologischen Kompetenzen und der Zahl der Lieferanten. Eine gesamtheitliche Optimierung des Lieferantenportfolios sollte innerhalb der Situation und der Anforderungen einer Warengruppe angestrebt werden.

- **Synergie durch bedarfsträgerübergreifende Bündelung:** Durch die Strukturierung der Bedarfe in Warengruppen vereinfacht sich die Möglichkeit, Bedarfe bedarfsträgerübergreifend anzufragen. Bei der Schreiner Group erfolgt die Zusammenarbeit über die verschiedenen Divisionen sowie mit den Töchtern in China und in den USA.
- **Anforderungsmanagement:** Bei der Formulierung von Warengruppenstrategien können die Anforderungen aller Bedarfsträger dieser Warengruppe einbezogen und aufeinander abgestimmt werden. Dies ist wiederum Voraussetzung für die Realisierung der oben angesprochenen Bündelungsvorteile.
- **Technologiemanagement:** Speziell die Zusammenarbeit zwischen Einkauf, Entwicklung und allen anderen technisch orientierten Bedarfsträgern lässt sich über die Warengruppenstrategie bündeln. Dabei ist das Technologiemanagement ein geeigneter Rahmen, innerhalb dessen die Warengruppenstrategien mit den technischen Anforderungen abgestimmt werden können.

  Konkret können Standardisierungsprojekte oder Wertanalyseprojekte bei Zukaufteilen beschlossen und durchgeführt werden. Diese Aktivitäten haben regelmäßig einen unmittelbaren Marktbezug, wenn beispielsweise Lieferanten im Projekt mitarbeiten sollen oder das Projekt zur Reduzierung der Lieferantenmacht dienen soll.

Formulierung von Warengruppenstrategien

Zur Formulierung der Warengruppenstrategien wird bei der Schreiner Group die Steckbrief-Methode verwendet (zur Steckbrief-Methode im Detail vgl. Heß 2017, S. 95). Hierbei wird jede Warengruppenstrategie und die dazugehörigen Analysen in einem strukturierten Warengruppensteckbrief dokumentiert. Der Steckbrief dient gleichzeitig auch als Leitfaden zur Strategieentwicklung, da mit dem Ausfüllen des Steckbriefes die strategischen Analysen, deren Interpretationen und die Strategie selbst entwickelt werden. Die einheitliche Vorgehensweise vereinfacht die Kommunikation mit den Fachabteilungen, da alle Einkäufer ihre jeweilige Warengruppe mit der gleichen Systematik vorstellen. Ferner unterstützt die Steckbriefmethode Einkäufer mit eingeschränkter Erfahrung bei der Strategieformulierung. Darüber hinaus ist die transparente leicht nachvollziehbare Dokumentation der Strategie eine unabdingbare Voraussetzung für die nachhaltige Strategieumsetzung. Lernprozesse werden damit vereinfacht.

Der Aufbau der Warengruppenstrategie orientiert sich an den Schritten zur Ableitung der Warengruppenstrategie und diese wiederum an der Modulstruktur der 15M-Architektur im Strategiebaustein Marktstrategien:

N05 Supply Markt analysieren und segmentieren Im ersten Schritt werden die aktuelle Situation und Entwicklungen im Beschaffungsmarkt analysiert. Soweit erforderlich, muss der Beschaffungsmarkt segmentiert werden. Marktrisiken sind zu identifizieren. Ziel dieses Schrittes ist eine umfassende Markttransparenz.

N06 Supply-Marktziele festlegen Die Wertbeitragsziele und Strategietreiber werden – soweit sie relevant sind – auf die Warengruppe heruntergebrochen. Darüber hinaus sollten die marktspezifischen Anforderungen der relevanten Stakeholder erfasst und marktspezifische Strategietreiber definiert werden.

N07 Gestaltungsfelder analysieren Im nächsten Schritt ist die internen Situation mit dem Ziel zu analysieren, Verbesserungspotenziale zu identifizieren. Häufig wird auch von der Hebelanalyse gesprochen. Um systematisch vorzugehen wird in der 15M-Architektur eine umfassende strukturierte Checkliste der strategischen Hebel angeboten. Diese sollte für jeden Markt durchdekliniert werden. In diesem Zusammenhang wird auch das aktuelle Lieferantenportfolio betrachtet.

N08 Supply Marktstrategie formulieren Aus den Verbesserungsideen, die im vorausgehenden Schritt identifiziert wurden, werden die strategischen Stoßrichtungen der Warengruppenstrategie abgeleitet. Bei der Auswahl sind das Erfolgspotenzial sowie die Stimmigkeit mit den Unternehmens- und Wettbewerbsstrategien ausschlaggebend. Die strategischen Stoßrichtungen sind mit strategischen Projekten zu konkretisieren.

Das Template zum Steckbrief sollte firmenspezifisch angepasst werden. Hierbei ist die Strategiekompetenz und -erfahrung der Einkäufer zu berücksichtigen. Anfänglich sollte der Steckbrief sehr einfach aufgebaut sein und eventuell nur eine kleine Auswahl von Hebeln zur Analyse vorgeben. Auf anspruchsvolle Methoden, wie beispielsweise ein Cost Breakdown, sollte anfangs verzichtet werden. Mit wachsender Kompetenz der Einkäufer kann der Steckbrief anspruchsvoller – und natürlich auch aussagekräftiger – gestaltet werden.

Am Beispiel der Warengruppenstrategie für gummierte Folien soll der Aufbau des Steckbriefs bei der Schreiner Group vorgestellt werden. Anschließend werden einige Erfahrungen der Schreiner Group beim Arbeiten mit Warengruppenstrategien zusammengefasst. Prozesse zur Steuerung der Warengruppenstrategien sowie die Frage der Zusammenarbeit mit den Fachabteilungen werden in Kap. 5 diskutiert.

Markt analysieren und segmentieren N05
Im ersten Schritt wird der Beschaffungsmarkt analysiert und segmentiert. Dies erfolgt mit drei Folien:

- **Markt und Marktumfeld** (Abb. 4.5): Zunächst werden grundlegende Fragestellungen zum Beschaffungsmarkt betrachtet. Muss der Beschaffungsmarkt segmentiert werden, da in unterschiedlichen Marktsegmenten unterschiedliche strategische Vorgehensweisen erforderlich sind? Gummierte Folien können nach Kundenbranchen und nach Anwendungsbereichen strukturiert werden. Dahinterliegend ist eine zweidimensionale strategische Segmentierung nach Volumen und technologischem Anspruch. Dabei verhalten sich die beiden Dimensionen gegenläufig: Je höher das Volumen desto geringer der technologische Anspruch und umgekehrt. So ergibt sich eine einfache Segmentierung in „Basics" (= Markt für einfache Basismaterialien) und „Specialties" (= Markt für technologisch anspruchsvolle Spezialfolien). Anschließend

Kriterien	Analyse
Marktsegmente	Bereiche: Grafik, Verpackungen, Etiketten, technische Etiketten Märkte: Home Care, Personal Care, Food, Pharma, Automotive (links nach rechts: Volumen von hoch nach niedrig; Technischer Anspruch von niedrig zu hoch)
Struktur / Machtverhältnisse	Heterogener Anbietermarkt (teilw. Konzernsparten), uns bekannt ca. 10+X Lieferanten. Vermutlich viele Anbieter im asiatischen Raum, die wir heute nicht berücksichtigen (Gründe: Qualität, Labor-möglichkeiten, rechtliche Anforderungen wie REACh und MSDS, etc.). Beobachtung: Akquisetätigkeit Avery kauft Hanita und MacTac. Vermutung: Konzentration der Machtverhältnisse auf wenige große Lieferanten
Volumen / Entwicklung	Volumen steigen insgesamt, aber deutlich verhaltener als bei Rohfolien (ungummierten) Herstellern. Spezialisten sehen derzeit optimistischer in die Zukunft.
Technologische Trends	Spezialitäten (chemische Anforderungen, Kleber), Kostenoptimierung = dünnere/s Obermaterial und Liner und weniger Klebstoffauftragsgewicht ohne Performanceverlust Beobachtung: Erweiterung des Digitaldruckportfolios und migrationsarme Produkte
Politische und rechtliche Trends	REACh Zunehmend strengere, gesetzliche Vorgaben (Lebensmittel, Pharma, ...), z.B. Migrationswerte Verwendung/ Notwendigkeit von Lösemittelklebstoffen
Sonstige	Grundsätzliche Entwicklungen zum Erdöl

Abb. 4.5 Beschaffungsmarktanalyse: Markt und Marktumfeld für gummierte Folien. (© Schreiner Group GmbH & Co. KG, Oberschleißheim)

werden die Marktstrukturen inklusive der Machverhältnisse im Markt untersucht. Weitere Fragestellungen beziehen sich auf das Marktvolumen, auf die Marktentwicklung sowie auf technologische, politische und rechtliche Trends im Markt.

- **Angebot und Lieferanten** (Abb. 4.6): Hier erfolgt eine Übersicht über potenzielle Lieferanten im Markt, die teils kommentiert wird. Die Kapazitätssituation und -entwicklung, die Preisentwicklung sowie die Möglichkeit von Markteintritten sind weitere Themen, die betrachtet werden.
- **Nachfrage und Abnehmer** (Abb. 4.7): Auf dieser Seite werden die Abnehmerbranchen mit ihren Entwicklungen, die Bedarfssituation und -entwicklung im Markt und bei der Schreiner Group sowie die Frage nach Substituten analysiert.

Über die Felder „Sonstige" können weitere wichtige Informationen berücksichtigt werden. Ferner ist es möglich Zusatzfolien im Foliensatz einzufügen, um Hintergrundinformationen aufzuzeigen.

Abschließend wird mit dem weit verbreiteten **Einkaufsportfolio von Kraljic** (vgl. Abb. 4.8) die Position des Beschaffungsmarktes im Portfolio der Schreiner Group verankert.[6] Hierzu wird die strategische Bedeutung der Warengruppe und mit einer Scoringtabelle die Versorgungskomplexität beurteilt. Für gummierte Folien sind beide

---

[6]Nähere Informationen zum Einkaufsportfolio finden sich in Heß (2010, S. 151 ff.), sowie Heß (2017, S. 74 ff.).

Kriterien	Analyse		
Lieferantenübersicht (Markt)	- 3M - Avery - Ritrama - Flexcon		- UPM Raflatac - VPF - HERMA - Lintec (Ausbau in Europa geplant)
Kapazität (Situation, Auslastung, Entwicklung)	Hohe Auslastung bei unseren Serienlieferanten. Wiederbeschaffungszeiten sind in den letzten Jahren relativ konstant. Entwicklung Produktionskapazitäten: relativ stabile Kapazitäten, eher Ausbau von Kapazitäten (Avery neuer Vertrauliche Daten		
Preis: Entwicklung und Elastizitäten	Vertrauliche Daten Preis wird vermutlich getrieben durch Rohstoffe (Anteil 60%-70%), Nachfrage und Produktart (Standard vs. Sonderanfertigung)		
Markteintritt neuer Lieferanten	> 7 Mio. Euro. Uns sind keine neuen wesentlichen Anbieter seit 2004 im Markt bekannt. Kleine Anbieter haben Vorteile gegenüber Massenanbietern.		
Kritische Zuliefermärkte	Teilweise Verschiebungen im Markt je nach Nachfrage Europa <-> Asien		
Sonstige	Globalisierung unserer Zulieferer nimmt zu	Vertrauliche Daten	

Abb. 4.6 Beschaffungsmarktanalyse: Angebot und Lieferanten für gummierte Folien. (© Schreiner Group GmbH & Co. KG, Oberschleißheim)

Kriterien	Analyse
Abnehmer und – Branche	Andere Druckereien und Etikettenhersteller, Zusammenschluss verschiedener Etikettenhersteller: CCL kauft Wölco, Fusion von RAKO, X-Label und Baumgarten zur All4Labelsgroup, Aber: einige Lieferanten sind auch in völlig anderen Segmenten tätig: Pharmazie, Kosmetik, Automotive, Food and Beverage, Health- und Personalcare, Homecare, Sicherheitsanwendungen, Logistik Verschiebung im Produktportfolio bei Konkurrenten CCL kauft Innovia
Bedarf und Bedarfsdeckung	Vertrauliche Daten gesteigerter Bedarf kann jedoch vom Markt abgefangen werden
Bedarfsentwicklung	Vertrauliche Daten Markt: ca. 2-5% Mengensteigerung pro Jahr
Substitute	- Lieferanten untereinander: Vertrauliche Daten - Polymere teilweise untereinander, abhängig von Anforderung - Papier - Folie je nach Anwendung
Sonstige	Reduzierung des Bedarfes durch Effizienzsteigerungen (z.B. Needletrap, Digitaldruck)

Abb. 4.7 Beschaffungsmarktanalyse: Nachfrage und Abnehmer für gummierte Folien. (© Schreiner Group GmbH & Co. KG, Oberschleißheim)

Dimensionen des Portfolios hoch, sodass gummierte Folien dem Quadranten „Partnerschaft entwickeln" zugeordnet werden. Diese Einordnung sollte unten mit der Hebelanalyse validiert werden.

Supply-Marktziele festlegen N06

Im zweiten Schritt werden die **Zielsetzungen der Warengruppenstrategie** formuliert. Diese sollten durchgängig aus den Zielen der Rahmenstrategie (Modul N01) abgeleitet

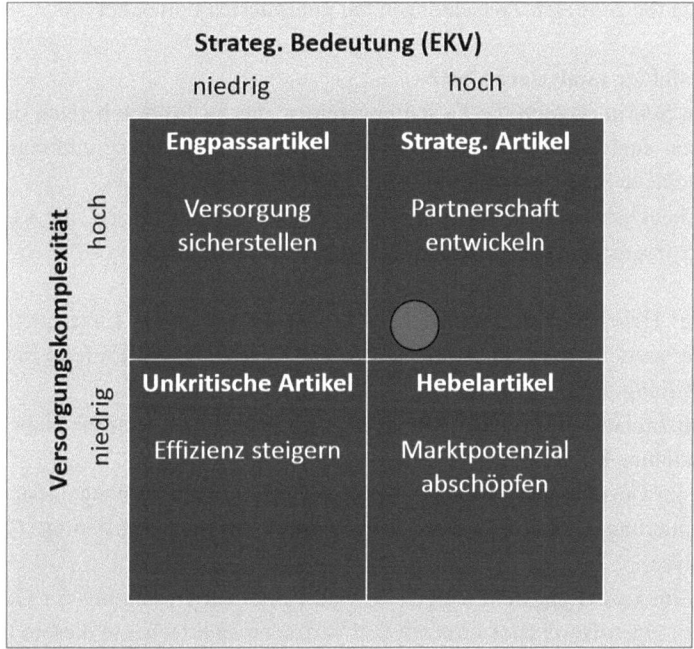

Abb. 4.8 Beschaffungsmarktanalyse: Positionierung gummierte Folien im Einkaufsportfolio (vgl. Kraljic 1985)

werden. Bei der Schreiner Group fällt der große Deckungsgrad der Ziele der Rahmen-strategie mit den Zielen in den Warengruppenstrategien auf. Folgende Ziele sind durch-gängig, d. h. die Kennzahl der Rahmenstrategie wird in die Warengruppenstrategien kaskadiert:

- Preisentwicklung
- Anzahl der Lieferanten und Anzahl Lieferanten für 80 % des Einkaufsvolumens
- Rahmenvertragsquote
- Termintreue
- Mengentreue
- Reklamationsquote
- Standardisierungsgrad indirekt über die Messgröße Anzahl Teile und Anzahl Teile für 80 % des Einkaufsvolumens

Weitere Kennzahlen in den Warengruppenstrategien sind:

- Einkaufsvolumen
- Wiederbeschaffungszeit
- Interne Fehlerkosten durch Reklamation
- Bestand

Abb. 4.9 hebt die zentralen Zielsetzungen bei gummierten Folien hervor.

Gestaltungsfelder analysieren N07
Im nächsten Schritt werden die Gestaltungsfelder, die im Einflussbereich der Schreiner Group stehen, analysiert. Dazu wird von der 15M-Architektur eine umfangreiche strukturierte Checkliste bereitgestellt (Vgl. Abb. 4.10; Heß 2017, S. 104).

In der Checkliste werden sechs Gestaltungsfelder unterschieden, die sich an einem einfachen Prozessschema orientieren:

- **Sourcing:** Hebel im Gestaltungsfeld Sourcing setzen an den Lieferquellen an, z. B. wettbewerbsorientierte oder partnerschaftliche Gestaltung der Lieferbeziehung, regionale Verteilung der Lieferanten.
- **Demand:** Im Gestaltungsfeld Demand werden nachfrageorientierte Hebel wie Nachfragebündelung betrachtet.
- **Objekt:** Im Gestaltungsfeld Objekt werden alle Hebel zusammengefasst, die sich mit der Optimierung der Leistung beschäftigen, wie z. B. Standardisierung, Entfeinerung, Wertanalyse.
- **Entgelt:** Im Gestaltungsfeld Entgelt werden Hebel zur Gestaltung der Gegenleistung analysiert. Open-Book oder Laufzeit von Verträgen sind Hebel in diesem Gestaltungsfeld.

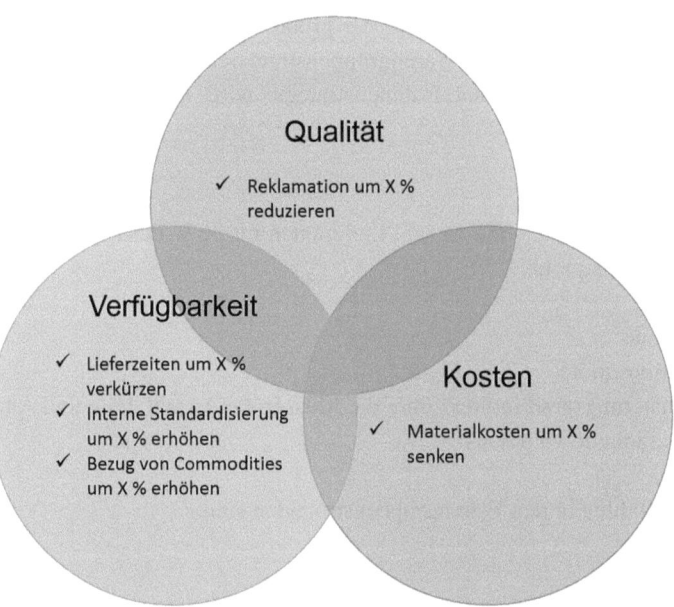

Abb. 4.9 Analyse Warengruppen: Bedeutende Ziele im Markt für gummierte Folien

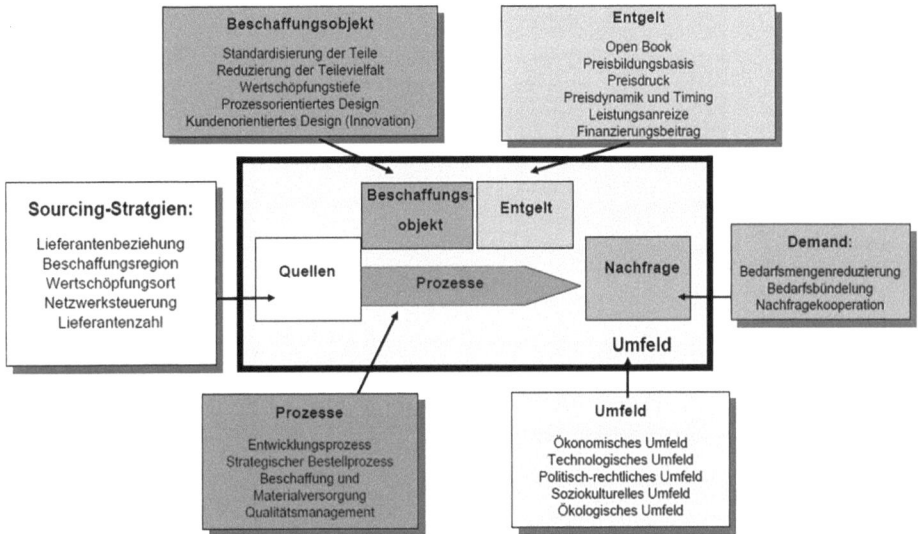

Abb. 4.10 Überblick über Gestaltungsfelder und Hebel einer Marktstrategie. (Quelle: Heß 2017, S. 104; © Institut für Beschaffungsstrategie Prof. Dr. Gerhard Heß)

- **Prozesse:** Im Gestaltungsfeld Prozesse wird geprüft, ob Optimierung an den warengruppenspezifischen Prozessen möglich sind, z. B. die Überlegung eine elektronische Ausschreibung oder eine Auktion durchzuführen.
- **Umfeld:** Im Gestaltungsfeld Umfeld werden Hebel zur Beeinflussung des Umfeldes betrachtet. Beispielsweise kann versucht werden, Übergangsfristen einer neuen Umweltgesetzgebung zu verlängern, um die Versorgung mit Rohstoffen in der Warengruppe zu sichern.

Bei der Schreiner Group werden – wie von der 15M-Architektur empfohlen wird – die Gestaltungsfelder und die darin liegenden Hebel der Reihe nach analysiert (vgl. Abb. 4.11, 4.12 und 4.13). Es wird zunächst die Relevanz eines Hebels geprüft und die aktuelle Beschaffungssituation zum Hebel dokumentiert. Anschließend werden die strategische Ausrichtung sowie die strategischen Handlungsoptionen (brainstorminghaft) identifiziert und dokumentiert. Dabei werden wesentliche Risiken zur aktuellen Situation sowie zu den Handlungsoptionen identifiziert und beurteilt. Die Aussagen zur Strategie und insbesondere zu den strategischen Handlungsmöglichkeiten sind als systematische Ideensammlung zu verstehen. Die Entscheidung zu den strategischen Stoßrichtungen erfolgt im nächsten Schritt (Modul N08).

Für die Gummierte-Folien-Strategie der Schreiner Group ergeben sich beispielsweise folgende Betrachtungen. Aus Vertraulichkeitsgesichtspunkten sind die folgenden Aussagen selektiv und etwas verallgemeinert. Insbesondere können natürlich keine Aussagen mit Lieferantenbezug veröffentlicht werden:

	Analyse	Strategie	Maßnahmen
Teile / Beschaffungs-objekt	**Allgemein:** Performance des Materialportfolios der wichtigsten Lieferanten der SGR ist vergleichbar. Unterschiede gibt es in der Ausrichtung der Lieferanten (Commodity vs. Customized) sowie bei Menge und Entwicklungsbereitschaft **Auswahl des Materials:** - Vertrieb (**Pull**), definiert den Standard - F+E (**Push**), wir brauchen das Material, weil das ist besser als X. Keine Unterscheidung zw. Standard und Spezialität → fehlender Konsolidierungsgedanke → persönl. Interessenvertretung **Verwaltung der Materialien:** - dezentral: Know-How ist verteilt (F&E, PPE, Einkauf). **Risiko:** - geringes proaktives Risikomanagement: REACh, Abkündigung, Mengen	**Allgemein:** Qualifizierung von Standardmaterialien oder Materialien aus Standardkomponenten um Kostenvorteile, Logistikvorteile zu haben **Anforderungen:** - Materialauswahl gemäß Warengruppen und Lieferantenstrategie **Auswahl des Materials:** - Der Einkauf wählt unter Berücksichtigung aller internen Kunden das Material aus **Verwaltung der Materialien:** - Das Material-Know-How ist zentral und öffentlich aufbereitet. **Risiko:** - Umsetzung Second Source für ausgewählte Materialien und Implementierung „Second Source bei jedem Neuprojekt	**Allgemein:** interne Standards definieren und mit externen Commodities abgleichen **Auswahl des Materials:** - Transparente und nachvollziehbare Entscheidungsvorlage auf Basis Lastenheft - Standardisierung als Projekt vorantreiben - Auswahl der Materialien gem. PEP **Verwaltung der Materialien:** - Groupweit gültige Materialdatenbank aufbauen **Risiko:** - Rollierendes Risikomanagement aufbauen → Second Source Materialien Qualifizierung gemäß EK-Strategie-Projekt

Abb. 4.11 Gestaltungsfelder der Warengruppenstrategie gummierte Folien Teil 1. (Ausführung © Schreiner Group GmbH & Co. KG, Oberschleißheim, Methodik; © Institut für Beschaffungs-strategie Prof. Dr. Gerhard Heß)

	Analyse	Strategie	Maßnahmen
Sourcing-Strategien	**Lieferantenzahl:** - 8	**Lieferantenzahl:** - Definierte Standards und vertragliche Rahmenbedingungen schaffen eine Homogenität zwischen den Standard-Lieferanten	**Lieferantenzahl:** - Lieferantenpyramide: Definition von Bedingungen, die ein Lieferant für ein Segment erfüllen muss, d.h. Schreiner Standard definieren. - Standardverträge mit allen Lieferanten abschließen
	Lieferantenbeziehung: - Geprägt von persönlichen Präferenzen (Vertrauen, Misstrauen)	**Lieferantenbeziehung:** - Professioneller und attraktiver Kunde	**Lieferantenbeziehung:** - Kommunikationspartner bei der SGR und beim Lieferanten einhalten
	Volumenverteilung - Ungleich - Undefiniert	**Volumenverteilung** - Intelligente Volumenverteilung und der Aufbau einer 2nd Source machen uns unabhängiger	**Volumenverteilung** - Konzept der Umsetzung für 2nd-Source erstellen → IT-Anforderungen prüfen
	Beschaffungsregion: - Europa überwiegend - USA z.T. - China	**Beschaffungsregion:** - Preis, Qualität und Verfügbarkeit zeichnen den Standard aus, - USA, Europa, China	**Beschaffungsregion:** - Recherche China Ende 2017 aufgrund Standorteröffnung neu aufsetzen
	Netzwerksteuerung: - Derzeit wird die SC von uns nicht gesteuert	**Netzwerksteuerung:** - Derzeit nicht relevant	**Netzwerksteuerung:** Vertrag - Vertragliche Absicherung von Materialverfügbarkeiten

Abb. 4.12 Gestaltungsfelder der Warengruppenstrategie gummierte Folien Teil 2 Ausführung. (© Schreiner Group & GmbH Co. KG, Oberschleißheim, Methodik; © Institut für Beschaffungs-strategie Prof. Dr. Gerhard Heß)

- **Objekt:** Die Standardisierung von gummierten Folien soll intensiv fortgesetzt wer-den. Insbesondere sollen für Komponenten wie Kleber oder Obermaterial Vorzugs-materialien definiert werden. Dadurch werden erhebliche Kosten- und Logistikvorteile

	Analyse	Strategie	Maßnahmen
Nachfrage	- Mischung aus extrapolativer und absatzorientierter Planung - Vergangenheit wird in die Zukunft projiziert - (Un)-verbindliche Abnahmeprognosen mit Schwankungen im tatsächlichen Bedarf	- Flexibilität durch offene Rahmen und Lagerverträge Weitblick: SAP	- Systematik definieren
Entgelt	- Fehlende Transparenz in der Preisbildung / Preisstruktur - Fehlende wirtschaftliche Betrachtung - Beteiligung der Lieferanten am Wachstum der SGR - Preisreduzierung i.d.R. nur mit Volumenzusicherung und Umsatzwachstum	Standards - TCO stärkt unsere langfristige Kostenposition	- Preisstrukturanalyse, u.a. LPP, Cost-Break-Down, Preisindizes, Währung, Rüstkosten - Non-Konformitätskosten betrachten - Einkaufskooperation

	Analyse	Strategie	Maßnahmen

Umfeld	- Durch überwiegendes Sourcing in Europa,
	  - Ökonomisch stabil
	  - Technologisch gut
	  - Politisch-rechtlich stabil
	  - Kulturell keine großen Barrieren
	  - Ökologisch weitestgehend unproblematisch
		- Geschehnisse im Umfeld können wir richtig einschätzen	- Rollierendes Risikomanagement aufbauen, d.h. Risiken identifizieren, bewerten in ihrem Risiko und Einflussnahme auf die SGR

Prozesse	- Steuerung intern durch Autodispo, Fax und Email - Materialien mit/ohne Rahmenvertrag (Abrufaufträge) - Materialien mit/ohne Mindestlagerbestand - Kein JiT - Reaktiv (eher operativ anstatt strategisch)	- Das SCM ist fester Partner an unserer Seite - Zuverlässige und transparente Zahlenwerke im Einkauf -SAP-Einführung unterstützen	- Schnittstellen identifizieren - Ziele definieren - Zahlen definieren

Abb. 4.13 Gestaltungsfelder der Warengruppenstrategie gummierte Folien Teil 3. (Ausführung © Schreiner Group GmbH & Co. KG, Oberschleißheim, Methodik; © Institut für Beschaffungsstrategie Prof. Dr. Gerhard Heß)

erwartet. Gemäß PEP soll der Einkauf das Material in Abstimmung mit den internen Kunden auswählen. Um das Material-Know-how intern transparent zu halten soll eine Materialdatenbank aufgebaut werden. Bei neuen Materialien soll in der Regel eine Second-Source qualifiziert werden.

- **Sourcing:** Es wird das Lieferantenportfolio charakterisiert. Mit ausgewählten Lieferanten soll entsprechend der in Abschn. 4.4 beschriebenen Lieferantenklassifizierung die Lieferbeziehung intensiviert werden. Hierzu sind Absicherungen, z. B. mit Rahmenverträgen, Voraussetzung. Mit allen Lieferanten sind die grundlegenden Standardverträge abzuschließen. Großer Wert wird auf eine intensive Kommunikation zwischen den definierten Ansprechpartnern beim Lieferanten und bei der Schreiner Group gelegt. Für das Werk in China sollen lokale Lieferanten entwickelt werden.
- **Nachfrage:** Trotz intensiver Bemühungen ist die Bedarfsvorausschau stets mit großer Unsicherheit verbunden. Insofern soll die erforderliche Flexibilität mit offenen Rahmenverträgen und Lagerverträgen angestrebt werden. Mit der oben angesprochenen Definition von Vorzugsmaterialien werden die Voraussetzungen hierfür geschaffen.
- **Entgelt:** Ziel sind umfangreiche Total-Cost-Betrachtungen und Analysen. Insbesondere sollen verschiedene Methoden einer Preisstrukturanalyse entwickelt werden.
- **Umfeld:** Es soll ein Konzept zur Absicherung von Risiken in der Supply Chain erarbeitet werden.
- **Prozesse:** Es sollen die SCM-orientierten Schnittstellen identifiziert und optimiert werden.

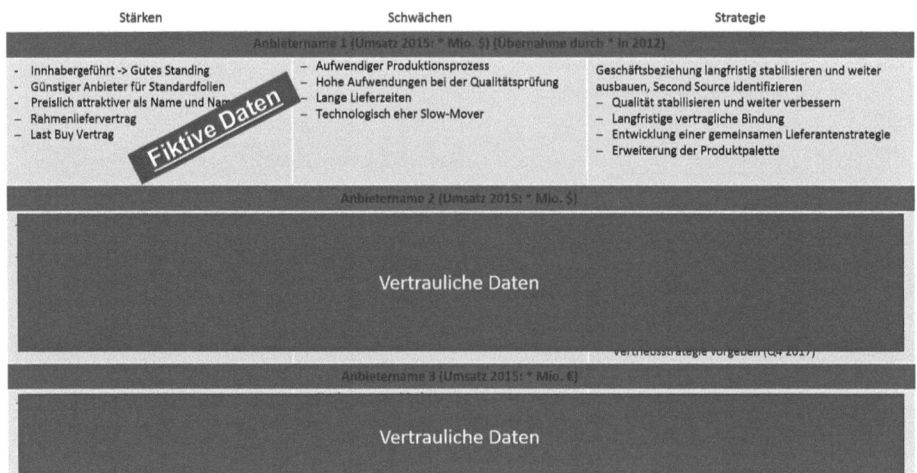

Abb. 4.14 Lieferantenstrategien in der Warengruppe gummierte Folien. (Ausführung © Schreiner Group GmbH & Co. KG, Oberschleißheim, Methodik; © Institut für Beschaffungsstrategie Prof. Dr. Gerhard Heß)

Neben den Gestaltungsfeldern werden die Lieferanten im Lieferantenportfolio analysiert. Zu jedem Lieferanten werden die wesentlichen Stärken und Schwächen identifiziert und die mit dem Lieferanten geplante Vorgehensweise definiert. Aus Vertraulichkeits- gesichtspunkten findet sich zur Analyse der Lieferantenstrategien nur eine schematische Abbildung (Abb. 4.14). Die Angaben zum ersten Lieferanten sind auch völlig fiktiv und charakterisieren nur den Inhalt einer Lieferantenstrategie. Die Analyse erfolgt für alle wesentlichen Lieferanten und zieht sich über mehrere Seiten hin. Darüber hinaus wird die Lieferantenklassifizierung der Lieferanten in der Lieferantenstrategie festgelegt. Im Rahmen der internen Analyse wird für die beiden Marktsegmente (Basics und Speci- alties) jeweils die aktuelle Situation bei der Lieferantenklassifizierung abgebildet (vgl. Abb. 4.15 für das Segment Basics). Zu jeder Klasse sind die Namen der Lieferanten zugeordnet. Diese sind aus Vertraulichkeitsgesichtspunkten verdeckt. Die Systematik der Lieferantenklassifizierung wird im folgenden Abschn. 4.4 beschrieben.

Supply-Marktstrategie formulieren N08
Im letzten Schritt wird die Warengruppenstrategie in Form von strategischen Stoßrich- tungen definiert. Bei gummierten Folien werden sechs strategische Stoßrichtungen ver- folgt (Vgl. Abb. 4.16 mit den ersten drei strategischen Stoßrichtungen):

- **Lieferantenportfolio fortentwickeln:** Im Lieferantenportfolio für gummierte Folien soll das Konzept der Lieferantenklassifizierung umgesetzt werden. Ferner sollen neue Lieferanten, insbesondere zur Realisierung der Second-Source-Strategie, qualifiziert werden.

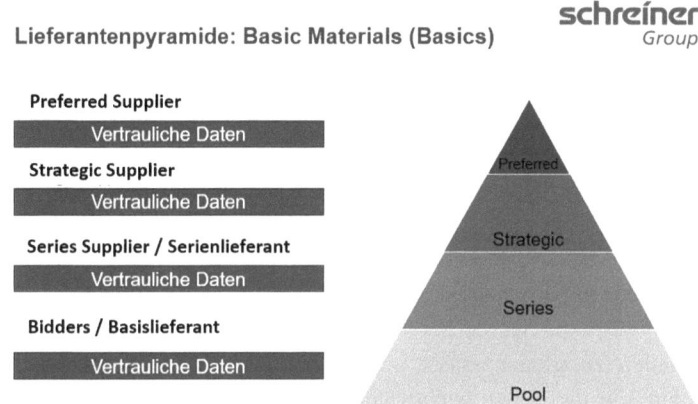

Abb. 4.15 Lieferantenklassifizierung in der Warengruppe gummierte Folien: aktuelle Situation. (© Schreiner Group GmbH Co. KG, Oberschleißheim)

Nummer	Strategische Stoßrichtungen und Aufgaben	Termin
1	Lieferantenportfolio fortentwickeln	
1.1	Preferred Supplier Programm umsetzen und kommunizieren.	31.06.2018
1.2		31.12.2018
1.3		31.12.2018
1.4	Vertrauliche Daten	31.12.2018
1.5		31.12.2018
1.6		31.06.2018
2	Vertragssituation bereinigen	
2.1	Vertrauliche Daten	Q3 2018
2.2	QSV bei den TOP-5 Lieferanten abschließen bzw. aktualisieren.	Q3 2018
2.3	Last-Buy bei den TOP-5 Lieferanten abschließen bzw. aktualisieren.	Q3 2018
3	Produktdefinitionsprozesse überarbeiten/ definieren	
3.1	Spezifikationssituation der 16 u. 17 Mat. der TOP-5 Lieferanten überprüfen, ggf. Spezifikation aktualisieren.	31.12.2018
3.2	Lastenhefttemplate überarbeiten/definieren.	Q2 2018
3.3	Spezifikationstemplate (analog Lastenheft) überarbeiten / definieren.	

Abb. 4.16 Strategische Stoßrichtungen in der Warengruppe gummierte Folien (Auswahl). (© Schreiner Group GmbH & Co. KG, Oberschleißheim)

- **Vertragssituation bereinigen:** Mit Nachdruck sollen die erforderlichen Standardverträge bei allen Top-Lieferanten angestrebt werden.
- **Produktdefinitionsprozess überarbeiten/definieren:** Insbesondere sollen die Templates für das Lastenheft und für die Spezifikation überarbeitet bzw. neu definiert werden.
- **Materialstandardisierung und Bedarfsbündelung vorantreiben:** Z. B. Eliminierung von Materialien mit kleinen Bedarfsmengen

- **Kostenposition verbessern:** Z. B. sollen zwei Materialien im Projekt gezielte Materialumstellung bearbeitet werden.
- **Marktentwicklung analysieren:** Risikoaspekte im Markt transparent machen.

Die einzelnen Projekte werden mit Arbeitspaketen konkretisiert. Darüber hinaus erfolgt ein Maßnahmentracking zu den Maßnahmen der Warengruppe, das in Kap. 5 besprochen wird.

Steuerung der Warengruppenstrategien bei der Schreiner Group
Die Warengruppenstruktur wurde bereits in 2011/2012 aufgebaut. Warengruppen werden marktorientiert zusammengefasst, sodass letztlich 21 strategisch relevante Märkte definiert werden. Für die sieben wichtigsten Märkte wird eine Strategie entwickelt. Für die drei zentralen Warengruppen (Folien, Stanzen, Farben) wird im Jahr 2013 mit der Strategieformulierung begonnen. Die sieben Warengruppenstrategien werden bis 2015 formuliert. Für weitere zehn Märkte soll zumindest eine Warengruppenanalyse durchgeführt werden. Ab 2016 werden die Warengruppenstrategien abteilungsübergreifend im Technologiemanagement besprochen.

Für Warengruppen des indirekten Einkaufs erscheint diese Vorgehensweise als zu aufwendig, da viele teils sehr heterogene Märkte und Marktsegmente gesteuert werden müssen. So werden in 2017 für wichtige indirekte Materialgruppen Kurzsteckbriefe mit nur einer Seite eingeführt. Diese orientieren sich an der gleichen Template-Systematik, konzentrieren sich aber auf wenige Kernaussagen.

Die Steuerung der Warengruppenstrategien erfolgt sehr intensiv, zeitweise in einem zweiwöchigen Meeting der strategischen Einkäufer. Der Steuerungsprozess wird unten in Abschn. 5.3 detailliert beschrieben.

4.4   Lieferantenstrategien: Konzept am Beispiel Schreiner Group

„Die Lieferantenstrategie beschreibt die Strategie eines Unternehmens gegenüber einem Lieferanten. Abstrakt formuliert zielt die Lieferantenstrategie darauf ab, den Wertbeitrag des Unternehmens aus der Lieferantenbeziehung zu maximieren." (Heß 2017, S. 130, leicht modifiziert).

Nutzen der Lieferantenstrategie
Mit der Lieferantenstrategie können folgende Zielsetzungen angestrebt werden (Heß 2017, S. 130):

- **Schwächen des Lieferanten beheben:** Im Rahmen der Lieferantenstrategie soll die Leistungsfähigkeit des Lieferanten im Sinne des Unternehmens verbessert werden. Es sollen Schwächen des Lieferanten identifiziert und anschließend behoben werden.

- **Leistungspotenziale des Lieferanten entwickeln:** Es sollen Leistungspotenziale für das Unternehmen genutzt und mögliche Leistungsrisiken des Lieferanten beseitigt werden.
- **Gemeinsam strategische Projekte durchführen:** Es sollen strategische Projekte der Rahmen- und der Marktstrategie gemeinsam mit dem Lieferanten durchgeführt werden. Das kann sich beispielsweise auf gemeinsame Entwicklungsvorhaben oder auf die Erschließung einer Vertriebsregion beziehen.
- **Lieferantenbeziehung entwickeln:** Es soll die Beziehung und die Zusammenarbeit mit dem Lieferanten entwickelt werden, indem beispielsweise die Kommunikation intensiviert oder vertrauensvoller gestaltet wird. Im negativen Extremfall kann die Lieferantenbeziehung aber auch beendet werden, sodass der Prozess zum Ausphasen des Lieferanten gestaltet werden muss.
- **Lieferantenbeziehung abteilungsübergreifend steuern:** Die Lieferantenstrategie dient auch der Kommunikation zwischen den Abteilungen, die von den Leistungen des Lieferanten betroffen sind bzw. die zum Lieferanten Kontakt haben. Mit der Formulierung einer Lieferantenstrategie können die Interessen der betroffenen Abteilungen abgestimmt und dokumentiert werden.

Formulierung von Lieferantenstrategien

Zur Formulierung von Lieferantenstrategien sind in der 15M-Architektur drei Module vorgesehen:

N09 Lieferanten bewerten In diesem Modul wird die Leistung des Lieferanten möglichst abteilungsübergreifend bewertet. Die Lieferantenbewertung dient als Basis für die Lieferantenstrategie.

N10 Neue Lieferanten identifizieren, präsentieren und freigeben Ergibt sich aus der Warengruppenstrategie der Bedarf, einen neuen Lieferanten aufzubauen, muss dieser gesucht und freigegeben werden. In der oben dargestellten Warengruppenstrategie zu gummierten Folien bei der Schreiner Group bezieht sich eine strategische Stoßrichtung auf die Fortentwicklung des Lieferantenportfolios mit dem Ziel, Lieferanten in den beiden Segmenten zu identifizieren und aufzubauen. Die Lieferantenfreigabe ist auch für den in der Praxis verbreiteten Fall erforderlich, dass eine Fachabteilung einen neuen Lieferanten vorschlägt und der Einkauf die Eignung des Lieferanten zu überprüfen hat.

N11 Lieferanten klassifizieren, Lieferantenziele und -strategie formulieren Für die Top Lieferanten werden Ziele definiert und eine Strategie für die Zusammenarbeit mit dem Lieferanten entwickelt. In der Strategie sind die grundsätzliche Ausrichtung, die konkreten Ziele und die strategischen Projekte der zukünftigen Zusammenarbeit fixiert. Die Lieferantenklassifizierung kann als eine Vorstufe der Strategie verstanden werden. So können Lieferanten nach Inhalt und Intensität der Zusammenarbeit klassifiziert werden. Mit der Klassifizierung werden die grundlegenden Orientierungen der

Lieferantenstrategie festgelegt. Die Klassifizierung ist insbesondere für die Steuerung unterschiedlicher Formen von Lieferantenpartnerschaften hilfreich. Beispielsweise sind die grundlegenden Prozesse und Spielregeln der Zusammenarbeit mit einem „Preferred Supplier" in der Lieferantenklassifizierung klar fixiert.

Die Umsetzung der ersten beiden Konzepte bei der Schreiner Group wird nur knapp skizziert, da es sich um eine übliche weit verbreitete Vorgehensweise handelt. Hingegen soll das innovative Konzept der Lieferantenstrategie und der damit verbundenen Lieferantenklassifizierung ausführlich behandelt werden.

Lieferantenbewertung bei der Schreiner Group
Einmal jährlich wird die Leistung ausgewählter Lieferanten bewertet. Lieferanten werden beurteilt, wenn das Einkaufsvolumen im abgelaufenen Jahr über einem bestimmten Einkaufsvolumen lag, die Reklamationsquote einen Schwellwert überschreitet oder der Lieferant Funktionsmaterialien liefert. Jährlich werden die wichtigsten Lieferanten – nach definierten Kriterien – bewertet.

Die Bewertung setzt sich aus vier Hauptkriterien mit jeweils ein bis fünf Unterkriterien zusammen. In der Klammer ist die jeweilige Gewichtung angegeben:

- Qualität (30 %)
  - Reklamationsquote (70 %)
  - Vorhandensein ausgewählter Zertifikate (30 %)
- Logistik (30 %)
  - Termintreue (70 %)
  - Mengentreue (30 %)
- Kosten (20 %)
  - Bewertung in Abhängigkeit von der Materialpreisveränderung
- Zusammenarbeit (20 %)
  - Vertragssituation (20 %)
  - Angebotstransparenz (20 %)
  - Entwicklungszusammenarbeit (20 %)
  - Service, Spezifikationen, Sicherheitsdatenblätter, Inhaltsstoffmanagement (20 %)
  - Fehlerabstellprozesse (20 %)

Das Gesamtergebnis ergibt eine erste einfache Klassifizierung in A-, B- und C-Lieferanten

- A-Lieferanten >= 90 Punkte
- B Lieferanten <90 Punkte und >= 70 Punkte
- C-Lieferanten <70 Punkte

Die Bewertung wird vom Einkauf durchgeführt und dem Lieferanten mitgeteilt. Mit Preferred Suppliers und Strategic Suppliers wird die Bewertung durchgesprochen. Seitens der übrigen Lieferanten wird eine Stellungnahme erwartet, soweit die Bewertung unterhalb eines bestimmten Schwellwertes liegt.

Lieferantenfreigabe bei der Schreiner Group

Auch die Lieferantenfreigabe erfolgt sehr klassisch. Mit einer Lieferantenselbstauskunft muss der Lieferant wesentliche Informationen bereitstellen. Anschließend werden mit einer Checkliste einzelne Voraussetzungen einer Lieferantenfreigabe geprüft, wie z. B. eine positive Kreditwürdigkeitsauskunft oder das Vorliegen einer ISO 9001-Zertifizierung. Für Lieferanten mit potenziell kritischen Teilen wird ein Systemaudit durchgeführt. Über die Durchführung des Audits entscheidet die Leitung Qualitätsmanagement gemeinsam mit der Leitung Einkauf.

Nach erfolgreicher Freigabe erhält der Lieferant den Status Serienlieferant und wird in die Liste freigegebener Lieferanten aufgenommen.

Lieferantenklassifizierung und Lieferantenstrategie bei der Schreiner Group

Die (eher operative) Lieferantenentwicklung wurde bereits im Jahr 2014 mit Nachdruck aufgebaut. Im Rahmen eines Zertifizierungsaudits wurde bemängelt, dass in der Lieferantenbewertung identifizierte Probleme zu wenig intensiv nachverfolgt werden. Als Konsequenz wird ein Komitee zur Lieferantenentwicklung gebildet, das aus Einkäufern und den drei Lieferantenentwicklern besteht. Diese treffen sich wöchentlich für eine Stunde, um die Entwicklung kritischer Lieferanten abzusprechen. So wird jeder Lieferant mit einer C-Bewertung oder einer schwachen Qualitätsleistung in der Bewertung, jeder neue Lieferant und jeder Lieferant mit aktuellen Qualitätsproblemen besprochen. Soweit das Team einen Handlungsbedarf sieht, wird für den Lieferanten ein Lieferantenentwicklungsplan erstellt. Die Umsetzung des Plans wird im Team gesteuert. Mittlerweile ist das Arbeitsaufkommen im Team stark zurückgegangen, da das Qualitätsniveau der Lieferanten ganz erheblich gestiegen ist.

Parallel zu dieser Sofortmaßnahme wurde begonnen, eine strategische Lieferantenklassifizierung und damit verknüpft ein Konzept zur Lieferantenstrategie aufzubauen. In der strategischen Lieferantenklassifizierung werden Lieferanten nach Art und Intensität der Zusammenarbeit strukturiert. Dies erscheint sinnvoll, da nicht jedem Lieferanten die gleiche Aufmerksamkeit entgegengebracht werden kann. Insbesondere, wenn mit einzelnen Lieferanten partnerschaftlich zusammengearbeitet werden soll, können über die Lieferantenklassifizierung transparente Prozesse und verlässliche Spielregeln zu folgenden Fragen formuliert werden: Welche Vorteile und welche Pflichten sind mit einer Klasse verbunden? Welche Anforderungen sind seitens des Lieferanten zu erfüllen und welche Voraussetzungen sind im Unternehmen abzuklären? Wie wird die Zusammenarbeit gesteuert? Welche Form der Kommunikation ist vorgesehen? In der Klassifizierung können verschiedene Formen der Zusammenarbeit definiert werden, z. B. in Hinblick auf die Intensität der Zusammenarbeit, aber auch in Hinblick auf den Gegenstand der Partnerschaft.

Die Lieferantenklassifizierung schafft damit den Rahmen für Partnerschaftsstrategien: Es können Lieferanten frühzeitig in den Produktentstehungsprozess eingebunden werden und damit technisch optimierte oder besonders kostengünstige Materialien bereitstellen. Dazu müssen die Lieferanten die Anforderungen der Schreiner-Märkte und -Kunden verstehen. Partnerschaft kann aber auch auf Kostensenkung, Volumenbündelung oder eine dauerhafte Null-Fehler-Lieferung ausgerichtet sein.

Es soll zunächst die Klasseneinteilung bei der Schreiner Group vorgestellt werden (a). Damit die Lieferantenklassifizierung ihren Nutzen entfalten kann, muss der Prozess zur Auswahl von Lieferanten in den Klassen, in denen eine intensive Zusammenarbeit mit den Lieferanten angestrebt wird, sehr stringent ablaufen. Eine weit gestreute und nahezu willkürliche Vergabe des Status „Preferred Supplier" würde den Titel völlig entwerten und nutzlos machen. Insofern ist der Nominierungs- und Vergabeprozess bei der Schreiner Group sehr differenziert und soll ausführlich vorgestellt werden (b). Anschließend wird die Zusammenarbeit mit dem Preferred Supplier FLEXcon näher beschrieben, um das „Leben" einer Lieferantenstrategie zu veranschaulichen (c). Abschließend sollen die Vorteile der Zusammenarbeit für die Lieferanten und für die Schreiner Group zusammengefasst werden (d).

(a) Klasseneinteilung in der Lieferantenklassifizierung Bei der Schreiner Group werden in der Lieferantenklassifizierung vier Klassen unterschieden (vgl. Abb. 4.17).

- **Preferred Suppliers:** Preferred Suppliers sind Lieferanten, mit denen intensiv zusammengearbeitet wird, insbesondere in der Entwicklung. So wird der Status Preferred Supplier nur an Lieferanten von Produktionsmaterialien vergeben. Preferred Suppliers bekommen die Möglichkeit, sich bereits in frühen Phasen des Produktentstehungsprozesses einzubringen. Es besteht ein dauerhafter laufender Austausch zwischen den Entwicklungsabteilungen. In einem Jahres-Kick-off-Meeting werden Projektideen, Materialbedarf und Einkaufsvolumina abgeglichen. Gegenüber dem Lieferanten gibt es ein Commitment auf feste Umsätze, ggf. auch auf

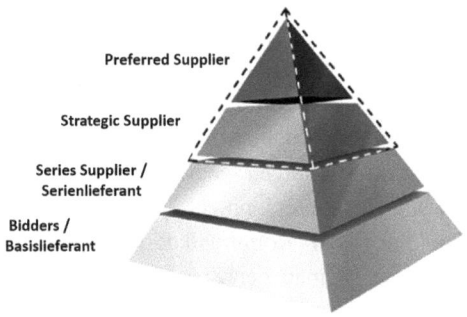

Abb. 4.17 Lieferantenpyramide bei der Schreiner Group. (© Schreiner Group GmbH & Co. KG, Oberschleißheim)

Umsatzwachstum. Basis einer solchen Zusammenarbeit ist eine intensive und vertrauensvolle Kommunikation auf allen Ebenen, insbesondere auch auf der Leitungsebene. Am Beispiel der Zusammenarbeit mit FLEXcon wird unten die Umsetzung einer Preferred Supplier-Strategie illustriert.

- **Strategic Suppliers:** Strategic Suppliers sind Lieferanten, mit denen ebenso – allerdings in schwächerer Form – partnerschaftlich zusammengearbeitet wird. Aufgrund ihrer Kompetenzen liefern Strategic Suppliers einen wesentlichen Beitrag zur Wertschöpfung. Strategic Suppliers kann es bei direkten wie auch indirekten Materialien geben. Sie werden in der Regel bei jeder Ausschreibung in der Materialgruppe beteiligt. Fallweise können sie bei Projekten in der Produkt- bzw. in der Prozessentwicklung einbezogen werden. Auch mit den Strategic Suppliers wird eine dauerhafte vertraglich abgesicherte Zusammenarbeit und vertrauensvolle Kommunikation gepflegt, deren Intensität allerdings deutlich geringer ist als bei einem Preferred Supplier.
- **Serienlieferanten bzw. Supplier:** Serienlieferanten haben den Zulassungsprozess durchlaufen und liefern stabil in die Serie. Analog erhalten auch wichtige und zuverlässige Lieferanten von Nicht-Produktionsmaterial die Klasse „Supplier". Sie werden bei ausgesuchten Ausschreibungen angefragt. Eine Einbeziehung in den Produktentstehungsprozess erfolgt nicht.
- **Basislieferanten bzw. Bidders:** Basislieferanten sind potenzielle Lieferanten, die fallweise angefragt werden. Bei Bedarf und Eignung können sie zugelassen werden. Eine Einbeziehung in den Produktentstehungsprozess ist nicht vorgesehen.

(b) Nominierungs- und Vergabeprozess Im Nominierungs- und Vergabeprozess wird einem Lieferanten eine Klasse der Lieferantenklassifizierung zugewiesen. Startpunkt des Prozesses ist die Materialgruppenstrategie. Durch den zuständigen Einkäufer wird das Lieferantenportfolio überprüft und ggf. ein Bedarf an Lieferanten mit einer entsprechenden Klasse identifiziert (Schritt 1 in Abb. 4.18) (ba). Beim Vorliegen eines Bedarfs prüft der zuständige Einkäufer potenzielle Kandidaten, inwieweit sie die Anforderungen für die angestrebte Klasse erfüllen (Schritt 2 bis 5 in Abb. 4.18) (bb). Für Preferred Suppliers und Strategic Suppliers präsentiert der zuständige Einkäufer seine Ergebnisse dem Leitungsteam im Einkauf, das über die Nominierung entscheidet und den Vorschlag an die Geschäftsführung weiterleitet. Nach Zustimmung durch die Geschäftsführung, die beispielsweise aus unternehmensstrategischen Überlegungen Einwände haben könnte, vollzieht der Einkaufsleiter die offizielle Vergabe des Status. Jährlich werden im Rahmen der Fortschreibung der Materialgruppenstrategie die Klassierung der Lieferanten überprüft. Auch der Statusverlust bzw. eine Rückstufung sind geregelt (bc).

(ba) Bedarf in der Warengruppenstrategie klären (Schritt 1 in Abb. 4.18) Die beiden hervorgehobenen Klassen „Preferred Supplier" und „Strategic Supplier" dürfen nur in bedeutsamen Warengruppen vergeben werden. Zur Strukturierung wird zunächst das

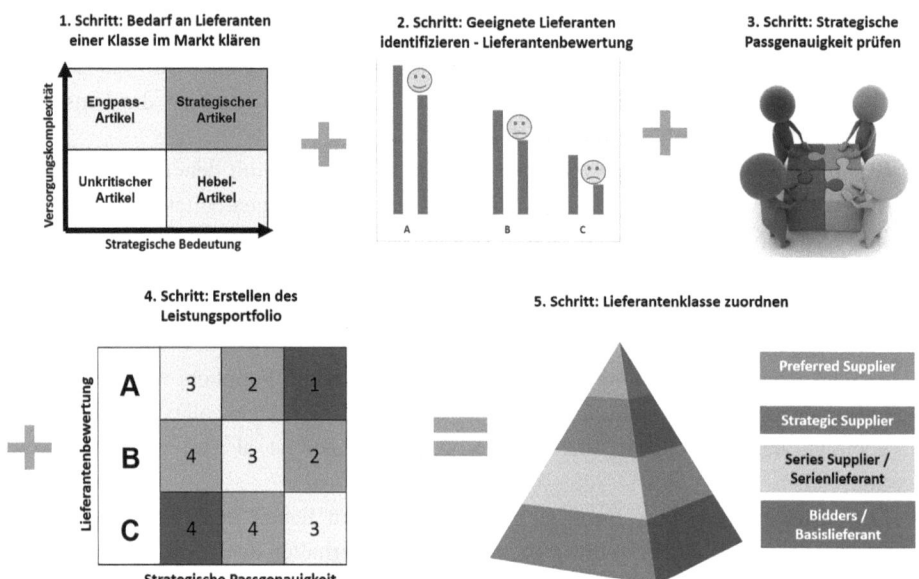

Abb. 4.18 Nominierungs- und Vergabeprozess in der Lieferantenklassifizierung. (© Schreiner Group GmbH & Co. KG, Oberschleißheim)

klassische Einkaufsportfolio verwendet. Dabei werden die Warengruppen nach strategischer Bedeutung und nach Versorgungskomplexität eingeteilt. Werden beide Dimensionen in hoch und niedrig strukturiert, ergeben sich vier Felder (vgl. auch Abb. 3.7).

Der Preferred Supplier-Status wird allein auf Warengruppen im Quadrant „Strategische Artikel" (hohe strategische Bedeutung und hohe Versorgungskomplexität) beschränkt. Strategic Supplier kann es in den Quadranten „Strategische Artikel", „Engpassartikel" und „Hebelartikel" geben. Warengruppen im Quadranten „Strategische Artikel" können Preferred Suppliers haben, müssen aber mindestens einen Strategic Supplier aufweisen.

Weitere warengruppenspezifische Anforderungen im Quadrant „Strategische Artikel" gelten für Preferred Suppliers und Strategic Suppliers gleichermaßen: Der potenzielle Kandidat muss mindestens einen definierten Anteil am Einkaufsvolumen in der Warengruppe aufweisen oder realistisch in einem Zeitraum von zwei Jahren erreichen können. Natürlich darf auch nicht geplant sein, in den nächsten zwei Jahren das Einkaufsvolumen des Lieferanten zu reduzieren. Weitere näher definierte Voraussetzungen sind für den Status des Preferred Supplier oder des Strategic Supplier zu beachten.

Die beiden anderen Klassen „Serienlieferant" und „Basislieferant" können in allen Feldern des Einkaufsportfolios vorkommen.

(bb) Anforderungen an den Lieferanten überprüfen (Abb. 4.18, Schritte 2 bis 5) Soweit ein Bedarf an einem neuen Preferred Supplier oder einem neuen Strategic

Supplier in der Warengruppe festgestellt wird, muss der zuständige Einkäufer prüfen, inwieweit die identifizierten Kandidaten die Anforderungen der jeweiligen Klasse erfüllen. Folgende Anforderungen sind zu prüfen:

- **Lieferantenbewertung:** Preferred Suppliers sollten in der Lieferantenbewertung mindestens seit zwei Jahren A-Lieferant sein. Analog sollten Strategic Suppliers bei strategischen Artikeln seit zwei Jahren mindestens B-Lieferant sein, bei Engpass-artikeln sogar mindestens zwei Jahre A-Lieferant.
- **Vertragssituation:** Preferred Suppliers und Strategic Suppliers sollten folgende Verträge unterzeichnet haben: Rahmenvertrag mit „Last-Buy"-Vereinbarung und Liefergarantie, Non-Disclosure-Agreement (NDA), Qualitätssicherungsvereinbarung (QSV), unter-zeichnete Schreiner Group-Spezifikationen, falls benötigt eine Logistikvereinbarung (inkl. „Lean Beschaffung"), sowie eine normkonforme Reklamationsabwicklung.
- **Strategische Passgenauigkeit:** Die strategische Passgenauigkeit wird mit zehn Bewertungskriterien beurteilt:

1. **Cultural Fit:** Weist der Lieferant vergleichbare Werte auf und verfolgt ähnliche Ziele und eine ähnliche Unternehmensstrategie?
2. **Firmenstruktur:** Ist der Lieferant mittelständisch und eventuell analog zu Schrei-ner auch inhabergeführt?
3. **Machtverhältnis bzw. Umsatzanteil:** Es wird geprüft, ob der Umsatzanteil der Schreiner Group beim Lieferanten für den Lieferanten spürbar ist.
4. **Innovationswillen und -fähigkeit:** Aus der Strategie der Schreiner Group heraus ergibt sich die Forderung, dass ein Preferred Supplier oder ein Strategic Supplier innovationsorientiert sein muss.
5. **Offene und gewollte Kommunikation:** Ein besonders kritischer Punkt für eine erfolgreiche Partnerschaft ist die Bereitschaft zu einer offenen und ehrlichen Kom-munikation. Nur so kann das notwenige Vertrauen über die Zeit aufgebaut werden.
6. **Internationalisierung:** Gibt es einen Fit in der Regionalstruktur zwischen Lieferant und der Schreiner Group? Interessant ist, wie gut der Lieferant die zentralen Stand-orte in China, USA und Deutschland bedienen kann.
7. **Breites Produktportfolio mit Kundenspezialitäten:** Ist der Lieferant fähig und bereit kundenindividuelle Produkte zu entwickeln?
8. **Risikomanagement:** Der Lieferant darf keine Risiken aufweisen, die die Zusammenarbeit gefährden, z. B. aufgrund fehlender wirtschaftlicher Stabilität des Lieferanten oder aufgrund der Entwicklung einer Abhängigkeitsposition (vgl. auch Punkt 2 und 3).
9. **Ernsthaftigkeit:** Stehen die wesentlichen Stakeholder im Unternehmen des Liefe-ranten hinter der engen Zusammenarbeit mit der Schreiner Group und sind auch zu einer vertrauensvollen Partnerschaft bereit?
10. **Commitment zum Preferred Customer:** Die Lieferanten müssen die Schreiner Group als Preferred Customer mit allen verbundenen Bevorzugungen klassifizieren.

Nach der Beurteilung der strategischen Passgenauigkeit wird das Leistungsportfolio erstellt (vgl. Abb. 4.18 Schritt 4). In den Zeilen werden die Ergebnisse der Lieferanten-bewertung (A-, B- oder C-Lieferant) eingetragen. In den Spalten wird die strategische Passgenauigkeit abgebildet. Aus der Position eines Lieferanten im Leistungsportfolio ergibt sich die Klasse, die ein Lieferant erreichen kann. Das Feld rechts oben mit der Nummer 1 beinhaltet Kandidaten für den Preferred Supplier Status. Die beiden Nach-barfelder mit der Nummer 2 zeigen das Anforderungsniveau Strategic Supplier. Die Diagonale von links oben nach rechts unten mit Nummer 3 ist den Serienlieferanten zugeordnet. Die Felder mit Nummer 4 beschreiben das Niveau der Basislieferanten. Erinnert sei nochmals daran, dass aus der Warengruppenstrategie heraus der Bedarf ermittelt wird, wie sich das Lieferantenportfolio mit Lieferanten der unterschiedlichen Klassen zusammensetzen soll. So gibt es keinen Automatismus, dass ein Lieferant eine Klasse erhält, wenn er im Leistungsportfolio eine Position erreicht hat.

(bc) Rückstufung Die Rückstufung eines Lieferanten von einer Klasse in eine niedri-gere Klasse, wird meist vom Lieferanten als demotivierend erlebt. Nicht selten wird ein Lieferant versuchen sich zur Wehr zu setzen. Umgekehrt muss auch verhindert wer-den, dass ein Einkäufer aufgrund von persönlichen Stimmungslagen die Rückstufung als unlautere Waffe einsetzt. Vor diesem Hintergrund werden harte Faktoren für eine Rück-stufung definiert, die sich beispielsweise auf die Entwicklung des Einkaufsvolumens oder auf die Ergebnisse der Lieferantenbewertung beziehen.

(c) Strategische Partnerschaft mit dem Preferred Supplier FLEXcon FLEXcon ist – nach eigener Angabe – der weltweit führende Hersteller von beschichteten und laminier-ten Folien und Klebstoffen mit einem Jahresumsatz von 300 Mio. US$ und mehr als 1000 Mitarbeitern (FLEXcon 2018). Die Unternehmensgröße und auch die Tatsache, dass FLEX-Con inhabergeführt ist und über eine große Entwicklungsabteilung verfügt, weisen auf den Strategic Fit zur Schreiner Group hin. Zu Beginn der Firmengeschichte im Jahr 1956 setzt sich FLEXcon vom gesamten Markt dadurch ab, dass keine Massenware, sondern kundenindividuelle Problemlösungen entwickelt werden. Auf der Homepage ist zu lesen: „Hatte Miles die Vision … die Bedürfnisse anderer Innovatoren erfüllte, … die einen Ent-wicklungspartner brauchten, um ihre Ideen in die Realität umzusetzen. Er nahm kleine Auf-träge, die niemand wollte, und die einzigartigen Anwendungen" (FLEXcon 2018). Diese Geschichte aus der Pionierphase von FLEXcon zeigt das Selbstverständnis des Unter-nehmens, das völlig stimmig zum Selbstverständnis der Schreiner Group passt. Sitz des Unternehmens ist Spencer in Massachusetts/USA.

Langjährig wurde die Partnerschaft mit FLEXcon aufgebaut und entwickelt. Zur Steuerung der partnerschaftlichen Zusammenarbeit mit FLEXcon sind folgende Ele-mente wesentlich:

- **Abstimmung der strategischen Planung:** Es erfolgt eine enge und offene Abstimmung der Strategie mit einem Planungshorizont von fünf Jahren. Im Zentrum dieser Abstimmung stehen die Fragen, welche neuen Produkte, welche neuen Märkte und welche neuen Kundengruppen strategisch angegangen werden sollen. Ferner wird die Einschätzung zur Entwicklung der wesentlichen Absatzmärkte besprochen. In der Konsequenz ergeben sich die Bedarfsplanung und Hinweise für die Investitionsplanung von FLEXcon. In dieser langfristig ausgerichteten strategischen Planung finden sich naturgemäß vielfältige Ungewissheiten, die offen kommuniziert werden. Im Gegenzug wird erwartet, dass FLEXcon einen Teil dieser Ungewissheit mitträgt und ggf. bei seinen Investitionen mit ins Risiko geht.

- **Strategiemeetings:** Die Abstimmung zur Entwicklung der Zusammenarbeit erfolgt in regelmäßigen Strategiemeetings. Mit FLEXcon sind zwei Strategiemeetings auf Top-Ebene (Geschäftsführung) und zwei Strategiemeetings ohne Top-Ebene (Ebene Einkaufsleitung) vereinbart.
- **Entwicklungspartnerschaft:** FLEXcon unterstützt die Schreiner Group intensiv bei der Entwicklung kundenindividueller Lösungen. (Vgl. oben die strategische Stoßrichtung zum Kundenfokus.) Darüber hinaus wird im Projekt gezielte Materialumstellung kooperiert und alle wesentlichen Produkte optimiert. Beispielsweise wurde die Folienbreite der unterschiedlichen Produkte zwischen FLEXcon und der Schreiner Group abgestimmt. In der Konsequenz konnten die Verschnittkosten signifikant gesenkt werden. Ein weiteres Optimierungsbeispiel zielt auf die Abstimmung der Geschwindigkeit der Maschinen. Folie und Kleber bestimmen die maximale Maschinengeschwindigkeit. Die Optimierung erhöht bei der Schreiner Group die Produktivität und reduziert den Ausschuss. Zwischen den Entwicklungsteams von FLEXcon und der Schreiner Group gibt es mittlerweile eine intensive Kommunikation.
- **Offene Angebotskalkulation:** Anfangs bestanden erhebliche Vorbehalte, die Angebotskalkulation gegenüber der Schreiner Group offen zu legen und gemeinsam einen fairen Preis zu vereinbaren. Aufgrund der Intensität der Zusammenarbeit ist eine zumindest partielle Offenlegung unumgänglich, da aufgrund der partnerschaftlichen Zusammenarbeit bestimmte Aufträge nicht mehr ausgeschrieben werden können.
- **Projektmeetings:** In einem zweiwöchigen internationalen Projektmeeting werden die laufenden Projekte durchgesprochen. Darüber hinaus wird jedes relevante neue Kundenprojekt mit FLEXcon besprochen und geklärt, ob FLEXcon über passende Materialien verfügt. Ggf. ist FLEXcon im Ausschreibungsprozess beteiligt.
- **Schulung:** Sehr erfolgreich war die Schulung von Mitarbeitern in der Produktion und im Qualitätsmanagement von FLEXCon in Spencer (100 Mitarbeiter) sowie beim britischen FLEXcon-Standort in Schottland (20 Mitarbeiter). Ziel war es, die Mitarbeiter bei FLEXcon für die Anforderungen der Schreiner Group-Kunden, insbesondere in der Pharmaindustrie zu sensibilisieren. In Anschluss an die Schulung ist die Qualitätsleistung der beiden Standorte ganz erheblich gestiegen. Vergleichbare Schulungsmaßnahmen sollen fortgeführt werden.

(d) **Vorteile der Zusammenarbeit** Zusammenfassend lassen sich erhebliche Vorteile der Zusammenarbeit für die Lieferanten wie auch für die Schreiner Group konstatieren. Wesentliche Vorteile für den Lieferanten sind in der Regel:

- **Integration in die Produktentwicklung:** Durch die Integration in die frühen Phasen des Produktentwicklungsprozesses kann Einfluss auf die Spezifikation von Materialien ausgeübt werden. Das erhöht die Auftragswahrscheinlichkeit und optimiert die eigenen Produktions- und Logistikprozesse.

- **Einbeziehung in die Erarbeitung der Material-Standardliste:** Die Mitarbeit bei der Erarbeitung der Materialstandardliste ermöglicht es dem Lieferanten, sein Know-how einfließen zu lassen und somit seine Materialien in die Liste der Standardmaterialien der Schreiner Group einzubringen. Das erhöht seine Umsatzchance.

- **Aufnahme in das Lean Purchasing Programm der Schreiner Group:** Die Aufnahme in das Lean Purchasing Programm führt zur Optimierung der logistischen Anbindung des Lieferanten. Der Lieferant bekommt monatlich rollierend einen bindenden Quartals-Forecast und einen offenen Jahres-Forecast. Vierteljährlich erfolgen Review- sowie Projektmeetings. Darüber hinaus werden Bestände, Prüfabläufe sowie die Prüfhäufigkeit entlang der gesamten Supply Chain optimiert.

- **Anfrage:** Der Lieferant wird bei jedem neuen Projekt mit Materialien seiner Warengruppe angefragt.

- **Commitment zu Umsatzwachstum:** In der Summe erhält der Lieferant ein Commitment der Schreiner Group, dass sein Umsatz in der Zusammenarbeit steigen soll.

Die Schreiner Group profitiert von der strategischen Zusammenarbeit ebenso in umfangreicher Weise:

- **Kostentransparenz und langfristig verbesserte Kosten und Preise:** Basis der Zusammenarbeit ist in der Regel eine umfassende Kostentransparenz. Das hilft faire Preise zu identifizieren und schafft die Grundlage für Kostenoptimierungen. Aufgrund der intensiven kostenorientierten Zusammenarbeitsprojekte können die Kosten teils erheblich reduziert werden. Darüber hinaus lassen sich Bonusvereinbarungen leichter etablieren.

- **Know-how-Zugang beim Lieferanten und verbesserte Entwicklungsunterstützung:** Der Zugang zum Know-how des Lieferanten verhindert suboptimale Materialien, reduziert Risiken durch Fehlspezifikationen und eröffnete Spielräume für innovative Lösungen gegenüber den eigenen Kunden. Dabei liegt der Kernfokus gleichermaßen auf Kostenoptimierung, auf Innovation wie auch auf Leistungssteigerung.

- **Preferred Customer Status beim Lieferanten:** Der Preferred Customer Status beim Lieferanten hilft (in schwierigen Situationen) bevorzugt behandelt zu werden. Darüber hinaus werden die Produkte mit ihren Qualitätsanforderungen sowie die logistischen Systeme verstärkt auf die Anforderungen des Preferred Customer ausgerichtet. Konsequenz ist eine hohe Produktverfügbarkeit, insbesondere in Krisenzeiten, sowie eine verbesserte Qualitätsleistung.

- **Prozessoptimierungen:** Die Reduzierung auf wenige, aber wichtige Lieferanten hilft die Einkaufsprozesse zu optimieren.

Analog zu den Marktstrategien müssen auch die Lieferantenstrategien gesteuert werden. Die Lieferantenstrategien müssen inhaltlich auf die Markt- und die Einkaufsziele ausgerichtet werden. Die vereinbarten Maßnahmen müssen vom Lieferanten umgesetzt werden und die Ergebnisse der Lieferantenbewertung sollten sich verbessern. Die Steuerungsprozesse werden in Abschn. 5.3 näher betrachtet.

4.5   Prozessstrategien: Konzept am Beispiel Schreiner Group

In den Prozessstrategien werden die wesentlichen Beschaffungsprozesse systematisch entwickelt, um damit den Wertbeitrag des Einkaufs zu steigern (Zur Prozessstrategie vgl. Heß 2017, S. 165 ff.). Das gilt ebenso für die sogenannten tertiären Prozesse, deren Lead in anderen Abteilungen liegt, der Einkauf aber wesentlich beteiligt ist, z. B. der Produktentstehungsprozess. Grundsätzliche Ansatzpunkte der Prozessstrategien sind:

- **Prozesseffektivität:** Die Effektivität eines Prozesses soll gesteigert werden, damit dessen Leistung im Hinblick auf die Wertbeitragsziele verbessert wird. So kann eine verbesserte Lieferantenklassifizierung zu einem erhöhten Innovationsbeitrag der Lieferanten führen.
- **Prozesseffizienz:** Die Effizienz eines Prozesses soll gesteigert werden, damit die Prozesskosten sinken. Mit Einführung eines e-Katalogsystems können die Kosten im Bestellprozess reduziert werden.
- **Scope:** Die Anwendungsbereiche eines erfolgreichen Prozesses sollen ausgeweitet werden. So können weitere Warengruppen über den Zentraleinkauf abgewickelt werden, um Maverick Buying zu reduzieren.

In der 15M-Architektur werden im Strategiebaustein Prozessstrategien zwei Module unterschieden:

- **N12 Prozesse dokumentieren und analysieren:** In diesem Modul werden die Prozesse analysiert und Verbesserungsideen identifiziert. Ferner sind die Prozesse systematisch zu dokumentieren.
- **N13 Prozessziele und Prozessstrategien formulieren:** Analog zur Strategieentwicklung in den anderen Strategiebausteinen wird auch bei den Prozessen empfohlen, sich über den Wertbeitrag des Prozesses Gedanken zu machen und dazu Ziele zu formulieren. Um die Ziele zu erreichen, soll eine Strategie in Form von strategischen Stoßrichtungen beschlossen und implementiert werden. Sollen beispielsweise die Materialkosten im Ausschreibungsprozess als Wertbeitrag optimiert werden, kann die Zielsetzung des Ausschreibungsprozesses über die Materialkostenveränderung der Leistungen definiert werden, die im Ausschreibungsprozess verhandelt werden. Eine strategische Stoßrichtung könnte darin liegen den Einkauf bereits bei der Erstellung der Spezifikation mit einzubinden. Eine zweite strategische Stoßrichtung könnte darin bestehen, bei systematisch ausgewählten Ausschreibungen eine e-Auktion durchzuführen.

Der Strategiebaustein „Prozessstrategien" ist in der Schreiner Group nicht tief gehend ausdifferenziert. Schon lange sind die Prozesse im Rahmen der ISO 9000-Zertifizierung definiert und dokumentiert. Im Rahmen der Einkaufsstrategie wird die Optimierung der Prozesse als eine Basisaufgabe verstanden, die vorangetrieben wird. Allerdings wird dazu keine eigene strategische Stoßrichtung definiert. Vielmehr werden verschiedene Projekte zur Entwicklung der Prozesse im Rahmen der vierten strategischen Stoßrichtung „Entwicklung des internationalen Einkaufsmanagements" verankert. Im Folgenden wird die grundlegende strategische Ausrichtung zur Entwicklung der Beschaffungsprozesse bei der Schreiner Group vorgestellt. Da wesentliche Aspekte bereits in Kap. 3 ausgeführt wurden, erfolgt hier nur eine knappe Skizze der grundlegenden Ausrichtung der Prozessstrategien. Ferner soll ein Gesamtüberblick über die strategischen Stoßrichtungen und die strategischen Projekte gegeben werden.

Bei der Umgestaltung der Prozesslandschaft im Einkauf der Schreiner Group werden drei grundsätzliche strategische Ansätze verfolgt:

- **Einkaufsfrüheinbindung bei direkten Materialien:** Der Einkauf soll möglichst frühzeitig in die Bedarfsdefinition und in die Beschaffungsaktivitäten direkter Materialien eingebunden werden, um die Potenziale der Beschaffungsmärkte sowie der Lieferanten einzubringen. Ferner sollen die Anforderungen eines effektiven und effizienten Beschaffungsprozesses beachtet werden.
- **Zentraleinkauf, indirekter Einkauf und Investitionen:** Der Einkauf will auch jenseits der direkten Materialien den gesamten Spend kontrollieren. In enger Abstimmung mit den Bedarfsträgern sollen praktisch alle Käufe durch den Einkauf gesteuert werden. Die Form der Zusammenarbeit kann dabei in den unterschiedlichen Warengruppen variieren.
- **Digitalisierung:** Die Einkaufsprozesse sollen umfassend digital und schnittstellenfrei abgewickelt werden.

Die drei Ansätze sollen folgend konkretisiert werden.

Einkaufsfrüheinbindung bei direkten Materialien
In den frühen Phasen der Bedarfsspezifikation und der Produktentwicklung werden wesentliche Weichen für den Einkaufserfolg gestellt (vgl. detailliert Abschn. 3.3 Punkt 6). Insofern zielt der erste Ansatz der Prozessgestaltung auf die frühzeitige Einbindung des Einkaufs in die Produktentstehung. Konkret wird der Einkauf in folgenden Prozessen eingebunden:

- **Einbindung des Einkaufs in den Produktentstehungsprozess (PEP) (vgl. detailliert** Abschn. 3.3 **Punkt 6):** Während der Überarbeitung des PEP im Jahr 2012 stellt der Einkauf seine Einbindung in die frühen Phasen des PEPs sicher. Der neu geschaffene Projekteinkauf unterstützt die Entwicklungsteams und achtet darauf, dass die Voraussetzungen für einen erfolgreichen Verhandlungsprozess geschaffen werden.

- **Gezielte Materialumstellung** (vgl. Abschn. 3.4): Mit dem oben beschriebenen Projekt „gezielte Materialumstellung" werden Materialspezifikationen aus Sicht des Beschaffungsmarktes überprüft und ggf. optimiert.
- **Einbindung in die Produktgruppen-Lenkungskreise** (vgl. Abschn. 3.4): Die Produktgruppen-Lenkungskreise sind nach Abverkaufsgruppen, z. B. beschriftbare Laserfolien, Needle-Trap, strukturiert. Im Lenkungskreis werden zur jeweiligen Produktgruppe kurz- bis mittelfristige Entscheidungen zu Produkten, zu Entwicklungsaufgaben sowie zu neuen Lieferanten abgestimmt. In diesem Rahmen können die Anforderungen der Warengruppen- und der Lieferantenstrategien eingebracht und umgesetzt werden.
- **Einbindung in das Technologiemanagement** (vgl. Abschn. 3.4) Mit der Einbindung des Einkaufs in das Technologiemanagement im Jahr 2015 ergibt sich ein erheblicher Fortschritt bei der Früheinbindung des Einkaufs in die Entwicklungsprozesse. Im Gegensatz zu den oben dargestellten Produktgruppen-Lenkungskreisen ist das Technologiemanagement an der langfristigen Technologieentwicklung orientiert. So ist der Einkauf im Entwicklungsprozess nicht mehr nur projektweise, sondern bereits in der Phase der strategischen Vororientierung beteiligt. Insofern können beschaffungsmarktstrategische Anforderungen direkt in die Strategie des Technologiemanagements eingebracht werden. Beispiele hierfür sind der Einstieg in Alternativtechnologien, um technologische Monopolsituationen zu brechen, oder der Einstieg in neue Beschaffungsregionen.
- **Einbindung bei der Erarbeitung kundenindividueller Lösungen** (vgl. Abschn. 3.5): Der Einkauf und ggf. Lieferanten werden bei der Suche nach kundenindividuellen Lösungen in den technischen Vertriebsprozess eingebunden (seit 2016). Zentrale Aufgaben des Einkaufs und der Lieferanten in diesem Zusammenhang sind, kreative Ideen aus dem Beschaffungsmarkt einzubringen und darüber hinaus zu prüfen, dass Vertriebszusagen im Hinblick auf die Materialeigenschaften technisch realisierbar sind. In Bezug auf diesen Aspekt hat der Einkauf vertriebliche Angebote freizugeben.

Zentraleinkauf, indirekter Einkauf und Investitionen

In der Ausgangssituation werden wesentliche Bereiche des indirekten Einkaufs und des Investitionsgütereinkaufs ohne Einbindung des Einkaufs abgewickelt (vgl. Abschn. 3.2). Sehr frühzeitig werden die Beschaffungsprozesse im indirekten Einkauf und bei Investitionsgütern mit dem Ziel umgebaut, Maverick Buying zu beseitigen (vgl. Abschn. 3.3, Punkt 6). In allen indirekten Warengruppen und beim Investitionsgütereinkauf soll der Einkauf die Einkaufsaktivitäten verantworten. Dabei soll das Zusammenspiel zwischen Bedarfsträgern und Einkauf in den Beschaffungsprozessen sichergestellt werden. So müssen die fachlichen Anforderungen vom Bedarfsträger eingebracht und vom Einkauf die kaufmännische Abwicklung (inklusive Verhandlung, Lieferantenauswahl und Vertrag) verantwortet werden. Die sich dabei ergebenden Verflechtungen werden in den eigens dafür vorgesehenen Prozessschritten abgestimmt.

Wesentliche Hebel in der Reformulierung der Prozesse sind:

- **Unterstützende Prozessgestaltung:** Die Prozesse werden vom Einkauf und von den Fachabteilungen gemeinsam gestaltet. Der Einkauf bietet vielfältige Unterstützung in häufig sehr ungeliebten Tätigkeiten an, wie Verhandlungen oder Vertragsgestaltung. Es wird sichergestellt, dass die Belange der Fachabteilung berücksichtigt werden.
- **Einbindung des Einkaufs bereits in der Phase der Bedarfsdefinition:** Damit der Einkauf die Weichen für erfolgreiche Verhandlungsprozesse richtig stellen kann, muss er bereits in den frühen Phasen des Beschaffungsprozesses eingebunden sein.
- **Freigaberichtlinie:** Es wird eine Freigaberichtlinie erlassen, die die Zuständigkeiten im Genehmigungsprozess regelt. Insbesondere werden die Verantwortlichkeiten und die Einflussnahme des Einkaufs genau definiert. Die Zahl der Besteller in den Fachabteilungen wird drastisch eingeschränkt. Die Freigaberichtlinie wird mit Nachdruck umgesetzt.
- **Commitment der Geschäftsführung:** Die Geschäftsführung ist an wirtschaftlichen Erfolgen interessiert und gibt deshalb ein starkes Commitment dazu, dass alle Einkaufsaktivitäten über den Einkauf laufen. Dieses Commitment ist umfänglich bekannt.
- **Systemtechnische Unterstützung:** In bestimmten Warengruppen kann die Einbindung des Einkaufs systemtechnisch abgesichert werden. Insbesondere können mithilfe elektronischer Kataloge in den betreffenden Warengruppen die Prozesse vereinheitlicht und kontrolliert werden, sodass Maverick Buying rein technisch nicht mehr möglich ist.

Trotz mancher Überzeugungsarbeit und zeitlicher Verzögerungen gelingt es nach und nach, die Maverick Buying-Quote bei indirekten Materialien auf nahezu 0 % (im Jahre 2017) zu reduzieren.

Digitalisierung

Der dritte Ansatz der Prozessgestaltung besteht in der möglichst durchgängigen Digitalisierung der Beschaffungsprozesse. In der Ausgangssituation laufen die Beschaffungsprozesse über zwei getrennte Systeme. Im ERP-System können – relativ elegant – die Bestellungen direkter Materialien abgewickelt werden. Allerdings werden die Finanzströme nicht im ERP-System, sondern im kaufmännischen System abgewickelt, in dem Zahlungen, Kreditoren und Debitoren verwaltet werden.

Mit der Einführung des SRM-Systems in den Jahren 2012 bis 2014 werden weitere Beschaffungsprozesse digitalisiert und es können die Daten aus den beiden ursprünglichen Systemen automatisiert zusammengeführt werden. Mit der SRM-Software werden folgende Prozesse digitalisiert:

- **Ausschreibungsmanagement:** Im Ausschreibungsprozess werden über die SRM-Software unter Einbindung der beteiligten Fachabteilungen sowie der Lieferanten Ausschreibungen direkter und indirekter Materialien digital abgewickelt.

- **Vertragsmanagement:** Im Vertragsmanagement können alle lieferantenseitigen Verträge dokumentiert und gesteuert werden.
- **Katalogmanagement:** Das Katalogmanagement mit ca. 20 Katalogen, größtenteils Punchout-Kataloge über OCI-Schnittstelle, wird innerhalb der SRM-Software aufgebaut. Die Kataloge beziehen sich weitgehend auf indirekte Materialien, wie MRO, Bücher usw.
- **Lieferantendatenbank und Lieferantencockpit:** In der SRM-Software werden alle Informationen zu den Lieferanten aus den verschiedenen Systemen automatisiert zusammengeführt. So entsteht ein Lieferantencockpit mit einem 360-Grad-Blick auf die Lieferanten.
- **Auswertungs- und Reporting-Tool:** Innerhalb der SRM-Software wird ein Einkaufscontrolling-Cockpit mit einem komfortablen Auswertungsprogramm aufgebaut, das automatisiert die wesentlichen Kennzahlen und Berichte bereitstellt.

Zum Redaktionsschluss dieser Fallstudie wird die Fortentwicklung der Systemlandschaft auf Basis der SAP Hana-Architektur beschlossen. Damit werden weitere Potenziale einer durchgängigen Digitalisierung zugänglich. Parallel zu diesen hervorgehobenen Entwicklungslinien der Prozessstrategien werden die Beschaffungsprozesse permanent in kleinen Schritten fortentwickelt. Dies erfolgt in der Regel problem- bzw. anlassgetrieben und wird nur wenig gesteuert.

4.6   Integration der Lieferantenschnittstelle in die Unternehmensstrategie

Der Einkauf wird nur die Position des geschätzten Business Partners im Unternehmen erreichen, wenn er mit seiner Aufgabenstellung einen wesentlichen Wertbeitrag für die Geschäftsziele und die Unternehmensstrategie des Unternehmens erzielen kann. Dabei ist es die zentrale Aufgabe des Einkaufs, die Lieferantenschnittstelle zu verantworten und in diesem Rahmen die Zusammenarbeit der verschiedenen Abteilungen mit den Lieferanten auszusteuern (vgl. Abschn. 3.1). Insofern wird die Integration der Lieferantenschnittstelle in die Unternehmensstrategie zur sensiblen Aufgabe und soll deshalb nochmals zusammenfassend betrachtet werden.

Aufgrund der intensiven Diskussion in Phase 3 (vgl. Abschn. 3.5), welchen Wertbeitrag der Einkauf für die Schreiner Group leistet, wird in der Einkaufsstrategie die Verknüpfung zwischen Unternehmensstrategie und Einkaufsstrategie mit folgenden Verknüpfungsmatrizen explizit geprüft und dargestellt:

- **Unternehmensstrategie und qualitative Wertbeitragsziele** (Abb. 4.19) **sowie Unternehmensstrategie und quantitative Wertbeitragsziele** (Abb. 4.20): In diesen beiden Tabellen wird geprüft, ob die Unternehmensstrategie hinreichend in den Wertbeitragszielen des Einkaufs abgebildet ist. Es ist zu erkennen, mit welchen

	Kundenver-trautheit	Kundenfok. Innovation	Komplexität managen	Grundwett-bewerbs-fähigkeit
Unterstützung Kundenvertrautheit	++			
Einbringung Innovationen vom Liefermarkt		++		
Senkung der Einkaufskosten				++
Strategischer Zentraleinkauf			+	++
Personalkompetenz und -beschaffung	+	+	++	++
Einheitliche systemgestützte Beschaffungsvorgänge			++	++
Optimierung des Lieferantenportfolios	++	++	+	++
Optimierung des Beschaffungsportfolios	+	+	++	++
Beschaffungs- und Warengruppenstrategien konkretisieren, abstimmen und umsetzen	+	+	++	++
Nachhaltige Verbesserung der Zulieferqualität	+	+		++
Internationale Versorgung sicherstellen			+	++

Abb. 4.19 Verknüpfung von Unternehmensstrategie und qualitative Wertbeitragsziele des Einkaufs. (© Schreiner Group GmbH & Co. KG, Oberschleißheim)

	Kundenver-trautheit	Kundenfok. Innovation	Komplexität managen	Grundwett-bewerbs-fähigkeit
Preisentwicklung				++
Termintreue	+		+	+
Mengentreue	+		+	+
Verlust Reklamationskosten				++
EKV Preferred Supplier	++	++	+	+
Zahl Lieferanten	+	+	++	+
RV-Quote	+		++	
Standardisierungsgrad			++	
Zentralisierungsgrad				++
Systemabdeckung			+	++

Abb. 4.20 Unternehmensstrategie und quantitative Wertbeitragsziele des Einkaufs. (© Schreiner Group GmbH & Co. KG, Oberschleißheim)

Wertbeitragszielen der Einkauf die Strategie unterstützt. Insbesondere wird deutlich, dass der Einkauf auch einen Wertbeitrag zu den eher marketingorientierten strategischen Stoßrichtungen leistet.

- **Qualitative Wertbeitragsziele und Einkaufsstrategie** (Abb. 4.21) **sowie quantitative Wertbeitragsziele und Einkaufsstrategie** (Abb. 4.22): Mit diesen Übersichten wird transparent, mit welchen strategischen Stoßrichtungen und mit welchen Projekten die Wertbeitragsziele im Einkauf erreicht werden sollen. Damit wird geprüft, ob zur Realisierung der Wertbeitragsziele des Einkaufs (genügend) strategische Projekte durchgeführt werden.

		Unterstützung Kundenvertrautheit	Einbringung Innovation v. Lieferantenmarkt	Senkung der Einkaufskosten	Strategischer Zentraleinkauf	Personalkompetenz u. -beschaffung	Einheitl. systemgestützte Beschaffungsvorgänge	Optimierung des Lieferantenportfolios	Optimierung des Beschaffungsportfolios	Beschaffungs- u. Warengruppenstrategien konkretisieren u. umsetzen abstimmen	Nachhaltige Verbesserung der Zulieferqualität	Internationale Versorgung der sicherstellen
Kundenfokussierte Innovationsprozesse	Rahmenvertragsabdeckung	++		+								
	Kunden-/marktorientiertes Ausrichtung Projekteinkauf	++	++	+								
	Integration ausgewählter Lieferanten in PEP		++									
Optimierung Materialportfolio	Roll-Out Warengruppenstrategien	+	+	+	+					++		
	Gezielte Materialumstellungen			++					++			
	Erarbeitung Konzept Materialstandardisierung			++					++			
	2nd scourcing ausweiten								++			
	Bereinigung Spezifikationssituation			+					++			
	Etablierung von Modellen zur Kostenoptimierung			+								
Optimierung Lieferantenportfolio	Roll-Out strategische Lieferantenklassifizierung							++			+	
	Lieferantenreduzierung	+	+	+				++				
	Strategische Lieferantenentwicklung weiter entwickeln	++	++					++			++	
	Produktmaterialversorgung China			+								++
Zentrales EK-Management	Strategische Verantwortung für alle Warengruppen				++							
	durchg. systemb. operat. Beschaffungsprozesse						++					
	Automatisiertes Einkaufsreporting						++					
	Konzept Personal- und Organisationsentwicklung					++						

Abb. 4.21 Qualitative Wertbeitragsziele und Einkaufsstrategie. (© Schreiner Group GmbH & Co. KG, Oberschleißheim)

- **Unternehmensstrategie und Einkaufsstrategie** (Abb. 4.23): Als Zusammenfassung der oben dargestellten Tabellen kann die Verknüpfung zwischen der Unternehmensstrategie und der Einkaufsstrategie erstellt werden. Gibt es für die strategischen Stoßrichtungen des Unternehmens genügend Aktivitäten (strategische Stoßrichtungen und strategische Projekte) in der Einkaufsstrategie?

Im Rahmen der Strategieformulierung und der Strategieimplementierung sind vielfältige Abstimmprozesse mit den Stakeholdern im Unternehmen erforderlich, d. h. mit den Abteilungen, die einen direkten Bezug zu den Beschaffungsmärkten bzw. den Lieferanten haben. Dabei sind die Abstimmprozesse über alle Strategieebenen (Rahmen-, Warengruppen-, Lieferanten- und Prozessstrategien) zu kaskadieren. Folgende Schnittstellen sind bei der Schreiner Group besonders bedeutsam:

- **Geschäftsführung:** Regelmäßig erfolgt die Abstimmung zwischen Geschäftsführung und Einkauf auf Basis der Businessplan-Durchsprache.
- **Technologie- und Innovationsmanagement:** Monatlich tagt das Technologie- und Innovationsmanagement zu Fragen der langfristig und strategisch orientierten Technologieentwicklung.

		Preisentwicklung	Termintreue	Mengentreue	Reklaquote	Verlust Reklako	EKV Preferred Supplier	Zahl Lieferanten	RV-Quote	Standardgrad	Anteil 2nd Sourcing	Zentralisierungsgrad	Systemabdeckung
Kunden-fokussierte Innovations-prozesse	Rahmenvertragsabdeckung	+			+	+	+		++				
	Kunden/-marktorientiertes Ausrichtung Projekteinkauf	+											
	Integration ausgewählter Lieferanten in PEP						+						
Optimierung Material-portfolio	Roll-Out Warengruppenstrategien	+	+										
	Gezielte Materialumstellungen	++			+								
	Erarbeitung Konzept Materialstandardisierung	++	+							++			
	2nd scourcing ausweiten							++			++		
	Bereinigung Spezifikationssituation	+											
	Etablierung von Modellen zur Kostenoptimierung	++											
Optimierung Lieferanten-portfolio	Roll-Out strategische Lieferantenklassifizierung	+	+	+	+	+	++						
	Lieferantenreduzierung	+	+	+	+	+	+						
	Strategische Lieferantenentwicklung weiter entwickeln		++	++	++	++	++						
	Produktmaterialversorgung China												
Zentrales EK-Management	Strategische Verantwortung für alle Warengruppen											++	
	durchg. systemb. operat. Beschaffungsprozesse												++
	Automatisiertes Einkaufsreporting												++
	Konzept Personal- und Organisationsentwicklung												

Abb. 4.22 Quantitative Wertbeitragsziele und Einkaufsstrategie. (© Schreiner Group GmbH & Co. KG, Oberschleißheim)

- **Lenkungskreis Produktmanagement:** Regelmäßig werden innerhalb der ca. 10 Lenkungskreise zum Produktgruppenmanagement Fragen zu kurz- bis mittelfristigen Entwicklungen innerhalb der Produktgruppen besprochen.
- **Forschung und Entwicklung:** Alle zwei Wochen werden eher operative Aspekte zur Forschung und Entwicklung diskutiert, wie beispielsweise Stand oder Probleme bei technischen Tests bzw. operative Fragen der Lieferanteneinbindung in den Entwicklungsprozess.
- **Technik (inkl. Supply Chain Management):** Zweiwöchentlich erfolgt eine Abstimmung zu operativen und taktischen Fragen der Materialversorgung, z. B. Klärungen bei Lieferengpässen, Durchsprache kritischer Änderungswünsche der Technik. Gelegentlich werden auch taktische Fragen besprochen, wie Fragen einer vorgezogenen gebündelten Bestellung bei erwarteter Preissteigerung oder Fragen der Zusammenarbeit zwischen der Organisationseinheit Qualität und der Lieferantenentwicklung im Einkauf.
- **Geschäftsbereiche:** Zweimonatlich erfolgt eine Durchsprache mit der Abteilung Product und Process Development (PPD), insbesondere zu Bedarfsplanungen und der Bedarfsvorherschau, zum Bedarf gezielter Materialumstellungen oder bei großen Neuprojekten.

		Kundenver-trautheit	Kundenfok. Innovation	Komplexität managen	Grundwett-bewerbs-fähigkeit
Kunden-fokussierte Innovations-prozesse	Rahmenvertragsabdeckung			+	++
	Kunden-/marktorientiertes Ausrichtung Projekteinkauf	++	++		
	Integration ausgewählter Lieferanten in PEP	++	++		
Optimierung Materialportfolio	Roll-Out Warengruppenstrategien		+	+	+
	Gezielte Materialumstellungen			+	++
	Erarbeitung Konzept Materialstandardisierung			++	++
	2nd scorcing ausweiten (Ziel: Material von zweitem Lieferanten)			-	++
	Bereinigung Spezifikationssituation			+	+
	Etablierung von Modellen zur Kostenoptimierung			+	+
Optimierung Lieferanten-portfolio	Roll-Out strategische Lieferantenklassifizierung				++
	Lieferantenreduzierung	-	-	++	++
	Strategische Lieferantenentwicklung weiter entwickeln			+	++
	Produktmaterialversorgung China	++			
Zentrales EK-Management	Übernahme der strategischen Verantwortung für alle Warengruppen			++	++
	Einführung durchgängig systembasierter operativer Beschaffungsprozesse				++
	Automatisiertes Einkaufsreporting			+	+
	Konzept Personal- und Organisationsentwicklung		+	+	+

Abb. 4.23 Unternehmensstrategie und Einkaufsstrategie. (© Schreiner Group GmbH & Co. KG, Oberschleißheim)

- **Qualität:** Der Qualitätslenkungskreis tagt alle zwei Wochen. Er ist mit den Führungskräften verschiedener Bereiche besetzt, z. B. Geschäftsführer, Geschäftsbereichsleiter, Leiter Qualität, Leiter Einkauf und der Lieferantenentwicklung.
- **Kaufmännischer Führungskreis:** Monatlich kommt der kaufmännische Führungskreis zusammen und bespricht u. a. prozessorientierte Fragestellungen, z. B. die Überarbeitung des Rechnungsworkflow.
- Darüber hinaus gibt es diverse spezielle regelmäßig stattfindende Abstimmungen, z. B. Klärung zu Investitionsfragen.

Mit der beschriebenen Vorgehensweise wird die Unternehmensstrategie der Schreiner Group in den Funktionalstrategien und in den Beschaffungsmärkten wirksam, wie das folgende Denkmodell illustrieren soll (Abb. 4.24).

Die Unternehmensstrategie wird in die Einkaufsstrategie heruntergebrochen, um die grundsätzlichen Anforderungen an der Lieferantenschnittstelle zu definieren. Diese wird in die Markt-, Lieferanten- und Prozessstrategien kaskadiert, um die Anforderungen auf der Handlungsebene zu konkretisieren. In diesem Rahmen müssen die Schnittstellenpartner eingebunden werden. So müssen beispielsweise die Entwicklung und die Logistik ihre Interessen in die einzelnen Markt- oder Lieferantenstrategien einbringen können. Parallel dazu werden auch die anderen Funktionseinheiten für ihren Verantwortungsbereich eine strategische Planung vornehmen und in für sie relevante Aufgabenfelder

Abb. 4.24 Denkmodell zur Umsetzung der Unternehmensstrategien in den Funktionalstrategien. (© Institut für Beschaffungsstrategie Prof. Dr. Gerhard Heß)

kaskadieren. Beispielsweise kann die Entwicklung eine Strategie der Basistechnologien oder eine Produktlinienstrategie erstellen. Soweit bei diesen Strategien ein Bezug zu den Beschaffungsmärkten bzw. zu den Lieferanten besteht sollte der Einkauf eingebunden werden. Dieser wird mit Bezug auf seine Markt- und Lieferantenstrategien einkaufsrelevante Aspekte einbringen. Diese grundsätzliche Vorgehensweise kann bis auf eine konkrete Handlungsebene heruntergebrochen werden, wie die beiden folgenden Beispiele illustrieren:

1) Der Einkauf wird die Lieferanten in Abstimmung mit den Anforderungen der anderen Abteilungen auswählen. So werden die betroffenen Abteilungen direkt oder indirekt in die Vergabeentscheidung eingebunden. 2) Das Produktdesign wird durch die Technik festgelegt. Durch den Einkauf können dabei Anforderungen eingebracht werden, die zukünftig zu mehr Wettbewerb bei der Materialversorgung führen. Mit diesem Denkmodell wird sichtbar, wie die Unternehmensstrategie im konkreten Handeln wirksam werden kann. Wie dargestellt, sind im Einkauf der Schreiner Group wesentliche Ansätze dieser Vorgehensweise bereits umgesetzt.

Literatur

FLEXcon. (2018). www.flexcon.com.

Heß, G. (2010). *Supply-Strategien in Einkauf und Beschaffung – Systematischer Ansatz und Praxisfälle* (2. Aufl.). Wiesbaden: Gabler.

Heß, G. (2016). *Leitfaden zur nachhaltigen Entwicklung des strategischen Einkaufs mit der 15M-Architektur 2.0 formulieren und umsetzen* (3. Aufl.). Nürnberg: Institut für Beschaffungsstrategie.

Heß, G. (2017). *Strategischer Einkauf und Supply-Strategie – Schrittweise Entwicklung des strate-gischen Einkaufs mit der 15M-Architektur 2.0* (4. Aufl.). Wiesbaden : Gabler.

Kraljic, P. (1985). Versorgungsmanagement statt Einkauf. *Harvard Manager, 7*(1), 6.

Porter, M. E. (2013). *Wettbewerbsstrategie – Methoden zur Analyse von Branchen und Konkurren-ten* (12. Aufl.). Frankfurt a. M.: Campus.

Porter, M. E. (2014). *Wettbewerbsvorteile – Spitzenleistungen erreichen und behaupten* (8. Aufl.). Frankfurt a. M.: Campus.

Erfolgskonzept: Evolutionäre Entwicklung

5

Das zweite Konzept einer erfolgreichen Strategieentwicklung ist die „Evolutionäre Entwicklung". Am Beispiel der Schreiner Group wird erläutert, wie die Einkaufsstrategie evolutionär entwickelt werden kann und welcher Nutzen eine evolutionäre Vorgehensweise mit sich bringt. Neben der Begründung, weshalb ein evolutionäres Konzept empfohlen wird, werden die drei Ansätze zur evolutionären Strategieentwicklung präsentiert: Die strategische Story zur phasenweisen Ausrichtung der grundlegenden Strategieentwicklung; das Regelkreismodell als Grundgedanke einer evolutionären Steuerung; das 15M-Reifegradmodell zur Entwicklung der Methoden, Prozesse und Instrumente sowie deren Umsetzung.

5.1 Grundgedanke der evolutionären Entwicklung

Die einzelnen Bausteine der 15M-Architektur sind einfach zu verstehen und aufzubauen. Die Gesamtarchitektur im Unternehmen umzusetzen ist allerdings – wie Kap. 3 und 4 verdeutlicht haben – eine sehr umfassende und anspruchsvolle Aufgabe. Es ist die Rahmenstrategie zu entwickeln und in alle bedeutsamen Märkte, zu den wesentlichen Lieferanten und in die strategisch relevanten Prozesse hin zu kaskadieren. Die unternehmensinternen und -externen Schnittstellen sind mit den wesentlichen Schnittstellenpartnern zu definieren und müssen mit Leben gefüllt werden. Der Führungsanspruch des Einkaufs zur Positionierung des Unternehmens in den Beschaffungsmärkten sowie zur Steuerung der Lieferantenschnittstelle ist zu entwickeln. Voraussetzung, um diese Aufgaben erfolgreich umsetzen zu können, ist die Kompetenz im Einkaufsmanagement und bei den Einkäufern sowie das Vertrauen der Geschäftsführung und aller Schnittstellenpartner in die Kompetenz des Einkaufs.

© Springer Fachmedien Wiesbaden GmbH, ein Teil von Springer Nature 2019
G. Heß und M. Laschinger, *Strategische Transformation im Einkauf*,
https://doi.org/10.1007/978-3-658-25540-4_5

Angesichts dieser Komplexität versteht es sich von selbst, dass die Etablierung eines umfassenden strategischen Einkaufs mit Führungsanspruch nicht mit einem großen Restrukturierungsprojekt realisierbar ist. Vielmehr empfiehlt sich eine schrittweise bzw. treffender ausgedrückt evolutionäre Vorgehensweise. Angemerkt sei, dass der Optimismus bzw. die Naivität mancher Restrukturierungsprojekte im Einkauf überraschen kann, insbesondere wenn die Restrukturierung im Rahmen eines Projektes mit intensiver Beraterunterstützung erfolgt. Kaum sind die Berater aus dem Haus, stürzen viele der aufgebauten bzw. vielleicht sogar aufgezwungenen Konzepte wieder in sich zusammen, z. B. Materialgruppen- oder Lieferantenstrategien, die nicht gelebt werden, Mitarbeiter, die trotz zweiwöchiger Schulung noch der alte Mensch sind, oder systemgestützte Prozesse, die nur zu einem kleinen Bruchteil umgesetzt werden. Um alte Strukturen aufzubrechen, können auch größere Veränderungen notwendig sein. Die neue Freigaberichtlinie bei der Schreiner Group zur Vermeidung von Maverick Buying kann beispielsweise als so ein großer Schritt in die richtige Richtung eingestuft werden. Mit ihr wurden Verantwortlichkeiten grundsätzlich neu strukturiert. Allerdings ist die große Herausforderung weniger die Formulierung einer Freigaberichtlinie, sondern diese im gesamten Unternehmen zu etablieren und zu leben. Das erfordert häufig mehrere Jahre intensiver Managementtätigkeit. Das Beispiel der Schreiner Group illustriert eine solche evolutionäre Umsetzung.

Im evolutionären Ansatz sind maßvolle restrukturierende Schritte vorgesehen, bei denen allerdings der anschließende Umsetzungsprozess bis zur vollständigen Etablierung der neuen Struktur oder des neuen Prozesses zentral im Fokus steht. Neben der Bereitschaft zur Veränderung benötigen Veränderungsprozesse Zeit. Hierfür sind folgende Gründe verantwortlich:

- **Verfügbare Managementkapazität:** Die Kapazität (und die Kompetenz) im Einkaufsmanagement ist, insbesondere im Mittelstand, stark beschränkt. Neue Konzepte, wie ein neues Materialgruppenmanagement oder eine neue Regionalstrategie, zu entwickeln und anschließend die Management Attention bei der Implementierung aufzubringen erfordern ein großes Engagement im Leitungsteam. Für weitere Themen bleibt ggf. zu wenig Managementkapazität. Zu viele Strategieprojekte gleichzeitig anzugehen ist in der Regel wenig erfolgreich, da keines der Projekte genügend Aufmerksamkeit bekommt und sich somit zu lange hinzieht. Im evolutionären Ansatz kann je nach verfügbarer Managementkapazität die Intensität der Strategieentwicklung der aktuell verfügbaren Kapazität angepasst werden. Aufgrund besonderer Ereignisse kann der Veränderungsprozess notfalls sogar eine kurze Pause machen. Mittel- bis langfristig muss allerdings ein Mindestmaß an strategischer Entwicklung erfolgen, wenn die strategische Transformation erfolgreich sein soll. Eine der anspruchsvollen Managementtätigkeiten ist es, den Transformationsprozess zu moderieren und eine hohe aber nicht zu hohe Veränderungsgeschwindigkeit zu initiieren.
- **Verfügbare Mitarbeiterkompetenz und -kapazität:** Die Kapazität und die Kompetenz der Mitarbeiter zur Strategieentwicklung ist regelmäßig einer der kritischen

Erfolgsfaktoren. Neben Personalentwicklungsmaßen ist deshalb die richtige Dosierung der Entwicklungsgeschwindigkeit von zentraler Bedeutung. Mitarbeiter müssen die neuen Konzepte kennen lernen, verstehen, erproben und für sich als sinnvoll annehmen. So kann ein neues Managementkonzept in der Regel frühestens bei der dritten Durchführung als wirklich etabliert gelten, d. h. für strategische Konzepte in der Regel erst nach ein bis zwei Jahren. An dieser Stelle gibt es auch eine enge Verknüpfung zum Change-Management, das in Kap. 6 diskutiert wird.

- **Entwicklung der Rolle des Einkaufs:** Eng verknüpft mit den ersten beiden Themen ist auch die Rolle des Einkaufs sowie das Selbstverständnis im Einkauf zu entwickeln. Der Weg vom abwickelnden Einkauf hin zum Einkauf mit Führungsanspruch an der Lieferantenschnittstelle ist weit. Einem abwickelnden Einkauf traut niemand die Kompetenz zur Strategieentwicklung zu, nicht einmal der Einkauf sich selbst. Erst langsam, nach und nach kann Vertrauen in die Kompetenz des Einkaufs aufgebaut werden. Dazu müssen der Einkauf und seine Stakeholder positive Erfahrungen miteinander machen können. Dies erfordert Zeit.
- **Reaktion auf Entwicklungen:** Die Entwicklung des Einkaufs und der Einkaufsstrategie ist von vielfältigen (internen und externen) Ungewissheiten geprägt. Insofern hilft eine evolutionäre Strategieentwicklung, sich schrittweise in die Zukunft hinein zu tasten und die grundlegenden strategischen Überlegungen an die aktuellen Chancen und Risiken anzupassen.

Die evolutionäre Entwicklung des Einkaufs wird innerhalb der 15M-Architektur mit Hilfe von drei Instrumenten gesteuert.

- **Strategische Story:** In der strategischen Story wird die große, sehr langfristige Entwicklung des Einkaufs beschrieben. Es werden die großen Meilensteine – so gut es geht – definiert, um von der Ausgangssituation zur angestrebten Vision zu gelangen. Die strategische Story gibt der evolutionären Entwicklung die notwendige Orientierung. Die Idee der strategischen Story und ihre Umsetzung bei der Schreiner Group werden in Abschn. 5.2 näher ausgeführt.
- **Regelkreisorientierte Steuerung:** Sämtliche Strategien (Rahmen-, Markt-, Lieferanten- und Prozessstrategien) müssen gesteuert werden, d. h. formuliert, umgesetzt, überwacht und nachjustiert werden. Auf diese Weise können die einzelnen Strategien evolutionär fortentwickelt werden. Darüber hinaus muss auch das Einkaufsmanagementsystem mit seinen Steuerungsprozessen, Methoden und Instrumenten – auch mit der Regelkreislogik – gesteuert werden. Der grundlegende Regelkreisgedanke und die Steuerungsprozesse im Einkauf werden in Abschn. 5.3 für die verschiedenen Strategieebenen bei der Schreiner Group ausgearbeitet. Hierzu wird das Triple-Loop-Konzept der Strategieentwicklung eingeführt.
- **15M-Reifegradmanagement zur Entwicklung des strategischen Einkaufs:** Im 15M-Reifegradmanagement wird das aktuelle Einkaufsmanagement am Idealkonzept der 15M-Architektur gespiegelt. Abweichungen werden beurteilt und bewertet.

Auf diese Weise werden potenzielle Verbesserungsideen identifiziert. Je nach verfügbarer Kapazität werden die nächsten Schritte zur Ausreifung des strategischen Einkaufs beschlossen. So können die Prozesse, Methoden und Instrumente im Einkauf
und deren Umsetzung evolutionär entwickelt werden. Da im Rahmen des 15M-Reife-
gradmodells eine Bewertungssystematik integriert ist, kann der Fortschritt bei der
Entwicklung des strategischen Einkaufs gemessen und selbst gesteuert werden. In
Abschn. 5.4 wird das 15M-Reifegradmanagement und dessen Umsetzung bei der
Schreiner Group vorgestellt.

5.2   Strategische Story

Die strategische Story gibt die großen strategischen Entwicklungsschritte an, die notwendig sind, um die Vision des Einkaufs zu realisieren (Heß 2017, S. 81). Insbesondere
bei herausfordernden Visionen erscheint es sinnvoll, den grundsätzlichen Pfad der
Strategieentwicklung einem Reality Check zu unterziehen und festzulegen.

Die Reiseplanung kann als Metapher dienen: Wer eine Reise von Hamburg nach Rom
plant, wird auch zunächst die grundsätzliche Reiseroute fixieren (Variante A: Dortmund –
Frankfurt – Mailand – Florenz – Rom; Variante B: Hannover – München – Verona – Florenz – Rom), bevor er in die Feinplanung oder gar in die Umsetzung geht. Mit der Wahl
der Variante A oder B werden wesentliche Weichenstellungen getroffen. Gleichzeitig
kann überprüft werden, ob eine Variante mit den verfügbaren Ressourcen bzw. in der vorhandenen Zeit umsetzbar erscheint.

Die strategische Story der Schreiner Group wurde bereits in Abschn. 3.1 ausführlich
vorgestellt und dient als Orientierung im gesamten Kap. 3. Insofern soll im Folgenden
nur eine sehr knappe, eher methodisch orientierte Zusammenfassung folgen:

„Der Einkauf soll zum geschätzten Business Partner entwickelt werden", so lautet
die Vision des Einkaufs. Folgende Schlagworte charakterisieren die angestrebte Position: Verantwortung für die Lieferantenschnittstelle und die Supply-Strategie; Strategische Verantwortung zu Beschaffungsmarktaspekten in der Unternehmensstrategie;
Betreuung der Schnittstellenprozesse in der Zusammenarbeit mit den Lieferanten; Verantwortung für Compliance, Nachhaltigkeit und Risikomanagement in der Lieferkette;
Verantwortung für die taktischen Beschaffungsprozesse; „Geschätzt" im Sinne von
„wertgeschätzt" bringt zum Ausdruck, dass die Zusammenarbeit mit den Schnittstellenpartnern von beiden Seiten aktiv vorangetrieben wird, weil positive Erfahrungen die
Sinnhaftigkeit der Zusammenarbeit bewiesen haben. Eine detaillierte Erläuterung der
Vision findet sich in Abschn. 3.1.

In der strategischen Story wird der angestrebte Entwicklungspfad beschrieben, wie
der Einkauf von der aktuellen Ausgangssituation hin zur Vision entwickelt werden soll.
Für die Schreiner Group ergibt sich folgendes Bild:

- **Ausgangssituation:** Im Jahr 2011 war der Einkauf ein rein abwickelnder Einkauf ohne Strategiekompetenz. So wurde der Einkauf von seinen Geschäftspartnern gesehen und so sah sich der Einkauf selbst. Der Transformationsprozess orientiert sich an der in Kap. 3 dargestellten Phaseneinteilung.
- **Phase 1 Transparenz und Strukturen schaffen (2012–2013):** Im ersten Schritt müssen die Voraussetzungen für einen funktionierenden strategischen Einkauf geschaffen werden. Quick Wins sorgen für die notwendige Aufmerksamkeit und Anerkennung, um von den Schnittstellenpartnern als ernst zu nehmender Gesprächspartner wahrgenommen zu werden. Es muss der Kompetenzaufbau im Einkauf eingeleitet werden, z. B. mit den Maßnahmen Warengruppenmanagement oder Aufbau einer kompetenzorientierten Einkaufsorganisation. Es werden die Weichen gestellt, um als Einkauf in die Planungs- und Steuerungsprozesse integriert zu werden, z. B. Einkaufsfrüheinbindung in den Produktentwicklungsprozess, bei Investitionen oder in die Beschaffung indirekter Warengruppen.
- **Phase 2 Einkaufsmanagement professionalisieren (2013–2016):** In der Phase 2 werden die Grundlagen für einen professionellen Einkauf entwickelt. Mit der 15M-Architektur der Supply-Strategie wird ein durchgängiges und systematisches Einkaufsmanagement aufgebaut. Die Methoden, Prozesse und Instrumente eines strategischen Einkaufs werden schrittweise eingeführt und professionalisiert. Die Zusammenarbeit mit den Schnittstellenpartnern wird weiter vorangetrieben.
- **Phase 3 und 4 Integration in die Unternehmensstrategie Plus Industrie 4.0 (seit 2016):** Mit zunehmender Professionalisierung der Einkaufsmethoden und der Intensivierung der Zusammenarbeit mit den Schnittstellenpartnern findet der Einkauf zunehmend Eingang in alle Unternehmensprozesse mit Bezug zu den Beschaffungsmärkten. Zunehmend trägt der Einkauf auch bei, die Leistungsfähigkeit in den Absatzmärkten gegenüber den Schreiner-Kunden zu steigern. Insofern ist es nur konsequent, dass durch die Geschäftsführung die Forderung aufkommt, den Einkauf systematisch in die Entwicklung der Unternehmensstrategie einzubinden und entsprechende Wertbeiträge zu fordern.

Checkt man im Jahr 2017 die Anforderungen der Vision „Der Einkauf soll zum geschätzten Business Partner entwickelt werden", so sind alle Forderungen „irgendwie" erfüllt. Es gibt allerdings weiterhin vielfältige Potenziale, um das Einkaufsmanagement zu professionalisieren. Die Zusammenarbeitsprozesse funktionieren im Grundsatz sehr gut, weisen aber im Detail noch markante Verbesserungspotenziale auf. Der Beitrag zur Unternehmensstrategie und die Integration in den Strategieentwicklungsprozess stehen noch am Anfang. Am heute noch sehr schemenhaft wirkenden Beispiel der „Industrie 4.0" wird sichtbar, welche gewaltigen Potenziale im Bereich Strategiebeitrag des Einkaufs noch versteckt sind. Auch wenn bereits ganz erhebliche Umsetzungserfolge erzielt wurden, ist die Vision für die Fortentwicklung der strategischen Transformation weiterhin zielführend.

Die strategische Story – so kann kritisch angemerkt werden – wurde im Jahr 2017, also ex post nach ihrer Umsetzung formuliert. So ist es einfach, eine sehr stringente Entwicklungsgeschichte zu konstruieren. Hingegen sind Planungen, die sich auf die Zukunft beziehen, meist schwieriger und fehleranfälliger. Trotz dieser Problematik wird empfohlen, sich frühzeitig zur strategischen Story Gedanken zu machen. Folgende Gründe sprechen dafür:

- **Ausrichtung der Strategie mit realistischen Zwischenzielen:** In der strategischen Story wird die grundsätzliche Vorgehensweise zur Umsetzung der Strategie geplant. Damit ergibt sich ein Maßstab, an dem sich strategische Stoßrichtungen und strategische Projekte orientieren können. Es ist auch zu prüfen, in welchem Präzisionsgrad die strategische Story auszuführen ist. In der Regel genügt es die Richtung anzugeben, ohne operationalisierte strategische Ziele zu definieren.
- **Reality Check:** Über die strategische Story kann die strategische Vision sowie die angestrebte Vorgehensweise zu deren Umsetzung auf Realisierbarkeit hin überprüft werden. Wird für eine Vision mit einem Planungshorizont von ca. sechs Jahren zwei bis drei Schritte mit einem Planungshorizont von jeweils zwei bis drei Jahren geplant, kann leichter geprüft werden, ob diese Zwischenschritte realistisch sind.
- **Erkennen von Chancen und Risiken:** Ein großer Teil der Entwicklungen sind für den Einkauf nur bedingt gestaltbar. Vielfach spielen aktuelle Entwicklungen und Stimmungen eine wesentliche Rolle. Dies illustriert der Start von Phase 3 bei der Schreiner Group eindrucksvoll. Auf die Neu-Entwicklung der Unternehmensstrategie hatte der Einkauf keinen Einfluss. Die aufkeimende Diskussion zum Wertbeitrag des Einkaufs innerhalb der Strategie entwickelte sich aus einem Managementmeeting heraus. Diese Diskussion konnte gleichermaßen als Bedrohung der Einkaufsaktivitäten wie auch als große Chance interpretiert werden. Aufgrund der Story wird deutlich, dass es sich um eine einmalige Chance handelt, bei der man „zupacken" muss und nicht in eine Abwehrhaltung gehen darf.
- **Kommunikation:** Die strategische Story ist ferner ein ideales Kommunikationsinstrument. Mit ihr kann die strategische Vision konkretisiert werden und auf diese Weise ein Selbstverständnis im Einkauf erzeugt werden. Ferner hilft die strategische Story auch in der Kommunikation mit der Geschäftsführung und den Schnittstellenpartnern. Die Kommunikation kann dabei direkt und offen erfolgen, indem man sich zur zukünftigen Rolle des Einkaufs verständigt. Es kann aber auch indirekt kommuniziert werden, indem entsprechende Bemerkungen zu Zielen oder zur Interpretation von Entwicklungen an geeigneter Stelle in die Kommunikation einfließen.

Es empfiehlt sich, die strategische Story schriftlich innerhalb der Rahmenstrategie zu formulieren sowie jährlich fortzuschreiben bzw. zu aktualisieren.

5.3   Evolution mit der regelkreisorientierten Steuerung

Kern der evolutionären Strategieentwicklung ist die Entwicklung der einzelnen Rahmen-, Markt-, Lieferanten- und Prozessstrategien in kleinen Schritten: 1) Die strategischen Zielsetzungen werden in der Strategieformulierung in Form von strategischen Stoßrichtungen und strategischen Projekten wohl dosiert konkretisiert. Die Umsetzung wird überwacht und gesteuert. In dieser Überlegung ist leicht der Regelkreis des PDCA-Zyklus zu erkennen, der der evolutionären Strategieentwicklung zugrunde liegt. 2) Allerdings empfiehlt es sich im Rahmen der Strategieentwicklung den Regelkreisgedanken mit dem Triple Loop-Konzept auszudifferenzieren. Dieser wird am Beispiel der Rahmenstrategieentwicklung bei der Schreiner Group vorgestellt. 3) Anschließend wird die Steuerung der Warengruppenstrategien und der Lieferantenstrategien bei der Schreiner Group betrachtet. In analoger Weise können Prozessstrategien gesteuert werden. Hierauf soll allerdings aufgrund des Umsetzungsstandes bei der Schreiner Group nicht näher eingegangen werden. 4) Alle Strategien müssen mit strategischen Projekten und Zielen konkretisiert werden. Die Steuerung der Strategieumsetzung erfolgt dann über das Controlling mit Kennzahlen und mit Hilfe des Maßnahmentracking. Dabei ist die Verknüpfung der verschiedenen Strategien bzw. der verschiedenen Regelkreise zu beachten.

1. PDCA-Zyklus als Basisüberlegung

Pate für die weiteren Überlegungen zur evolutionären Entwicklung der Strategien ist der bekannte PDCA-Zyklus, häufig auch nach dessen Erfinder Deming Cycle (Deming 1986) oder seinem Lehrer Shewhart Cycle genannt. Dieser soll zunächst allgemein im Strategiekontext vorgestellt werden (vgl. Abb. 5.1).

Der PDCA-Zyklus unterscheidet vier Phasen einer kontinuierlichen Entwicklung:

- **Plan:** Start ist die Planung der Strategie. Im Rahmen der Planung ist die aktuelle Situation zu analysieren und zu bewerten. Damit sollen Verbesserungspotenziale identifiziert werden. Auf dieser Basis können dann die Strategie bzw. strategische Maßnahmen

Abb. 5.1   PDCA-Zyklus

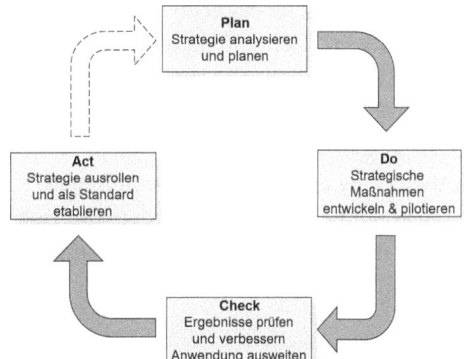

formuliert werden, die helfen sollen, strategische Erfolgspotenziale aufzubauen. Strategische Ziele in Form von Kennzahlen sind zu definieren.

- **Do:** Die Strategie bzw. strategische Projekte müssen in strategische Maßnahmen umgesetzt werden. Im PDCA-Zyklus wird zunächst ein Ausprobieren bzw. Austesten empfohlen. Im evolutionären Strategieansatz ist ebenso vorgesehen, sich mit Pilotmaßnahmen in die jeweilige strategische Stoßrichtung hinein zu entwickeln. Schrittweise kann die Anwendung ausgeweitet werden.
- **Check:** Die Ergebnisse der Do-Phase werden kritisch geprüft. Ggf. werden Verbesserungsideen entwickelt und die Anwendung wird ausgeweitet.
- **Act:** Die neue Strategie bzw. neue strategische Vorgehensweisen werden auf breiter Front umgesetzt und als neuer Standard etabliert.

2. Das Triple-Loop-Konzept der evolutionären Strategieentwicklung

Der PDCA-Zyklus ist eher für kleinere isolierte Verbesserungsmaßnahmen konzipiert. Nach erfolgreicher Act-Phase ist der Zyklus abgeschlossen. Er wird allerdings für vielfältige Aktivitäten durchgeführt, die jeweils mit einer neuen Plan-Phase starten. Die einzelnen Projekte sind voneinander weitgehend unabhängig.

Strategieformulierung ist hingegen kein isoliertes Projekt mit Anfang und Ende. Vielmehr wird die Strategie schrittweise fortentwickelt. Nur ganz gelegentlich kommt es zu einem radikalen Shift in der Strategie, der zu einem vollständigen Bruch mit der bestehenden Strategie führt. Insofern kann der PDCA-Zyklus im Rahmen der Strategieformulierung auf zwei unterschiedlichen Ebenen angewendet werden. Der PDCA-Zyklus kann zum einen für die Abwicklung einzelner strategischer Projekte herangezogen werden, z. B. Aufbau einer Systematik zur Entwicklung von Warengruppenstrategien im indirekten Einkauf. Zum anderen kann der PDCA-Zyklus für die Strategieentwicklung der Supply-Strategie insgesamt, der Rahmenstrategie bzw. einzelner strategischer Stoßrichtungen Anwendung finden.

Darüber hinaus wird im Rahmen der 15M-Architektur empfohlen, auch das Einkaufsmanagement schrittweise aufzubauen. So kann es beispielsweise sinnvoll sein, zunächst mit der Rahmenstrategie und den Materialgruppenstrategien zu beginnen. Ein oder zwei Jahre später wird dann mit der Entwicklung der Lieferantenstrategie begonnen, indem zunächst die Lieferantenbewertung aufgebaut und ein Jahr später die Lieferantenstrategie etabliert wird. Der Aufbau einzelner Strategiebausteine bzw. einzelner Module wird auf diese Weise ebenso mit einem PDCA-Zyklus gesteuert.

Da diese drei Betrachtungsebenen deutlich zu unterscheiden sind und darüber hinaus auch in spezifischer Weise verknüpft sind, wird das Triple-Loop-Konzept der Strategieentwicklung als Orientierung empfohlen (vgl. Abb. 5.2) (Heß 2010, S. 127 ff.).

Das Triple-Loop-Konzept der Strategieentwicklung umfasst drei vermaschte Regelkreise, die auf der PDCA-Logik basieren:

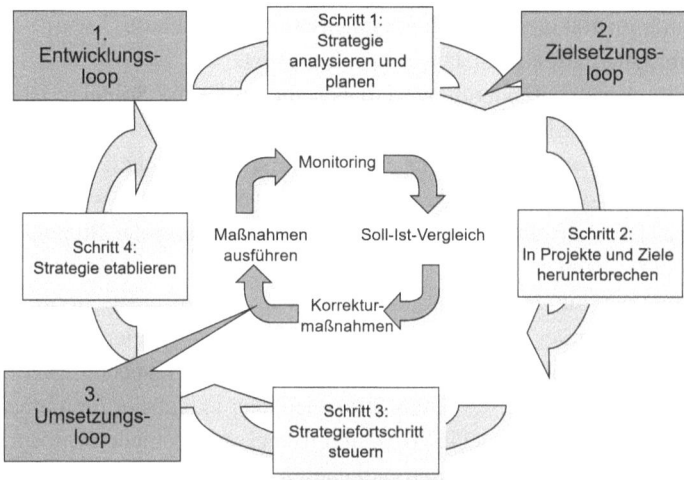

Abb. 5.2 Triple-Loop-Konzept der Strategieentwicklung (Heß 2010, S. 128 modifiziert). (© Institut für Beschaffungsstrategie Prof. Dr. Gerhard Heß)

- **Entwicklungsloop:** Im Entwicklungsloop werden die Methoden, Instrumente und Steuerungsprozesse des Einkaufsmanagements fortentwickelt. Beispielsweise wird das Template zur Ableitung einer Warengruppenstrategie um das Konzept des Cost-Break-Down erweitert oder es wird ein Komitee gebildet, um Warengruppen- und Lieferantenstrategien standortübergreifend über die verschiedenen Einkaufsabteilungen hinweg abzustimmen. Mit dem 15M-Reifegradmanagement kann der Entwicklungsloop gesteuert werden. Die Diskussion erfolgt in Abschn. 5.4.
- **Zielsetzungsloop:** Im Zielsetzungsloop wird die Strategie formuliert und in strategische Stoßrichtungen, strategische Projekte und strategische Zielsetzungen heruntergebrochen. Die Strategie wird gesteuert.
- **Umsetzungsloop:** Im Umsetzungsloop wird die Umsetzung der einzelnen strategischen Projekte gesteuert.

Charakteristisch für das Triple-Loop-Konzept sind die zeitlichen Zyklen: Für den Entwicklungs- und den Zielsetzungsloop werden meist Jahreszyklen empfohlen. Der Umsetzungsloop wird meist mit einer Zykluszeit von ein bis drei Monaten durchlaufen.

Der Zielsetzungs- und der Umsetzungsloop sollen folgend am Beispiel der Rahmenstrategie bei der Schreiner Group konkretisiert werden (vgl. Abb. 5.2):

- **Zielsetzungsloop Schritt 1 Strategie formulieren (Plan):** Im ersten Schritt wird die Rahmenstrategie formuliert bzw. fortgeschrieben. Die Rahmenstrategie wurde bei der Schreiner Group erstmalig im Jahr 2013 formuliert. Im Jahr 2015 erfolgte eine grundsätzliche und weitreichende Überarbeitung. Nach der Diskussion der Rolle des Einkaufs im Rahmen der Unternehmensstrategie in Phase 3 wurde die Rahmenstrategie im Jahr 2016 nochmals wesentlich ergänzt.

Soweit kein großer Veränderungsbedarf besteht, sollte die Strategie jährlich geprüft und nachjustiert werden. Dabei werden insbesondere die Analysen auf ihre Gültigkeit hin überprüft und ggf. aktualisiert. Ziele und strategische Projekte werden fortgeschrieben. Abgearbeitete Meilensteine oder erledigte Ziele werden ins „Archiv" verschoben. Der Aufwand für die jährliche Fortschreibung der Strategie hält sich in der Regel in Grenzen.

Im Ergebnis ist die Rahmenstrategie mit den strategischen Stoßrichtungen, der Benennung der strategischen Projekte, den Wertbeitragszielen und den Strategietreibern festgelegt und dokumentiert. Auch wenn es in manchen Jahren nur wenig Überarbeitungsbedarf gibt, sollte das Strategiepapier aktualisiert, mit einer Jahreszahl versehen (z. B. Einkaufsstrategie 2020) und formal verabschiedet werden. Damit wird sichergestellt, dass es stets ein verbindliches aktuelles Strategiepapier gibt. Es wird also einmal im Jahr ein neuer Zielsetzungsloop gestartet.

- **Zielsetzungsloop Schritt 2 Strategie konkretisieren (Do):** Im zweiten Schritt werden die strategischen Projekte bis auf Maßnahmen- und Kennzahlenebene konkretisiert. Soweit erforderlich wird die Verknüpfung zur (operativen) Einkaufsplanung hergestellt. Während der erste Schritt im Zielsetzungsloop Kreativität und Weitsicht erfordert, verlangt der zweite Schritt in der Regel umfangreiches Fach-Know-how und ist bei neuartigen Projekten mit beträchtlichem Planungsaufwand verbunden. Beispielsweise muss ein Konzept zur Entwicklung eines Warengruppenmanagements ausgearbeitet und mit Projekten und Maßnahmen konkretisiert werden.

  Jährlich sollten die Projekte und Maßnahmen fortgeschrieben werden, d. h. um nicht mehr sinnvolle bzw. abgearbeitete Projekte und Maßnahmen bereinigt sowie um neue Projekte und Maßnahmen ergänzt werden. Es hat sich sehr bewährt zu den strategischen Stoßrichtungen einen jährlichen Review-Workshop durchzuführen, in dem der aktuelle Entwicklungsstand der strategischen Stoßrichtung kreativ reflektiert wird. Hierbei sollten auch Anwender und Stakeholder zur strategischen Stoßrichtung eingeladen werden. Ggf. kann dieser Review-Workshop mit der 15M-Reifegradanalyse verknüpft werden (vgl. Abschn. 5.4).

  Die Strategietreiber (= Kennzahlen, die den Strategiefortschritt aufzeigen) werden definiert oder fortgeschrieben. Die Ergebnisse werden im Strategiepapier dokumentiert.

  Die definierten Projekte, Maßnahmen und Strategietreiber werden an den Umsetzungsloop „übergeben" und dort gesteuert.

- **Umsetzungsloop:** Die strategischen Projekte und Maßnahmen werden ausgeführt. Bei der Schreiner Group werden der Maßnahmenfortschritt sowie die Entwicklung bei den strategischen Kennzahlen in den monatlichen Teamleiterbesprechungen gecheckt (Monitoring). Ergeben sich im Soll-Ist-Vergleich Plan-Abweichungen sollen vom Projektleiter Korrekturmaßnamen vorgeschlagen werden. Bei Bedarf können schwierige Situationen auch im Teamleiterkreis diskutiert oder mit Analysemaßnahmen näher untersucht werden. Falls erforderlich werden Maßnahmen korrigiert oder ergänzt (Korrekturmaßnahmen).

- **Zielsetzungsloop Schritt 3 Strategiefortschritt steuern (Check):** Während im Umsetzungsloop die Projekte und Maßnahmen einzeln für sich gesteuert werden, erfolgt im Zielsetzungsloop Schritt 3 die Rückkoppelung zur Strategie. Es versteht sich von selbst, dass diese beiden Aktivitäten gemeinsam in einem Schritt erfolgen. Beim monatlichen Check des Projekt- und Maßnahmenfortschritts werden gleichzeitig die Konsequenzen für die Strategie und die Validität der strategischen Stoßrichtungen und der Strategie als Ganzes geprüft. Zentrale Fragestellungen in diesem Schritt sind: Entspricht der Projekt- und Maßnahmenfortschritt den Erfordernissen der formulierten Strategie? Ist die Umsetzungsgeschwindigkeit angemessen? Erzielen die umgesetzten Projekte und Maßnahmen die von der Strategie angestrebte Wirkung? Sind die Projekte und Maßnahmen effektiv im Hinblick auf die formulierte Strategie? Gibt es Projekte und Maßnahmen, die nach aktuellem Erkenntnisstand wirkungsvoller sein könnten als die derzeit verfolgten Projekte und Maßnahmen? Im Rahmen der strategischen Planung ist auch immer mit wesentlichen Veränderungen der strategischen Planungssituation zu rechnen. Beispielsweise können wirtschaftsfeindliche Entwicklungen eines Diktators in einer präferierten Beschaffungsregion dazu führen, weitere Anstrengungen oder Investitionen in diesem Land unmittelbar zu stoppen. So sollte im Rahmen der monatlichen Prüfung des Projekt- und Maßnahmenfortschritts die Validität der Strategie hinterfragt werden.

  Ergebnis dieser Überlegungen können leichte Modifikationen bei den strategischen Stoßrichtungen sowie Ergänzungen oder Anpassungen bei den strategischen Projekten oder Maßnahmen sein. Im Extremfall kann die Prüfung der Validität allerdings auch zu einer gravierenden Umplanung der Strategie führen. Dann wird aus dem bestehenden Loop in einen neuen Zielsetzungsloop Phase 1 gesprungen. Dieser Fall ist allerdings möglichst zu vermeiden und sollte eine große Ausnahme darstellen.

- **Zielsetzungsloop Schritt 4 Strategie etablieren (Act):** Nach der Umsetzung der Strategien sind diese im „strategischen Tagesgeschäft" zu verfestigen. Beispielsweise muss die neue Form der Einkaufsfrüheinbindung in den Entwicklungsprozess „in Fleisch und Blut" übergehen. Neue Kommunikationsstrukturen müssen nicht nur etabliert, sondern zur selbstverständlich gelebten Praxis werden. Abstimmprozesse müssen routiniert werden. Das Vertrauen der handelnden Personen zueinander muss sich entwickeln. Es ist ein großer Fehler vieler Strategieprojekte diesen Schritt als unproblematisch anzusehen und ihm somit keine Managementattention zukommen zu lassen. Konsequenz ist, dass einmal mit Mühe eingeführte Strategien versanden und letztlich scheitern. In Kap. 6 „Change Management" werden diese Gedanken nochmals detailliert aufgenommen.

Projektcontrolling Das Projektcontrolling nimmt im Rahmen der evolutionären Entwicklung der Einkaufsstrategie eine bedeutsame Stellung ein. Wie gezeigt sind die Analyse des Projekt- und des Maßnahmenfortschrittes sowie die Steuerung der Projekte und der Maßnahmen im evolutionären Strategieansatz der Motor der Strategieentwicklung. Insofern sollte sehr frühzeitig und sehr engagiert mit dem Projektcontrolling begonnen werden.

In vielen Unternehmen gibt es zum Zeitpunkt der Einführung einer Einkaufsstrategie bereits ein Projekt- und Maßnahmencontrolling, das dann für die Einkaufsstrategie adaptiert werden sollte. In Abb. 5.3 findet sich das Beispiel eines Projektblattes für die Planung und Steuerung der strategischen Projekte bei der Schreiner Group.

Insgesamt ist darauf zu achten, dass das Projektcontrolling sehr einfach strukturiert ist. Bei der Schreiner Group wird für jedes strategische Projekt ein Projektblatt angelegt. Neben einigen Strukturdaten, wie beispielsweise Verantwortlichkeiten und Laufzeit, werden die Ausgangssituation und die Projektziele ausführlich beschrieben. Damit wird sichergestellt, dass die Projektziele nicht aus dem Fokus geraten. Ferner werden die wesentlichen Meilensteine aufgeführt. Zu jedem Meilenstein wird für das Planungs-jahr der angestrebte Umsetzungsstand quartalsweise geplant. Im quartalsweisen Soll-Ist-Vergleich werden dann die Ist-Werte beurteilt und dokumentiert. Alle Werte sind mehr oder minder exakte Bauchschätzungen. Ferner wird mit einer Ampelschaltung der Meilensteinfortschritt im Hinblick auf Zeit (T = Time), Kosten (C = Cost) und Qualität (Q = Quality) beurteilt. Beim Zielkonflikt zwischen Präzision und Aufwand des Projekt-controllings muss jedes Unternehmen eine angemessene Position finden.

Anmerkung zum Steuerungsaufwand Analysiert man den Steuerungsaufwand entlang des Zielsetzungs- und Umsetzungsloop, ergibt sich häufig folgendes Muster: Schritt 1 im Zielsetzungsloop ist bei der erstmaligen Durchführung mit etwas Aufwand verbunden. Insbesondere der Aufbau der strategischen Analyse bringt einigen Aufwand mit sich.

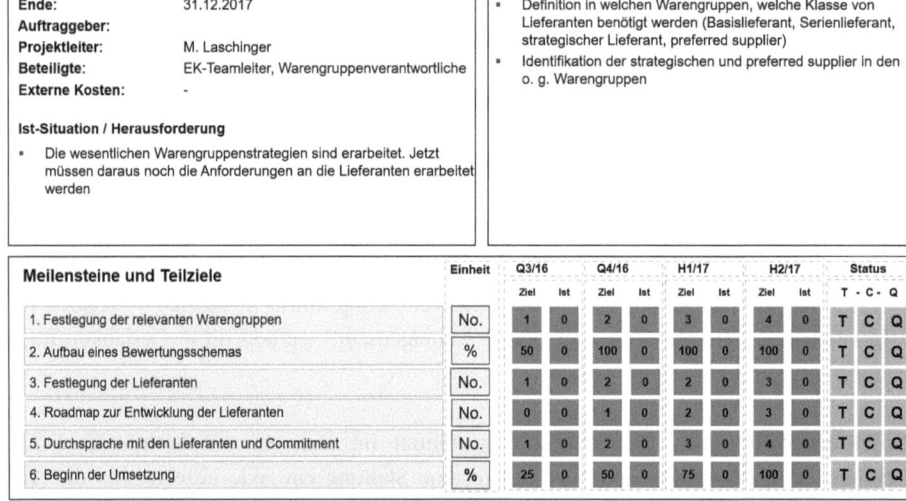

Abb. 5.3 Projektblatt zur Steuerung der strategischen Projekte bei der Schreiner Group. (© Schreiner Group GmbH & Co. KG, Oberschleißheim)

Allerdings kann – im Sinne des evolutionären Ansatzes – gerade die strategische Analyse auf mehrere Jahre verteilt werden. Beispielsweise wird die Technologie-Roadmap oder das Risikomanagement erst im zweiten oder im dritten Jahr aufgebaut. Somit lässt sich der Planungsaufwand gut dosieren. Die Ausarbeitung neuer strategischer Projekte (Schritt 2) kann mit erheblichem Aufwand verbunden sein, insbesondere wenn die Projekte für das Unternehmen innovativ sind. Die Formulierung einer Digitalisierungs-Roadmap, die Entwicklung eines Konzeptes zum Lieferantenmanagement oder die Definition einer neuen Asien-Strategie sind sehr anspruchsvolle Tätigkeiten. In diesen Projekten stecken allerdings die Kernkompetenz und die eigentliche Existenzberechtigung eines strategischen Einkaufs. An dieser Stelle ist es die Aufgabe einer guten Einkaufsstrategie die zeitliche Einplanung neuer Projekte richtig zu dimensionieren.

Die weiteren Schritte im Zielsetzungsloop sowie der Umsetzungsloop verlangen äußerste Managementdisziplin. Monatlich bzw. quartalsweise müssen die Projekte durchgesprochen werden, selbst wenn die Projekte scheinbar problemlos verlaufen. Die Erfahrung zeigt, dass mangelnde Disziplin beim Steuern der Projekte sehr schnell das gesamte Strategieprojekt versanden lässt. Der Aufwand für diese Strategiedurchsprachen kann als äußerst gering eingestuft werden. Nur wenn es zu ernsthaften Problemen kommt, ist mit beachtenswertem Aufwand zu rechnen. Im diesem Fall ist der entstehende Steuerungsaufwand allerdings auch gerechtfertigt.

3. Steuerung der Warengruppen und Lieferantenstrategien
Im Folgenden soll die Steuerung der Warengruppen- und anschließend der Lieferantenstrategien vorgestellt werden.

Entwicklungsloop Warengruppenstrategien Im Jahr 2011/2012 wird die Warengruppenstruktur aufgebaut. Damit wird in der Schreiner Group das Denken in Warengruppen eingeführt. Im Jahr 2013 werden die Warengruppen priorisiert. Es sind 21 strategische Warengruppen definiert. Für zehn Gruppen sollen Warengruppenanalysen aufgebaut und für sieben Gruppen sollen Strategien formuliert werden. Im Jahr 2013 werden die ersten drei Warengruppenstrategien (Folien, Stanzen, Farben) und in 2014/2015 die weiteren vier Strategien definiert. Bis 2015 werden die Strategien weitgehend einkaufsintern entwickelt. Ab 2016 erfolgt eine intensive Abstimmung der Strategien mit dem Technologie- und Innovationsmanagement (TIM). Gleichzeitig wird der Warengruppensteckbrief verschlankt und die Zahl der Fokus-Warengruppen reduziert. Ab 2017 werden für wesentliche indirekte Warengruppen Strategien mithilfe eines speziellen Kurzsteckbriefes entwickelt. Der Ausschreibungskalender bei indirekten Materialgruppen wird eingeführt.

Zielsetzungs- und Umsetzungsloop Warengruppenstrategien Organisatorisch wird die Steuerung des Zielsetzungs- und Umsetzungsloops eng verknüpft. Bis 2015 werden die Strategien der sieben Fokus-Warengruppen von den verantwortlichen Einkäufern formuliert (Plan und Do). In einem zweiwöchigen Treffen mit allen strategischen

Einkäufern und allen Teamleitern werden die sieben definierten Strategien und deren Strategiefortschritt vorgestellt und diskutiert (Check und Umsetzungsloop). Ziel dieser intensiven Steuerung ist neben der regelkreisorientierten Optimierung der Strategie insbesondere die Entwicklung der Strategiekompetenz der strategischen Einkäufer. Gerade jüngere bzw. strategisch unerfahrene Einkäufer bekommen auf diese Weise regelmäßig Feedback zur eigenen Strategie. Darüber hinaus wird die Strategiekompetenz durch die Diskussion der Strategien der Kollegen geschult. Die Intensität eines zweiwöchigen Meetings verdeutlicht die Bedeutung der Warengruppenstrategien.

Mit Intensivierung der Zusammenarbeit mit dem Technologie- und Innovationsmanagement ab 2016 wird die Steuerungsmethodik geändert. Die Warengruppenstrategien werden 2016/2017 zusammen mit allen relevanten Stakeholdern überarbeitet (Zielsetzungsloop). In den regelmäßigen Meetings zum Technologiemanagement sind Warengruppenstrategien jeweils ein fixer Agendapunkt. In diesem Rahmen können wesentliche Aspekte der Strategieentwicklung eingebracht und diskutiert werden. Auf diese Weise kann der Strategiefortschritt gesteuert werden (Umsetzungsloop) und die Fortschreibung der Warengruppenstrategien sowie deren Validitätsprüfung erfolgen (Zielsetzungsloop Check).

Die indirekten Warengruppen werden im indirekten Einkauf vom Leiter indirekter Einkauf mit dem jeweils zuständigen Einkäufer unmittelbar abgestimmt und gesteuert.

Entwicklungsloop Lieferantenstrategien Bis zum Jahr 2014 existierte eine Lieferantenbewertung mit wenig Konsequenz. Im Jahr 2014 werden das Konzept zur Lieferantenentwicklung sowie das Konzept der Lieferantenklassifizierung und der Lieferantenintegration eingeführt. Die Entwicklung der beiden Konzepte erfolgt jeweils in zwei Richtungen. Einerseits wird das Konzept auf Basis der Erfahrungen in der Zusammenarbeit mit den Lieferanten in kleinen Schritten nachjustiert. Beispielsweise wird im Laufe der Zeit die Open-Book-Kalkulation in der Zusammenarbeit erheblich verbessert. Andererseits erfolgt die Entwicklung über die Breite der Anwendung des Konzeptes. Das Konzept der Lieferantenentwicklung ist aufgrund seines Erfolges nur noch bei wenigen Lieferanten erforderlich. Wie bereits dargestellt hat sich die Qualität der Lieferanten stark erhöht (Indikator ist die Zahl A-Lieferanten). Das Konzept der Lieferantenklassifizierung und der Lieferantenintegration werden schrittweise ausgeweitet. Insgesamt ist der Entwicklungsloop auf die Anwendung und Ausreifung der Konzepte und weniger auf umfangreiche Veränderungen gerichtet.

Zielsetzungs- und Umsetzungsloop in der Lieferantenentwicklung Wöchentlich treffen sich die Lieferantenentwickler und ausgewählte strategische Einkäufer zur Durchsprache von Fragestellungen mit Lieferantenbezug. Handlungsbedarf wird gesehen, wenn ein Lieferant in der Lieferantenbewertung schlechte Ergebnisse erzielt, wenn ein neuer Lieferant oder ein neues Produkt eingeführt werden soll oder wenn ein Lieferant aktuelle Qualitäts- oder Lieferprobleme hat. Bei Bedarf wird ein Lieferantenentwicklungsplan erstellt (Zielsetzungsloop). Ferner werden die Fortschritte bei den aktuellen Lieferantenentwicklungsplänen besprochen (Umsetzungsloop).

**Zielsetzungs- und Umsetzungsloop in der Lieferantenklassifizierung und –integ-
ration** Bei Lieferantenstrategien mit Preferred oder Strategic Suppliers wird der Ziel-
setzungs- und Umsetzungsloop in enger Abstimmung mit den Lieferanten gesteuert.
Beispielsweise wird mit Preferred Suppliers jährlich rollierend ein Fünf-Jahresplan mit
Investitionen, neuen Produkten oder neuen Kundengruppen besprochen. Wesentliche
Ergebnisse werden im Sinne einer Lieferantenstrategie dokumentiert. Die Steuerung
der Zusammenarbeit erfolgt in regelmäßigen Strategiemeetings mit den Lieferanten.
So werden mit Preferred Suppliers jährlich vier Strategiemeetings (zweimal auf Top-
Management-Ebene) angestrebt, in denen der Strategiefortschritt sowie vielfältige strate-
gisch-taktische Fragen besprochen werden. Bei Strategic Suppliers erfolgt die Steuerung
analog, wenn auch mit erheblich geringerer Intensität.

4. Vermaschung der Regelkreise und Einkaufscontrolling
Die Regelkreise der vier Strategieebenen sind voneinander nicht unabhängig. Im Gegenteil ist die Vermaschung der Regelkreise eines der zentralen Qualitätskriterien eines
wirkungsvollen Einkaufsmanagements bzw. einer guten Einkaufsstrategie. In verein-
fachter Weise lassen sich die Regelkreise der vier Strategieebenen analog zu Abb. 5.4
darstellen.

Zur Entwicklung der jeweiligen Strategie werden die strategische Analyse durchgeführt und Ziele formuliert (Zielsetzungsloop Schritt 1 Plan). Daraufhin wird die

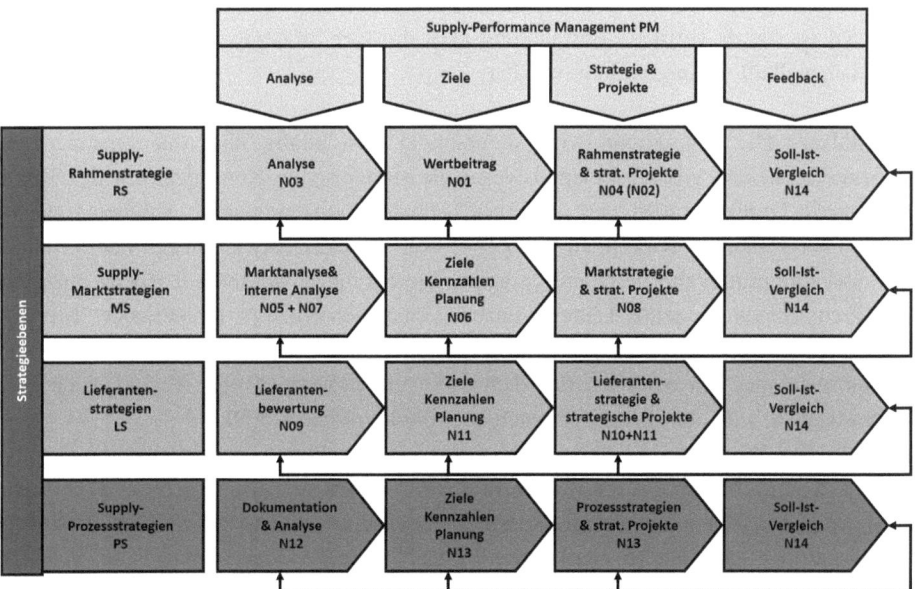

Abb. 5.4 Regelkreisorientierung zur Entwicklung der Einkaufsstrategie (Heß 2017, S. 182). (©
Institut für Beschaffungsstrategie Prof. Dr. Gerhard Heß)

Strategie mit strategischen Stoßrichtungen, strategischen Projekten und strategischen Maßnahmen entwickelt (Zielsetzungsloop Schritt 2 Do). Im Schritt Feedback bzw. Soll-Ist-Vergleich sind der Umsetzungsloop sowie die Schritte „Check" und „Act" des Zielsetzungsloops zusammengefasst:

- **Rahmenstrategie:** Hervorgehoben sind die strategische Analyse (N03), die Definition der Wertbeitragsziele (N01) sowie die Formulierung der strategischen Stoßrichtungen mit strategischen Projekten und strategischen Maßnahmen (N04 und ggf. N02). Dokumentiert sind die Schritte im Strategiepapier der Einkaufsstrategie.
- **Marktstrategien:** Start sind die interne und externe Marktanalyse (N07 und N05). Für die relevanten Märkte werden strategische Ziele (N06) sowie strategische Stoßrichtungen, strategische Projekte und strategische Maßnahmen formuliert (N08). Dokumentiert sind die Schritte in den Marktstreckbriefen.
- **Lieferantenstrategien:** Die Analyse der Lieferanten erfolgt mit der Lieferantenbewertung, inklusive einer Potenzial- und Risikobewertung (N09). Für strategisch bedeutsame Lieferanten werden lieferantenbezogene Ziele, strategische Stoßrichtungen, strategische Projekte und strategische Maßnahmen ggf. in Abstimmung mit den Lieferanten formuliert (N11 und ggf. N10).
- **Prozessstrategien:** Nach Analyse und Dokumentation der Prozesse (N12) werden für ausgewählte strategisch bedeutsame Prozesse Ziele sowie strategische Stoßrichtungen, strategische Projekte und strategische Maßnahmen definiert.

Die Vermaschung der Regelkreise wird im Performance Management gesteuert. In Abb. 5.4 ist sie als vertikale Betrachtung über die vier Strategieebenen abgebildet und kann beispielhaft veranschaulicht werden:

- **Analyse:** Die strategische Analyse erstreckt sich häufig über die verschiedenen Strategieebenen. Werden beispielsweise die strategischen Konsequenzen des Brexit (Austritt Großbritanniens aus der Europäischen Union) untersucht. Können zunächst die übergreifenden Wirkungen wie Zölle, Währungskursentwicklungen oder erhöhter Abwicklungsaufwand betrachtet werden. Diese Fragen werden auf Ebene einzelner Warengruppen, einzelner Lieferanten bzw. einzelner Prozesse konkretisiert. Mit dieser Detailanalyse kann dann wiederum die Gesamtwirkung fundierter beurteilt werden. Analoges gilt natürlich für Technologieentwicklungen oder Veränderungen im politischen, wirtschaftlichen, sozialen oder ökologischen Umfeld.
- **Ziele:** Die Wertbeitragsziele auf Ebene der Rahmenstrategie müssen auf die Supply-Märkte, gegebenenfalls auf Lieferanten oder Prozesse heruntergebrochen werden. Beispielsweise werden die angestrebten Materialpreisveränderungen auf Ebene der Märkte und ausgewählter Lieferanten kaskadiert. In der Regel können die Ziele erst auf dieser Ebene wirkungsvoll gesteuert werden. Ferner verlangt ein Reality Check der Zielsetzungen eine Konkretisierung auf überschaubare steuerbare Einheiten.

- **Strategien:** In gleicher Weise sind strategische Stoßrichtungen zusammen mit den strategischen Projekten zu kaskadieren. Beispielsweise verlangt die Stoßrichtung einer globalen Lokalisierung nach einer Konkretisierung auf Ebene einzelner Märkte bzw. Lieferanten. Ebenso ergeben sich in der Regel erhebliche Anpassungen bei den Prozessen.
- **Feedback:** Es versteht sich von selbst, dass der Projektfortschritt auf den verschiedenen Ebenen eng miteinander verwoben ist. Erfolge oder Misserfolge einer Lokalisierung in einzelnen Warengruppen bzw. bei einzelnen Lieferanten hat unmittelbare Rückwirkung auf die Entwicklung der gesamten Lokalisierungsstrategie.

Soweit erforderlich, kann die Vermaschung der Regelkreise mit formalen Instrumenten unterstützt werden. Beispielsweise kann aus der Rahmenstrategie eine Liste von Vorgaben für die Ausrichtung der Marktstrategien an der Unternehmens- und der Einkaufsstrategie abgeleitet werden. Die Aufforderung, Lokalisierungspotenziale in China zu prüfen und soweit möglich zu nutzen, kann eine solche Vorgabe für die Marktstrategien sein. Soweit möglich kann aber auf solche formalen Instrumente verzichtet werden. Wenn die handelnden Personen (Einkaufsleitung, Teamleitung, strategische Einkäufer) eng und wirkungsvoll miteinander kommunizieren, kann die Kaskadierung der Analysen, Ziele, Strategien und Feedbacks in den direkten Durchsprachen der Strategien sowie der Strategieumsetzung eingefordert werden. Ferner wird bei der Planung und Umsetzung einzelner strategischer Stoßrichtungen bzw. strategischer Projekte unmittelbar gefragt, welche Märkte, Lieferanten bzw. Prozesse mit zu beachten sind. So ergibt sich bei der oben ausgeführten Brexit-Analyse unmittelbar, welche Warengruppen, Lieferanten und Prozesse dabei intensiv zu betrachten sind. Bei der Schreiner Group wird intensiv auf die durchgängige Vermaschung der Strategieebenen geachtet, ohne dass dafür spezielle Steuerungsinstrumente eingeführt wurden.

Planungskalender   Neben der inhaltlichen Vermaschung der vier Strategieebenen empfiehlt es sich, auch die Steuerungsaktivitäten der vier Strategieebenen zeitlich zu koordinieren. Beispielsweise bestehen zwischen den verschiedenen Strategien inhaltliche Abhängigkeiten, sodass die Reihenfolge deren Planung von Bedeutung ist. Aus der Rahmenstrategie sollten Vorgaben für die Marktstrategien abgeleitet werden. In den Marktstrategien wiederum kann die Rahmenstrategie auf ihre Realitätsnähe überprüft werden. Insofern kann es sinnvoll sein, die Planung der Rahmenstrategie und die der Marktstrategien zeitlich miteinander zu verknüpfen. Jenseits der inhaltlichen Abhängigkeiten sollte auch auf die Management- und Mitarbeiterkapazität geachtet werden. Während der Phase der Jahrespreisgespräche oder auch in der Zeit der regionalen Sommerferien sollten strategische Aktivitäten eher reduziert werden. Im Planungskalender wird der zeitliche Ablauf der Steuerungsaktivitäten der vier Strategieebenen sowie des Einkaufscontrollings in der Regel innerhalb eines Jahresturnus strukturiert. In Abb. 5.5 findet sich ein sehr einfaches fiktives Beispiel eines Planungskalenders. Jährlich können zu den Aktivitäten im Planungskalender ganz konkrete Termine vereinbart werden.

	O1	O2	O3	O4	O5	O6	O7	O8	O9	10	11	12
	Jan	Feb	Mär	Apr	Mai	Jun	Jul	Aug	Sep	Okt	Nov	Dez
Rahmenstrategie												
checken							■					
fortschreiben												■
Marktstrategien												
Methodenreview									■			
Marktstrategien fortschreiben mit Check der Lieferantenstrategien										■	■	
checken der Marktstrategien			■	■								
interner Check der Marktstrategie durch den strategischen Einkäufer	■							■				
Lieferantenstrategie												
Methodenreview												
Lieferantenbewertung und -klassifizierung									■			
Feedback mit Lieferanten										■		
Lieferantenstrategien										■	■	■
Lieferantenstrategien checken (im Rahmen der Marktstrategien)				■	■							
Einkaufscontrolling												
Ziele für Kennzahlen festlegen												
Monatliche Berichterstattung zu Maßnahmen und Kennzahlen												

Abb. 5.5 Beispiel eines Planungskalenders (Heß 2017, S. 199). (© Institut für Beschaffungsstrategie Prof. Dr. Gerhard Heß)

Abschließend sei angemerkt, dass es die Aufgabe des Einkaufscontrollings ist, die Ziele und Maßnahmen über die Strategieebenen hinweg zu steuern. Die wesentlichen Zielsetzungen und Kennzahlen bei der Schreiner Group wurden bereits in Abschn. 3.7 und in Kap. 4 in Bezug auf die verschiedenen Strategieebenen dargestellt. Für eine umfangreiche systematische Darstellung des Supply-Controllings sei auf Heß (2017, S. 188 ff.) sowie Heß (2016) verwiesen.

Zusammenfassend kann festgehalten werden: Die Strategien werden auf den vier Strategieebenen mit der regelkreisbasierten Steuerung fortentwickelt und umgesetzt. In den Zielsetzungsloops werden die Strategien schrittweise fortgeschrieben und in den Umsetzungsloops werden auf unerwartete Veränderungen im Umfeld sowie auf positive wie negative Abweichungen in der Umsetzung reagiert. Die evolutionäre Strategieentwicklung bedeutet in der Konsequenz, dass sich die Strategien schrittweise in die Zukunft hinein tasten.

Im Triple-Loop-Konzept der Strategieentwicklung wird neben dem Zielsetzung- und Umsetzungsloop auch der Entwicklungsloop angesprochen. Dieser zielt auf die systematische Entwicklung des Einkaufsmanagementsystems. Der Entwicklungsloop wurde in diesem Abschnitt bereits definiert und in der Gesamtsystematik verankert. Mit dem 15M-Reifegradmodell steht ein Instrument zur Verfügung, mit dem der Entwicklungsloop systematisch gesteuert werden kann. Bei der Schreiner Group ist das 15M-Reifegradmanagement seit 2014 im Einsatz. Im nächsten Abschnitt soll das 15M-Reifegradmanagement am Beispiel der Schreiner Group vorgestellt werden.

5.4 15M-Reifegradmanagement

Das 15M-Reifegradmanagement ist das dritte Konzept zur Unterstützung der evolutionären Entwicklung der Einkaufsstrategie. Mit dem 15M-Reifegradmodell kann das aktuelle Einkaufsmanagement des Unternehmens analysiert und beurteilt werden. Auf dieser Basis können Verbesserungsideen identifiziert und priorisiert werden. Diese fließen als Handlungsbedarf in den oben beschriebenen Strategieentwicklungsprozess ein. Dort wird aus einer ganzheitlichen Sicht – z. B. auch unter Beachtung der verfügbaren Managementkapazität – die Strategie inklusive der Fortentwicklung des Einkaufsmanagements formuliert. Das 15M-Reifegradmanagement ist letztlich das zentrale Instrument zur Steuerung des Entwicklungsloops (vgl. Abschn. 5.3). 1) Es soll zunächst die Grundidee und der Nutzen des 15M-Reifegradmanagements näher betrachtet werden. 2) Zentrales Element im 15M-Reifegradmanagement ist der 15M-Reifegradworkshop, in dem die aktuelle Situation des Einkaufsmanagements hinterfragt und beurteilt wird. Im zweiten Schritt soll deshalb am Beispiel der Schreiner Group die Durchführung des 15M-Reifegradworkshops und damit verbunden auch das 15M-Reifegradmodell näher vorgestellt werden. 3) Im 15M-Reifegradmodell ist eine Bewertungssystematik integriert. Mithilfe des 15M-Reifegradscores kann die aktuelle Situation des Einkaufsmanagements quantitativ bewertet werden. Bei einer jährlichen Wiederholung der Reifegradbewertung kann damit auch die (hoffentlich positive) Entwicklung des Einkaufsmanagements über die Zeit dargestellt werden. Der Aufbau und Nutzen des 15M-Reifegradscores wird am Beispiel der Schreiner Group illustriert.

1. Grundidee des 15M-Reifegradmanagements

Im 15M-Reifegradmanagement wird die aktuelle Situation des Einkaufsmanagements im Unternehmen mit dem Ideal der 15M-Architektur verglichen, d. h. es wird ein Benchmark zwischen dem aktuellen Einkaufsmanagement des Unternehmens und der 15M-Architektur durchgeführt. Dazu wird die 15M-Architektur analog zu den Strategiebausteinen in fünf Bewertungsbereiche und in 36 Bewertungsfunktionen strukturiert (vgl. Abb. 5.6).[1]

Die Bewertungsfunktionen orientieren sich an den 15 Modulen. Teilweise werden aus pragmatischen Gesichtspunkten zu einem Modul mehr als eine Bewertungsfunktion gebildet. Beispielsweise wird zu Modul N01 „Wertbeitragsziele festlegen" hinterfragt, wie die Kostenposition, wie der Differenzierungsbeitrag bzw. der Finanzbeitrag des Einkaufs gemessen und gesteuert wird. Die Vorgehensweise der Reifegradbeurteilung und des Reifegradmanagements wird in den folgenden beiden Abschnitten ausgeführt. Eine

---

[1]Mit der Feinjustierung des 15M-Reifegradmodells wurde im Laufe der Jahre die Zahl der Bewertungsfunktionen leicht angepasst. Im Jahr 2018 umfasst das 15M-Reifegradmodell 38 Bewertungsfunktionen.

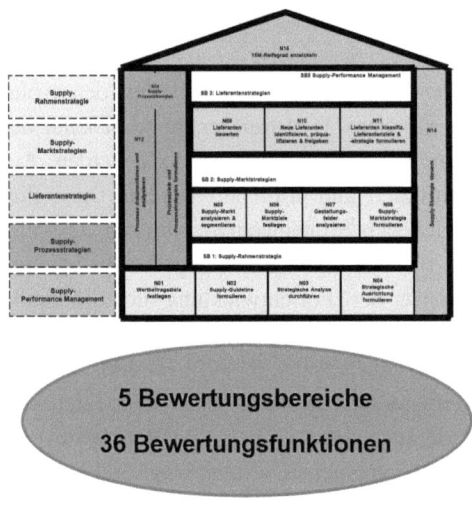

1. **Rahmenstrategie**
   1. **Optimierung der Kostenposition**
   2. **Differenzierungsbeitrag**
   3. **...**
2. **Marktstrategien**
   1. **Marktziele**
   2. **Externe Marktanalyse**
   3. **...**
3. **Lieferantenstrategien**
   1. **Lieferantenziele**
   2. **Lieferantenbewertung**
   3. **Lieferantenpotenzialanalyse**
   4. **...**
4. **Prozessstrategien**
   1. **Prozessziele**
   2. **Prozessdokumentation und –analyse**
   3. **Prozessstrategien**
   4. **...**
5. **Einkaufsmanagement**
   1. **Organisation**
   2. **Mitarbeiter**
   3. **...**

Abb. 5.6 Grundidee und Struktur der 15M-Reifegradanalyse. (© Institut für Beschaffungs-strategie Prof. Dr. Gerhard Heß)

umfassende systematische Beschreibung des 15M-Reifegradmanagements findet sich in Heß (2015) sowie (2017, S. 202 ff.).

Mit dem 15M-Reifegradmanagement werden folgende Ziele angestrebt:

- **Analyse der aktuellen Situation:** Innerhalb von ein bis zwei Tagen werden der aktuelle Stand des Einkaufsmanagements systematisch erfasst und die Stärken und Schwächen des Systems aufgezeigt. Bedeutsam ist, dass im 15M-Reifegradworkshop ein gemeinsam geteiltes Bild der aktuellen Situation entsteht.
- **Verbesserungsideen und Strategieentwicklung:** Es werden umfassend Verbesserungsideen identifiziert und im Kreis der Verantwortlichen priorisiert. Diese dienen als wesentlicher Input für die Fortentwicklung des Einkaufsmanagements und damit auch für die Fortentwicklung der Einkaufs- und der Rahmenstrategie. Darüber hinaus ergeben sich in der Regel vielfältige kleine Verbesserungsideen, die direkt umgesetzt werden können.
- **Quantifizierung der Reife mit dem 15M-Reifegradscore:** Mit dem 15M-Reifegradscore können der aktuelle Stand und die Fortschritte bei der Entwicklung des Einkaufsmanagements dokumentiert werden. Aufgrund der mehrjährigen Dauer der evolutionären Entwicklung des Einkaufsmanagements ergeben sich hieraus folgende Nutzeffekte:
  1. **Managementsicht:** Die schrittweise Verbesserung des Einkaufsmanagements ist gegenüber der Managementebene schwer nachweisbar. Mithilfe des 15M-Reifegradscores können die realisierten Erfolge dokumentiert und nachgewiesen werden.

2. **Steuerungssicht:** Im 15M-Reifegradscore werden – ggf. in Abstimmung mit den Stakeholdern – Funktionen hervorgehoben, in denen besonderer Handlungsbedarf besteht.

3. **Motivationssicht:** Mit dem 15M-Reifegradscore werden auch für die handelnden Personen die Erfolge sichtbar. Jahrelang an der Verbesserung des Einkaufsmanagements zu arbeiten kann demotivierend sein, wenn die Erfolge nicht richtig darstellbar sind. Eine Steigerung des 15M-Reifegradscores beispielsweise von 40 % auf 70 % hingegen kann helfen, Fortschritte transparent zu machen und zu weiteren Anstrengungen zu motivieren.

4. **Incentivierungssicht:** Darüber hinaus ist es vorstellbar, den 15M-Reifegradscore oder Teile daraus (z. B. Score des Strategiebausteins Lieferantenmanagement) als Basis für die Incentivierung zu verwenden.

- **Steuerung des Entwicklungsloops:** Zusammenfassend kann festgestellt werden, dass das 15M-Reifegradmanagement dazu dient, den Entwicklungsloop zur Entwicklung des Einkaufsmanagements zu steuern. Es unterstützt eine systematische Kommunikation im Kreis der Verantwortlichen des Einkaufs darüber, wie das Einkaufsmanagement fortentwickelt werden soll.

2. 15M-Reifegradmodell und 15M-Reifegradworkshop bei der Schreiner Group

Die Wirkungsweise des 15M-Reifegradmanagements und der Aufbau des 15M-Reifegradmodells lassen sich am Beispiel der Vorgehensweise bei der Schreiner Group sehr gut veranschaulichen. Zentral ist der 15M-Reifegradworkshop, der bei der Schreiner Group jeweils als ganztägiger Workshop durchgeführt wird. Teilnehmer sind der Einkaufsleiter und die Teamleiter des Einkaufs. Grundsätzlich ist der Workshop einmal jährlich vorgesehen. Aufgrund aktueller Entwicklungen gab es allerdings kleinere Abweichungen vom Jahresturnus, die mit planerischen Maßnahmen geglättet werden. Von 2014 bis 2018 werden vier Workshops durchgeführt. Für das fehlende Jahr 2016 werden entsprechende rückwirkende Betrachtungen in 2017 angestellt.

Im Workshop werden die Bewertungsbereiche und die Bewertungsfunktionen strikt der Reihe nach durchgesprochen. Bei 36 Bewertungsfunktionen und ca. neun Stunden verfügbarer Zeit wird deutlich, dass das Zeitmanagement eine wichtige Rolle spielt. Die Zeitplanung wird weiter unten in diesem Abschnitt nochmals aufgegriffen.

Der Workshop startet mit der ersten Bewertungsfunktion bzw. konkret mit der Frage, mit welchen Wertbeitragszielen der Einkauf gesteuert wird. Soweit erforderlich kann aus der 15M-Architektur heraus, eine (theoretische) Systematik vorgestellt (für das Beispiel Heß 2017, S. 44 ff.) oder Best-Practice-Beispiele angeführt werden. Anschließend wird die aktuelle Situation bei der Schreiner Group präsentiert und diskutiert. Bereits bei der Beurteilung der aktuellen Situation kann es bei den Beteiligten sehr unterschiedliche Einschätzungen geben. So kann eine Person der Meinung sein, dass Wertbeitragsziele zur Finanzposition so gut wie gar nicht verfolgt werden. Andere Teilnehmer hingegen können völlig gegenteiliger Auffassung sein. Die Sichten gilt es so gut wie möglich abzugleichen.

In der Diskussion zur Bewertungsfunktion ergeben sich in der Regel vielfältige Hinweise auf Verbesserungsideen unterschiedlichster Art:

- **Kleine Ideen, die unmittelbar umgesetzt werden können,** am Beispiel zu den Wertbeitragszielen: Der Einkaufscontroller sollte zukünftig seinen monatlichen Bericht zu den Wertbeitragszielen nicht nur an die Teamleitungen, sondern auch an die fünf strategischen Einkäufer versenden.
- **Ideen zum Umsetzungs- und Zielsetzungsloop,** am Beispiel: Die vorgesehene Abstimmung der Wertbeitragsziele mit dem Technologiemanagement funktioniert noch nicht richtig. Es sollte das Gespräch mit der Leitung des Technologiemanagements gesucht werden, um mögliche Lösungen zu diskutieren.
- **Ideen zur Entwicklung der Bewertungsfunktion:** Die Identifikation und Beurteilung von Verbesserungsideen zur Entwicklung der jeweiligen Bewertungsfunktion sind die eigentliche Aufgabe des 15M-Reifegradworkshops. Im Beispiel: Es wird ein Defizit zur Beurteilung der Finanzposition identifiziert, das mit einer geeigneten Kennzahl behoben werden soll. Oder: Es soll angestrebt werden, dass zukünftig die Wertbeitragsziele auf Ebene der Geschäftsbereiche mit den Geschäftsbereichsleitungen abgestimmt werden sollen.

Die Diskussion der Verbesserungsideen nimmt in der Regel innerhalb des Workshops einen großen Raum ein. Nach Möglichkeit sollte ein Konsens zur Priorität und zum Umgang mit den Ideen erzielt werden. Soweit das in der kurzen Zeit nicht möglich ist, sollte die weitere Vorgehensweise fixiert werden, z. B. Aufbereitung der Argumente durch Person A und Diskussion in der nächsten Teamleiterbesprechung.

Anschließend kann die Bewertung des Reifegrads der jeweiligen Bewertungsfunktion im Team erfolgen. Dabei werden das methodische Konzept, das prozessuale Konzept sowie der Umsetzungsstand der Bewertungsfunktion beurteilt:

- **Methodische Konzept:** Im Beispiel kann beurteilt werden, ob ein umfassendes Messkonzept der relevanten Wertbeitragsziele vorhanden ist, ob die Wertbeitragsziele hinreichend mit der Unternehmensstrategie abgestimmt sind, ob ein Reality Check mit den Marktstrategien oder den Lieferantenstrategien erfolgt oder ob mögliche Zielkonflikte zwischen verschiedenen Wertbeitragszielen systematisch geklärt werden.
- **Prozessuales Konzept:** Im prozessualen Konzept wird beurteilt, ob eine grundsätzlich auf Verbesserung ausgerichtete Vorgehensweise vorliegt (PDCA-Orientierung). Ob die Mitarbeiter über die erforderliche Kompetenz und Kapazität für die Durchführung der Aktivitäten verfügen. Ob das Einkaufsmanagement die jeweilige Funktion unterstützt. Gegebenenfalls wird beurteilt, ob die Prozesse definiert und dokumentiert sind und verfügbaren DV-Tools die technisch mögliche Unterstützung für die Bewertungsfunktion leisten.
- **Umsetzung:** Hervorragende Konzepte sind wenig hilfreich, wenn sie nicht praktiziert werden. Insofern wird beurteilt, in wie viel Prozent des möglichen Einsatzbereiches die beschriebenen methodischen und prozessualen Konzepte bereits praktiziert werden.

Zu jeder Bewertungsfunktion gibt es eine „Batterie" an Fragen, mit denen die Situation beurteilt werden kann. Zu den Fragen sind jeweils Antwortkategorien definiert, sodass die Reife der jeweiligen Bewertungsfunktion einfach beurteilt werden kann. An der ersten Frage zum methodischen Konzept in der Bewertungsfunktion „Wertbeitragsziele" soll dies illustriert werden:

Frage: Wie werden die Wertbeitragsziele bzw. die Geschäftsziele im Einkauf definiert und dokumentiert? (inklusive Durchgängigkeit)

- **Stufe 1 entspricht 0 %:**
  Es gibt keine Wertbeitragsziele im Einkauf.
- **Stufe 2 entspricht 25 %:**
  Es gibt zwei bis drei isolierte Wertbeitragsziele.
- **Stufe 3 entspricht 50 %:**
  Es werden mehrere Wertbeitragsziele formuliert, die ein größeres Spektrum an Themen abdecken. (im Ansatz quantitativ und qualitativ, wenn auch noch nicht umfassend)
- **Stufe 4 entspricht 75 %:**
  wie Stufe 5, jedoch mit Einschränkungen; nachhaltigkeitsorientierte und risiko-orientierte Ziele sind berücksichtigt.
- **Stufe 5 entspricht 100 %:**
  Es gibt ein umfassendes System aus qualitativen und quantitativen Zielen, die durchgängig aus den Unternehmenszielen und den Anforderungen der Stakeholder abgeleitet sind. Nachhaltigkeitsorientierte und risikoorientierte Ziele sind definiert.

Die Beurteilung erfolgt im Sinne einer Selbstbewertung durch die Teilnehmer des Workshops und sollte im Konsens erfolgen. Gegebenenfalls können Minderheitsmeinungen dokumentiert werden. Hinweise zur Ermittlung des 15M-Reifegradscores folgen im nächsten Abschnitt.

Dokumentation Die Ergebnisse werden in einer speziell vorbereiteten Excel-Liste dokumentiert. Pro Bewertungsfunktion ist ein Tabellenblatt vorgesehen. In diesem Tabellenblatt sind die Rechenalgorithmen bereits programmiert, sodass nur die Fragen zur Bewertungsfunktion beantwortet werden müssen. Es wird ferner empfohlen, die aktuelle Situation und wesentliche Gründe für die Bewertung zu dokumentieren. Bei der Neubewertung nach einem Jahr sind diese Hinweise sehr hilfreich. Darüber hinaus sind die Verbesserungsideen zu dokumentieren, z. B. auf einem Flipchart, damit sie während des Workshops für alle Teilnehmer sichtbar bleiben. Abb. 5.7 zeigt einen Ausschnitt aus dem Excel-Tabellenblatt zur Analyse der Wertbeitragsziele. In den Zeilen 1 bis 5 werden die Ergebnisse zusammengefasst. Darunter finden sich die Fragen zur Beurteilung des Konzeptes und zur Beurteilung des Prozesses. Rechts daneben ist Platz für Anmerkungen zur aktuellen Situation und für Verbesserungsideen.

1.1 Wertbeitragsziele

No.	Prio.	Rel.	Dimension	Vorjahr	As-Is	Plan
3	5	1	Konzept	0%	0%	0%
4	5	1	Prozess	0%	0%	0%
5	12	2	Umsetzung	0%	0%	0%
				0%	0%	0%

Summe Gewicht **14** — Konzept Exzellenz   0% / 0% / 0%

Existenz und Steuerung von Wertbeitragszielen
Kaskadierung von Wertbeitragszielen
Anforderungsmanagement
Integration von Mitarbeitern

No.	Prio.	Rel.	Fragen	Stage 1 = 0%	Stage 2 = 25%	Stage 3 = 50%	Stage 4 = 75%	Stage 5 = 100%
1	5	1	Wie werden die Wertbeitragsziele bzw. die Geschäftsziele im Einkauf definiert und dokumentiert? (inklusive Durchgängigkeit)	Es gibt keine Wertbeitragsziele für den Einkauf.	Es gibt zwei bis drei (isolierte) Wertbeitragsziele.	Es werden mehrere Wertbeitragsziele formuliert, die ein größeres Spektrum an Themen abdecken. (im Ansatz quantitativ und qualitativ, wenn auch noch nicht umfassend)	wie Stufe 3, jedoch mit … (Nachhaltigkeitsdimensionen und risikoorientierte Ziele sind berücksichtigt)	Es gibt ein umfassendes System an qualitativen und quantitativen Zielen, die durchgängig aus den Unternehmenszielen und den Anforderungen der Stakeholder abgeleitet sind. Nachhaltigkeitsdimensionen und risikoorientierte Ziele sind definiert.
2	3	1	Wie werden die Wertbeitragsziele in alle relevanten Strukturen kaskadiert?	Es gibt keine Kaskadierung der Wertbeitragsziele.	Frage 1 mindestens Stufe 2	Frage K1 mindestens Stufe 2. Vereinzelte Wertbeitragsziele werden auf verschiedene Ebenen kaskadiert, z.B. Märkte, Einkäufergruppen	Frage K1 mindestens Stufe 3	Frage K1 mindestens Stufe 4. Alle Wertbeitragsziele werden systematisch auf alle Ebenen kaskadiert.
3	3	1	Anforderungsmanagement: Wie werden die Anforderungen der Stakeholder ermittelt und in die Wertbeitragsziele integriert?	Anforderungen der Stakeholder fließen bestenfalls intuitiv ein.	Frage K1 mindestens Stufe 2. Die Anforderungen der Stakeholder sind definiert.	Frage K1 mindestens Stufe 2. Die Anforderungen der Stakeholder werden explizit erfragt und in den Stakeholder nicht notwendigerweise in expliziten Abstimmungsprächen.	Frage K1 mindestens Stufe 4. Systematische mindestens jährliche explizite Gespräche mit den verschiedenen Stakeholdern. Die Dokumentation der Anforderungen.	Frage K1 mindestens Stufe 4
4	3	1	Wie erfolgt die Abstimmung konfligierender Zielsetzungen?	Keine Abstimmung oder lineale. Alles ist wichtig.	Frage K1 mindestens Stufe 2. Explizite Abstimmung und Priorisierung der Ziele	Frage K1 mindestens Stufe 3	Frage K1 mindestens Stufe 4. Zu konfligierenden Zielen existiert eine Planung, die zeigt, in welchem Verhältnis die konfligierenden Ziele erreicht werden sollen.	
5	0	0						

Summe Gewicht **10** — Prozess Exzellenz   0% / 0% / 0%

No.	Prio.	Rel.	Fragen	Stage 1 = 0%	Stage 2 = 25%	Stage 3 = 50%	Stage 4 = 75%	Stage 5 = 100%
1	5	1	Wie werden die Wertbeitragsziele und die Geschäftsziele gesteuert? (Übersicht, nachhaltig)	Es gibt keine Wertbeitragsziele für den Einkauf.	Frage K1 mindestens Stufe 2. Wertbeitragsziele werden nur berichtet, aber es gibt keine Zielvorgaben.	Frage K1 mindestens Stufe 2. Es gibt Zielvorgaben zu den Zielen, die regelmäßig gesteuert werden.	Frage K1 mindestens Stufe 2. Ein Großteil der Ziele sind definiert und werden gesteuert. Die Stakeholder werden regelmäßig informiert.	Frage K1 mindestens Stufe 4. Alle Ziele sind definiert und werden gesteuert. Die Stakeholder werden in angemessenem Verlauf in den Steuerungsprozess integriert. Es gibt ein Purchasing-Board zur Verabschiedung der Vertriebsziele.
2	3	1	Wie werden die Mitarbeiter in die Steuerung der Wertbeitragsziele integriert?	Die Mitarbeiter werden nicht integriert.	Frage K1 mindestens Stufe 2. Mitarbeiter werden umfänglich über die Ziele und deren Entwicklung informiert.	Frage K1 mindestens Stufe 2. Mitarbeiter werden bewilligt, dass ihr Zielbeitrag explizit benannt ist.	Frage K1 mindestens Stufe 3, jedoch mit Einschränkungen	Frage K1 mindestens Stufe 4. Die Mitarbeiter werden in den Prozess der Zieldefinition angemessen integriert. Die Mitarbeiter werden für eigene Zielsetzungen verantwortlich gemacht. Die Steuerung der Ziele erfolgt in Zusammenarbeit mit den Mitarbeitern.
3	2	1	Wie wird die EU-Übergehende …	Keine Zusammenarbeit		Frage K1 mindestens Stufe 2 …	Frage K1 mindestens Stufe 3 …	Frage K1 mindestens Stufe 4 …

Abb. 5.7 Ausschnitt Excel-Dokumentation zur 15M-Reifegradbeurteilung. (© Institut für Beschaffungsstrategie Prof. Dr. Gerhard Heß)

Nachbereitung Nach dem Workshop sind die Ergebnisse aufzubereiten und die Konsequenzen zu fixieren. Idealerweise passiert dieser Schritt innerhalb der Rahmenstrategie. So kann im Rahmen der strategischen Analyse (N03) die aktuelle Situation des Einkaufsmanagements sowie die identifizierten Verbesserungsideen dokumentiert werden. Abb. 5.8 zeigt beispielhaft die Aufbereitung der Ergebnisse der Reifegradanalyse aus der Rahmenstrategie 2015 der Schreiner Group. Die Dokumentation der Entwicklung des 15M-Reifegradscores erfolgt im nächsten Abschnitt.

Review-Workshops Soweit ein Unternehmen schon größere Teile der 15M-Architektur aufgebaut hat, hat sich alternativ zur beschriebenen Vorgehensweise auch die Durchführung von Review-Workshops und deren Verknüpfung mit dem 15M-Reifegradmanagement sehr bewährt. Im Review-Workshop wird ein Strategiebaustein innerhalb eines ein- oder zweitägigen Workshops detailliert betrachtet und nach Verbesserungsideen gesucht. Beispielsweise kann ein Review-Workshop zur Fortentwicklung der Marktstrategien abgehalten werden. Teilnehmer sollten neben dem (betroffenen) Leitungsteam ausgewählte Key User und ggf. weitere Stakeholder aus anderen Abteilungen sein. Die Vorgehensweise im Workshop ähnelt der innerhalb des Reifegradworkshops:

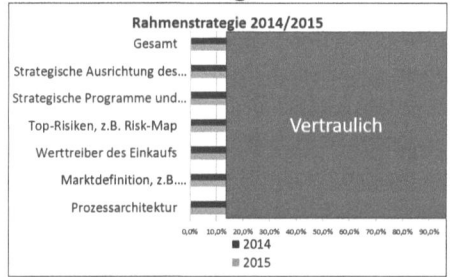

- Reifegradanalyse

Rahmenstrategie

- Strategische Stoßrichtungen im Detail überarbeiten und in Projekten systematisch umsetzen
- „Lean-Riskmanagement" aufbauen
- Strategietreiber zur Messung des Strategiefortschrittes definieren und steuern

Thema	Beurteilung d. Leistungsfähigkeit der Organisation	Resultierender Handlungsbedarf
Strategische Ausrichtung	• Aufgrund der neuen SGR-Strategie sowie strategischer Erfolge ist die Rahmenstrategie im Detail nicht mehr aktuell	• Überarbeiten und Fortentwickeln der strategischen Stoßrichtungen sowie der damit verbundenen Projekte • Regelmäßiges Review der Strategie
Risiko-management	• Risikomanagement ist aktuell nur implizit vorhanden. Allerdings wird das Risikopotenzial nicht hoch eingeschätzt	• Aufbau eines systematischen, jedoch schlanken Risikomanagements
Werttreiber	• Strategietreiber sind bisher nicht definiert.	• Kennzahlen zum Aufzeigen des Strategiefortschrittes definieren und steuern

Abb. 5.8 Dokumentation der 15M-Reifegradergebnisse bei der Schreiner Group. (© Schreiner Group GmbH & Co. KG, Oberschleißheim)

- Vorstellung und Diskussion der aktuellen Situation
- Brainstorming Verbesserungspotenziale
- Vorstellung und Diskussion Best-Practice und theoretische Konzepte
- Durchführung der Reifegradbewertung (aktuelle Situation)
- Ergänzung und Clusterung der Verbesserungsideen
- Konkretisierung und Priorisierung der Verbesserungsideen
- ggf. Ausarbeitung einzelner Verbesserungsideen
- Beschluss weitere Vorgehensweise und Reifegradbewertung (Plan)

Wesentliche Vorteile von Review-Workshops sind der erheblich ausgeweitete zeitliche Rahmen und die Teilnahme von Anwendern und ggf. weiteren Stakeholdern. Damit fließt ein umfangreiches Anwendungswissen in den Workshop ein und die Verbesserungsideen können tiefer gehend ausgearbeitet werden. Darüber hinaus lernen die Key User und die anderen Stakeholder vielfältige Hintergründe kennen und verstehen die eine oder andere Restriktion. So wird bei den Key Usern die Identifikation mit den geplanten Veränderungen erhöht und die Umsetzung der neuen Ideen wird stark vereinfacht. Den Vorteilen steht natürlich ein erhöhter Aufwand für die zusätzlichen Workshops entgegen. Kombinationen aus Reifegrad- und Review-Workshop sind gut möglich, z. B. Durchführung eines Review-Workshops zum Lieferantenmanagement und eines 15M-Reifegradworkshop zu den übrigen Themen. Im Folgejahr kann dann neben dem 15M-Reifegradworkshop ein Review-Workshop zu den Marktstrategien abgehalten werden.

3. 15M-Reifegradscore und Reifegradentwicklung bei der Schreiner Group

Zur Ermittlung des 15M-Reifegradscores werden zunächst die einzelnen Bewertungsfunktionen bewertet. Hierzu werden – wie oben ausgeführt – die Fragen zur Exzellenz des Konzeptes und zur Exzellenz des Prozesses im Sinne einer Selbstbewertung beantwortet. Dabei ergibt sich je Frage ein Erfüllungsgrad zwischen 0 % und 100 %. Für die Exzellenz des Konzeptes und für die Exzellenz des Prozesses wird aus den Einzelfragen jeweils ein gewichteter Durchschnittswert ermittelt. Nicht relevante Fragen können aus der Bewertung eliminiert werden.

Zur Beurteilung des Umsetzungsstandes wird versucht, einen passenden Indikator zu finden. Beispielsweise kann der Umsetzungsstand zu den Marktstrategien über das Einkaufsvolumen von Materialien beurteilt werden, die mithilfe einer Marktstrategie gesteuert werden. Auf diese Weise können gleichermaßen Materialgruppen wie auch Standorte ohne Marktstrategien als Umsetzungsdefizit im Reifegradscore berücksichtigt werden. Allerdings sollte dabei auch beachtet werden, dass es nicht erstrebenswert ist, für 100 % des Spends Strategien zu formulieren. Wird als Ziel definiert, dass für 80 % des Spends eine Strategie definiert sein soll, muss der Umsetzungsgrad entsprechend hochgerechnet werden. Beispielsweise würde ein Wert von 60 % des Einkaufsvolumens mit Strategie bedeuten, dass der Umsetzungsstand 75 % beträgt (=60 % dividiert 80 %).

Die Bewertungen zum Konzept, zum Prozess bzw. zur Umsetzung dürfen nicht einfach addiert werden. Sonst könnte es passieren, dass ein katastrophales Konzept aufgrund guter Prozesse zu einer mittelmäßigen Leistung führt. Ähnliches gilt für die Verknüpfung zwischen Konzept und Umsetzung. Ein katastrophales Konzept bleibt trotz flächendeckender Umsetzung katastrophal. So wird beispielsweise die Umsetzung bei der Ermittlung des 15M-Reifegradscores einer Bewertungsfunktion nur berücksichtigt, wenn das Konzept eine Mindestqualität aufweist. Diese und weitere Aspekte sind über die Rechenalgorithmen des 15M-Reifegradscores zu berücksichtigen.

In Abb. 5.9 findet sich ein Überblick über die 15M-Reifegradscores bei der Schreiner Group. Die Zahlen sind aus Gesichtspunkten der Vertraulichkeit anonymisiert und insofern nur fiktive Werte. Für die einzelnen Strategiebausteine wird über die relevanten Bewertungsfunktionen hinweg ein gewichteter Mittelwert gebildet und somit der 15M-Reifegradscore des Strategiebausteins ermittelt. Bei der Gewichtung der Bewertungsfunktionen wird an dem oben vorgestellten Regelkreiskonzept (Abb. 5.6) angeknüpft. Die vier Phasen Ziele, Analyse, Ausrichtung und Steuerung werden jeweils mit 25 % gleich gewichtet. Bei der Definition der Bewertungsfunktionen wurde darauf

Abb. 5.9 Übersicht 15M-Reifegradscore bei der Schreiner Group (Zahlen fiktiv). (© Institut für Beschaffungsstrategie Prof. Dr. Gerhard Heß)

geachtet, dass zu jeder Phase in jedem Strategiebaustein mindestens eine Bewertungs-funktion vorhanden ist. Sollten mehrere Bewertungsfunktionen vorkommen, werden die 25 % Gewicht auf die Bewertungsfunktionen aufgeteilt.

Der 15M-Reifegradscore für das Einkaufsmanagement insgesamt wird mithilfe eines gewichteten Durchschnitts über die 15M-Reifegradscores der Strategiebausteine gebildet. Das Modell ist so kalibriert, dass 75 % der Punkte Schulnote 1,0 und 50 % der Punkte Schulnote 2,5 bedeuten. Werte über 75 % können als Best Practice bezeichnet werden.

Im Sinne der evolutionären Strategieentwicklung wird bei der Schreiner Group nicht nur der aktuelle Reifegrad ermittelt, sondern auch eine Planung mit Planungshorizont 12 Monate erstellt. Damit wird festgelegt, bei welchen Bewertungsfunktionen bzw. bei welchen Modulen der 15M-Architektur im nächsten Jahr Entwicklungen angestrebt werden. Hierzu werden die grundsätzlichen Ansätze und das Ausmaß der Verbesserung geplant. Diese Planungen sind innerhalb der Rahmenstrategie mit den weiteren strategi-schen Stoßrichtungen sowie strategischen Projekten abzustimmen.

Bei einer jährlichen Reifegradbeurteilung kann die Entwicklung des 15M-Reifegrads im Einkaufsmanagement sowie in den einzelnen Strategiebausteinen ermittelt und ana-lysiert werden. In Abb. 5.10 findet sich die Entwicklung des 15M-Reifegrads bei der Schreiner Group. Die Bewertungen wurden in den Jahren 2014, 2015, 2017 und 2018 durchgeführt. Für 2018 wurde neben der aktuellen Situation auch ein Planwert fest-gelegt. (Wie bereits angesprochen erfolgte in 2016 keine Bewertung.) Die Zahlen sind wieder anonymisiert, d. h. fiktiv. Das grundsätzliche Bild entspricht jedoch der Situa-tion bei der Schreiner Group. Insgesamt ist eine positive Entwicklung in der Reife des Einkaufsmanagements sowie aller Strategiebausteine zu erkennen. Ferner wird deut-lich, dass in den ersten Jahren viel Engagement in die Marktstrategien und in das Per-formance Management investiert wurde. Aktuell werden die Rahmenstrategie, die Lieferantenstrategien und die Prozesse vorangetrieben. Die Übersicht über die Ent-wicklung des 15M-Reifegradscores ist in der Managementkommunikation sehr hilfreich.

Nach dem „Ganzheitlichen Strategiekonzept", dem ersten Erfolgskonzept der strate-gischen Transformation im Einkauf, wurde in diesem Kapitel das zweite Erfolgskonzept die „evolutionäre Strategieentwicklung" besprochen. Strategien werden entsprechend der internen und externen Anforderungen, aber auch im Hinblick auf die aktuellen Möglich-keiten im Einkauf schrittweise entwickelt bzw. implementiert. Evolutionär tasten sie sich – mehr oder minder zügig – in die Zukunft hinein. Es wurden drei grundlegende Ansätze der evolutionären Entwicklung der Einkaufsstrategie vorgestellt:

- **Die strategische Story,** die die strategische Vision und die großen Schritte beschreibt, mit denen die Vision zur Wirklichkeit werden soll;
- **Das Konzept der vermaschten Regelkreise,** mit denen die evolutionäre Strategieent-wicklung im Detail gesteuert wird;
- **Das 15M-Reifegradmanagement,** mit dem die schrittweise Entwicklung des Ein-kaufsmanagements vorangetrieben wird.

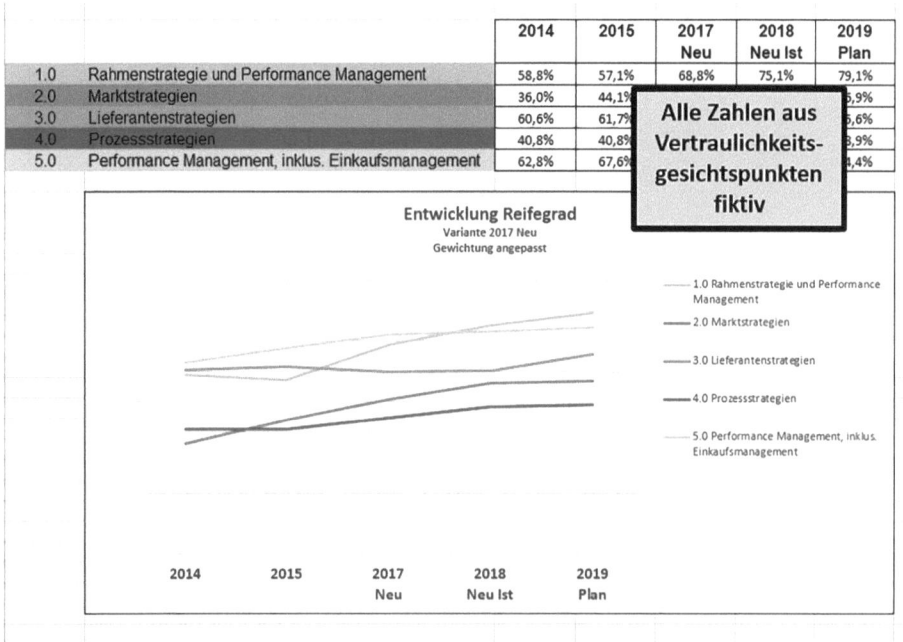

		2014	2015	2017 Neu	2018 Neu Ist	2019 Plan
1.0	Rahmenstrategie und Performance Management	58,8%	57,1%	68,8%	75,1%	79,1%
2.0	Marktstrategien	36,0%	44,1%			5,9%
3.0	Lieferantenstrategien	60,6%	61,7%			5,6%
4.0	Prozessstrategien	40,8%	40,8%			3,9%
5.0	Performance Management, inklus. Einkaufsmanagement	62,8%	67,6%			4,4%

Abb. 5.10 Entwicklung des 15M-Reifegradscores bei der Schreiner Group (Zahlen fiktiv). (© Institut für Beschaffungsstrategie Prof. Dr. Gerhard Heß)

Jenseits dieser strukturellen und prozessualen Gestaltungsdimensionen erfordert die strategische Transformation umfangreiche Lern- und Veränderungsprozesse bei allen Beteiligten, bei den Partnern des Einkaufs im Unternehmen, bei den Lieferanten und ganz besonders im Einkauf selbst. Diese Lern- und Veränderungsprozesse dürfen nicht als nebensächliches Beiwerk verstanden werden, das sich schon irgendwie ergeben wird. Vielmehr müssen auch die Lern- und Veränderungsprozesse Gegenstand strategischer Überlegungen werden. Im folgenden Kapitel soll somit das Change Management als drittes Erfolgskonzept der strategischen Transformation besprochen werden.

Literatur

Deming, W. E. (1986). *Out of the crisis.* Cambridge: MIT Press.

Heß, G. (2010). *Supply-Strategien in Einkauf und Beschaffung – Systematischer Ansatz und Praxisfälle* (2. Aufl.). Wiesbaden: Gabler.

Heß, G. (2015). *Reifegradmanagement im Einkauf – Mit dem 15M-Reifegradmodell zur Exzellenz im Supply Management.* Wiesbaden: Gabler.

Heß, G. (2016). Den Wertbeitrag des Einkaufs strategisch steuern. *Controlling & Management Review Sonderheft, 2016*(2), 8–15.

Heß, G. (2017). *Strategischer Einkauf und Supply-Strategie – Schrittweise Entwicklung des strategischen Einkaufs mit der 15M-Architektur 2.0* (4. Aufl.). Wiesbaden: Gabler.

Erfolgskonzept: Change Management

6

Die strategische Transformation im Einkauf stellt für die Organisation einen gewaltigen Veränderungsprozess dar, der nicht dem Zufall überlassen werden darf, sondern gesteuert werden muss. In diesem Kapitel werden die acht zentralen Erfolgsfaktoren für eine erfolgreiche strategische Transformation vorgestellt. Es werden zum einen die Gestaltungshebel einer Veränderung im Allgemeinen und zum anderen die Vorgehensweise der Schreiner Group erläutert. Besondere Aufmerksamkeit wird darauf gerichtet, die Mitarbeiter zu entwickeln, d. h. zu befähigen, zu beteiligen und zu motivieren.

Die Veränderungen, die durch die Einführung der ersten beiden Erfolgskonzepte im Unternehmen bewirkt werden, sind für den Einkauf und seine Schnittstellenpartner im Unternehmen gewaltig. Es werden umfassend neue Prozesse zur Ableitung und zur Steuerung der Einkaufsstrategie eingeführt. Diese erfordern von den Mitarbeitern neuartige Kompetenzen, die die vorhandenen Kompetenzen teils entwerten. Es müssen Zusammenarbeitsprozesse mit den anderen Abteilungen aufgebaut und gesteuert werden. Dabei kann es leicht zu Konflikten kommen, nicht zuletzt weil sich in der Regel das Aufgabenspektrum zwischen Abteilungen verschieben wird. Häufig soll der Einkauf Tätigkeiten anderer Abteilungen übernehmen. Hieraus ergeben sich Konsequenzen für persönliche Macht- und Einflussmöglichkeiten, sodass sich einzelne Stakeholder als Verlierer sehen können und mehr oder minder offen versuchen, die Veränderungen zu behindern (Heß 2010, 2017).

Die strategische Transformation verändert ferner die Managementkultur. Das evolutionäre Konzept der Strategieentwicklung muss von allen Beteiligten gelebt werden und

verlangt somit einen stringenten und nachhaltigen Managementstil. Mit der strategischen Bedeutung des Einkaufs steigt auch das Interesse an seinen Aktivitäten. So muss
der Einkauf gegenüber der Geschäftsleitung und anderen Abteilungen seine Transparenz
erhöhen und zunehmend exakter Rechenschaft ablegen.

Darüber hinaus erfordert die strategische Transformation von allen Beteiligten ein
grundsätzliches Umdenken. Alles Denken und Handeln im Einkauf ist strategisch auszurichten. Der Einkauf koordiniert und formuliert die Einkaufsstrategie und übernimmt
somit in der externen Wertschöpfung die Rolle des Strategen. Dieses neue Rollenverständnis des Einkaufs ist gleichermaßen im Einkauf wie bei den Schnittstellenpartnern
zu etablieren. Insofern müssen auch die Denkkulturen im Unternehmen und die sozialen
Strukturen erheblich entwickelt werden.

Für den Erfolg der strategischen Transformation im Einkauf sind diese Veränderungsprozesse von ausschlaggebender Bedeutung und werden deshalb im dritten Erfolgskonzept, dem Change Management, näher betrachtet. Die Erfolgsfaktoren für die
Gestaltung des Wandels in der strategischen Transformation im Einkauf lassen sich mit
dem 8-Phasen-Prozess von Kotter gut strukturieren (Kotter 2011, 2012). 1) So sollte
zunächst ein Gefühl der Dringlichkeit erzeugt werden, 2) bevor eine Führungskoalition
gebildet werden kann. Stehen die handelnden Personen fest, 3) kann eine Vision und
eine Strategie entwickelt und anschließend 4) kommuniziert werden. 5) Anschließend
kann die Umsetzung beginnen, indem Mitarbeiter befähigt und 6) kurzfristige Erfolge
angestrebt werden. 7) Die Erfolge müssen abgesichert werden, indem die Erfolge konsolidiert und 8) die Ansätze in der Kultur verankert werden.

Diesen einfachen linearen Prozess relativiert Kotter selbst, indem er aufzeigt, dass
innerhalb eines komplexen Veränderungsprozesses vielfältige Projekte integriert sein
können. Innerhalb dieser multiplen Projektstruktur können die verschiedenen Projekte in
den Change-Management-Phasen sehr unterschiedlich weit fortgeschritten sein (Kotter
2012, S. 27 f. Projects within Projects). Über die Empfehlung von Kotter hinausgehend,
muss die strategische Transformation im Einkauf nicht unbedingt mit einem Big Bang
top-down eingeführt werden. Vielmehr ist es – wie bei der Schreiner Group praktiziert –
auch möglich, die Bedeutung des Projektes schrittweise bzw. evolutionär wachsen zu lassen. Das heißt, letztlich schleicht sich die strategische Transformation des Einkaufs in die
Organisation hinein, gewinnt an Bedeutung bis sie letztlich ihrem Anspruch entsprechend
zur vollen Blüte gelangt.

Damit können die acht Phasen einer strategischen Transformation als acht Erfolgsfaktoren im Veränderungsprozess interpretiert werden, die im Folgenden vorgestellt
werden. Neben einer kurzen systematischen Beschreibung des jeweiligen Erfolgs-
faktors werden die Vorgehensweisen bei der Schreiner Group illustrierend ausgeführt (Abschn. 6.1). Die Mitarbeiterentwicklung im Einkauf und die Entwicklung
der Beziehung zu den Schnittstellenpartnern im Unternehmen werden aufgrund ihrer
Bedeutung nachfolgend in einem eigenständigen Kapitel vertieft (Abschn. 6.2).

6.1 Erfolgsfaktoren im Change Management

Im folgenden Abschnitt werden wesentliche Erfolgsfaktoren im Change-Management-Prozess einer strategischen Transformation vorgestellt und am Beispiel der Schreiner Group illustriert. Die vorgestellten Konzepte verdanken dem grundlegenden Werk von Kotter (2011, 2012) vielfältige Anregungen.

Dringlichkeit entwickeln
Eine so weitreichende Veränderung wie die strategische Transformation im Einkauf muss von einem großen Teil der beteiligten Führungskräfte und Mitarbeiter als sehr dringlich angesehen werden, wenn sie erfolgreich sein soll. Ohne Dringlichkeit besteht in der Regel keine Bereitschaft grundlegende Denkmuster und die Spielregeln der Zusammenarbeit zu verändern.

Bei der Schreiner Group fehlte zu Beginn des Transformationsprozesses ein Gefühl der Dringlichkeit vollkommen. Dies ist in Unternehmen mit einem stark operativ ausgerichteten strategischen Einkauf häufig der Fall. Abgesehen von einigen wenigen Personen im Einkauf und dem neuen Geschäftsführer war in der Schreiner Group die Organisation mit der Situation eines abwickelnden Einkaufs sehr zufrieden. Es wurden an der Schnittstelle zu den Lieferanten keine wirklichen Verbesserungspotenziale gesehen, weder in Bezug auf die Einkaufspreise noch in Hinblick auf eine technische Zusammenarbeit mit Lieferanten. Darüber hinaus waren die Strategiekompetenz sowie der Stellenwert des Einkaufs im Unternehmen zu dieser Zeit so gering, dass eine „Kampagne" zur Erhöhung der Dringlichkeit der strategischen Transformation kaum Gehör gefunden hätte.

Insofern musste die Dringlichkeit schrittweise entwickelt werden. Zur Erläuterung der Vorgehensweise bei der Schreiner Group sollen drei grundsätzliche Ansätze zur Steigerung der Dringlichkeit unterschieden werden:

- **Externer Druck bzw. Unternehmenskrise:** Hat das Unternehmen seine Wettbewerbsfähigkeit gegenüber seinen Wettbewerbern verloren, sieht sich das Unternehmen in einer ernsten Wirtschaftskrise oder ist es gar von einer Insolvenz oder einer feindlichen Übernahme bedroht, ist die Bereitschaft umfangreiche Veränderungen mitzutragen in der Regel relativ hoch. Allerdings liefen die Geschäfte der Schreiner Group sehr gut. Eine Unternehmenskrise war nicht ansatzweise zu erkennen. Darüber hinaus führen Krisen zwar zu hoher Veränderungsbereitschaft, aber gleichzeitig zu einer eher geringen Ressourcenausstattung. In einer solchen Situation muss schnell reagiert werden. Für eine strategische Transformation besteht in einer Unternehmenskrise in der Regel weder Zeit noch Bereitschaft.
- **Interner Druck:** Dringlichkeit kann auch durch internen Druck aufgebaut werden. Sind außergewöhnliche Verbesserungspotenziale nachweisbar vorhanden, erhöht sich der Veränderungsdruck auf die verantwortlichen Personen. Dieser Druck kann durch herausfordernde incentivierte Zielsetzungen und Motivationsgespräche der jeweiligen Führungskräfte erhöht werden. Kritisch sind die Sichtbarkeit und die Glaubwürdigkeit

der Verbesserungspotenziale. Ansonsten können die „Verweigerer" mithilfe einer kritischen Fachdiskussion über den richtigen Weg, die Notwendigkeit der Veränderung infrage stellen.

- **Sichtbare Potenziale:** Die schwächste Form, um Dringlichkeit zu erzeugen, sind sichtbare Verbesserungspotenziale. Nicht der interne Druck sondern die Einsicht, vorhandene Chancen zu nutzen, erzeugt die Dringlichkeit. Mit steigender Sichtbarkeit der Potenziale wird die Veränderungsbereitschaft aufgrund von Einsicht steigen. Gleichzeitig kann dann der Druck auf wenig einsichtige Personen erhöht werden. Bei der Schreiner Group stand nur der dritte Weg offen, die Dringlichkeit der strategischen Transformation zu entwickeln. Potenziale wurden sichtbar gemacht. Mit steigender Sichtbarkeit konnte dann der interne Druck auf wenig einsichtige Personen schrittweise erhöht werden. Sichtbarkeit und interner Druck beförderten sich wechselseitig und es wurde ein Trend zur Steigerung der Dringlichkeit in Gang gesetzt.

Startet man – wie die Schreiner Group – eine strategische Transformation aus dem Nichts, erscheint eine schrittweise Vorgehensweise zur Steigerung der Dringlichkeit unumgänglich. Diese soll nochmals kurz skizziert werden (im Detail vgl. Kap. 3):

- **Stufe 1 Quick Wins:** Im ersten Schritt realisierte der Einkauf bei der Schreiner Group erhebliche Quick Wins. Erinnert sei an die Durchführung von Jahrespreisverhandlungen, einem umfangreichen Skonto-Programm und das Projekt „Lean Beschaffung". Innerhalb kürzester Zeit erzielte der Einkauf sichtbare Erfolge, die im Vorfeld nicht für möglich gehalten wurden. Dadurch wurde deutlich, dass einkäuferische Professionalität erhebliche Potenziale erzeugt und realisiert.
- **Stufe 2 strategische Potenziale:** Relativ schnell öffneten operative Erfolge auch die Türe für konkrete strategische Aktionen. Beispielsweise konnte die Einkaufsverantwortung verschiedener Warengruppen des indirekten Einkaufs übernommen werden. Ebenso wurde der Einkauf bereits in der Frühphase von Projekten des Investitionsgütereinkaufs eingebunden. Die Dringlichkeit basierte weitgehend auf der Einsicht, strategische Einkaufspotenziale zu heben.
- **Stufe 3 strategische Dynamik:** Mit zunehmenden Erfolgen im strategischen Einkauf stieg die Dringlichkeit einer strategischen Transformation im Einkauf. Zum einen überzeugten die Erfolge anfangs kritische Beobachter. Diese waren nun gerne bereit, auf den fahrenden Zug aufzuspringen und mit dem Einkauf zusammen die strategische Transformation voranzutreiben. Zum anderen wuchs der interne Druck für die „Verweigerer". Diese mussten Rechenschaft ablegen, weshalb sie nicht vergleichbare Erfolge realisierten.
- **Stufe 4 strategische Positionierung:** Die Summe der strategischen Einflussmöglichkeiten des Einkaufs führte zur Verankerung des Einkaufs in der Unternehmensstrategie (vgl. Phase 3 in Abschn. 3.5). Spätestens zu diesem Zeitpunkt war die Dringlichkeit zur strategischen Transformation des Einkaufs auf dem erforderlichen Niveau.

Am Beispiel der Schreiner Group wird deutlich, dass der Transformationsprozess und die Entwicklung der Dringlichkeit Hand in Hand gehen. Ohne Dringlichkeit wird keine strategische Transformation erfolgreich sein. So muss die strategische Transformation stets die Entwicklung der Dringlichkeit im Auge behalten und steuern. Grundsätzlich ist die Vorgehensweise der Schreiner Group auf andere Unternehmen gut übertragbar.

Führungskoalition formen

Um den Veränderungsprozess erfolgreich voranzutreiben, benötigt es einen Kreis an aktiven Führungskräften, die sogenannte Führungskoalition. Diese Führungskräfte sind von der Notwendigkeit und der Richtung der Veränderung persönlich überzeugt und machen die Veränderung zu ihrer gemeinsamen Sache. Kotter spricht bei einem eher kleineren Unternehmen anfangs von zwei bis drei, später von ca. sechs Personen als übliche Größe der Führungskoalition (Kotter 2012, S. 61).

Bei der Schreiner Group bilden anfangs der Geschäftsführer und der Einkaufsleiter die (enge) Führungskoalition. Nach dem Generationenwechsel in der Geschäftsführung sah der neue Geschäftsführer erhebliche Potenziale im Einkauf. Vor diesem Hintergrund suchte er einen branchenexternen Einkaufsexperten für die Position der Einkaufsleitung, der bereits Erfahrung mit der strategischen Transformation im Einkauf aufwies. Der neue Einkaufsleiter sollte innerhalb von 100 Tagen ein Konzept zur Entwicklung des Einkaufs vorlegen. Das Konzept und das dahinter liegende gemeinsame Interesse, die Potenziale im Einkauf umfangreich zu heben, bildete die Basis der Führungskoalition. Als im Jahr 2015 der Einkauf dem CFO unterstellt wurde, wurde die strategische Transformation auch vom CFO mit Nachdruck gefordert und gefördert. Der enge Kreis der Führungskoalition erweiterte sich somit auf drei Personen. Während des gesamten Transformationsprozesses gab es in der Führungskoalition eine enge Abstimmung. Zentral für die Kommunikation waren die regelmäßigen Business-Plan-Durchsprachen, in denen die aktuellen Entwicklungen, Erfolge und Misserfolge der strategischen Transformation im Einkauf besprochen werden konnten.

Neben diesem Kern entwickelte sich schnell ein Unterstützernetzwerk. Die Einkaufsteamleiter waren von der Veränderung schnell überzeugt und wurden zu aktiven Treibern des Change-Prozesses. Diese Unterstützung war für die strategische Transformation von zentraler Bedeutung, da die Einkaufsteamleiter über umfangreiche Netzwerke im Unternehmen verfügten und somit zur Diffusion der Veränderung ganz erheblich beitrugen.

Sehr frühzeitig unterstützen auch die F&E sowie die Technik (entspricht der Produktion) die strategische Transformation im Einkauf, da sie in der geplanten Entwicklung erhebliche Vorteile für sich selbst sahen. So fühlte sich die F&E von lästigen kaufmännischen Aufgaben, wie beispielsweise der Preisverhandlung und der Vertragsgestaltung entlastet. Sie konnte sich somit auf ihre technisch orientierten Kernaufgaben konzentrieren. Die Technik freute sich über die Lieferantenentwicklung und die engere Zusammenarbeit mit Lieferanten, sodass sich die Lieferantenqualität erheblich verbesserte und Lieferbeziehungen rundum stabilisierten. Auf dieser Basis wurden die

Standardisierungsbemühungen sowie Warengruppenstrategien des Einkaufs unterstützt und es konnten erhebliche Bündelungsvorteile realisiert werden.

Bei den Fachabteilungen waren die Reaktionen differenziert. Personal und Marketing gehörten zu den frühen Sympathisanten, da sie lästige Einkaufstätigkeiten gerne an Einkaufsprofis abgaben. Wie in Kap. 3 dargestellt, wuchs der Unterstützerkreis kontinuierlich.

Vision und Strategie entwickeln

Als dritter Erfolgsfaktor der strategischen Transformation wird eine effektive Vision und Strategie benötigt. Wenn man Personen zum Aufbruch bewegen will, sollte nicht nur die Dringlichkeit, sondern auch die Richtung bzw. das Ziel des Aufbruchs deutlich sein. Eine gute Vision leistet genau diese Aufgabe. Sie beschreibt in knappen Worten ein für möglichst alle Stakeholder erstrebenswertes Zukunftsbild, für das es sich lohnt, die Mühen der Veränderung auf sich zu nehmen. Sie gibt die Richtung vor, sodass sich die Mitarbeiter daran ausrichten können. Gleichzeitig hilft eine gute Vision Aufgaben zu priorisieren, sodass Ressourcen von weniger wichtigen Aufgaben in eine effektive Verwendung umgeschichtet werden können. Eine gute Vision sollte ferner herausfordernd, aber doch realistisch bzw. glaubhaft sein. Sie sollte die Zukunft hinreichend konkret beschreiben, aber trotzdem noch Platz für Fantasie und für flexible Anpassungen an unvorhergesehene Entwicklungen offen halten.

Ferner sollte der Weg beschrieben werden, wie die Vision umgesetzt werden soll. Hierzu ist eine Strategie zu definieren, in der mit strategischen Stoßrichtungen und strategischen Projekten die Roadmap zur Umsetzung der Vision konkretisiert wird.

Die Formulierung der Einkaufsvision und der Einkaufsstrategie bei der Schreiner Group ist der Kern der vorausgehenden Kapitel und soll hier deshalb nur kurz rekapituliert werden. Die Vision der strategischen Transformation im Einkauf der Schreiner Group wurde als „strategische Story" bezeichnet und lautete: „Der Einkauf soll zum geschätzten Business Partner entwickelt werden" (vgl. Abschn. 3.1). Wesentliche Schlagworte zur Charakterisierung der Vision (vgl. Abschn. 3.1) waren: Übernahme der Verantwortung an der Lieferantenschnittstelle; strategische Verantwortung für die externe Wertschöpfung im Rahmen der Unternehmensstrategie; Betreuung der Schnittstellenprozesse in der Zusammenarbeit mit Lieferanten, Verantwortung für Compliance, Nachhaltigkeit und Risikomanagement; Verantwortung für die taktischen Bestellprozesse. Das Attribut „geschätzt" bringt zum Ausdruck, dass die Business Partner die Zusammenarbeit mit dem Einkauf suchen, da sie hierin einen wesentlichen Mehrwert für ihre Arbeit sehen.

Dieses Zukunftsbild ist für die Stakeholder in der Regel erstrebenswert. Als Einkauf wird man gerne wertgeschätzt. Für die Schnittstellenpartner wird ein Mehrwert für die eigene Arbeit in Aussicht gestellt. Bezüglich der Ausgestaltung der Vision sind viele Freiheitsgrade vorhanden.

Um den Pfad zu konkretisieren, wie die Vision Realität werden kann, wird bei der Schreiner Group eine Einkaufsstrategie definiert und evolutionär fortgeschrieben (vgl. im Detail Kap. 3). Bereits in den ersten 100 Tagen nach Start der neuen Einkaufsleitung (2011) wird ein Rahmenkonzept erstellt. Im Jahr 2013 wird im Teamleiterkreis des Einkaufs eine erste Einkaufsrahmenstrategie entwickelt. Diese wird 2015 erheblich überarbeitet und 2016 nochmals erweitert. Die ersten beiden Strategien werden im Einkauf weitgehend intern erarbeitet. Aufgrund der engen Vernetzung im Unternehmen, insbesondere auch des Einkaufsleiters in das Führungsteam, können die Belange der anderen Stakeholder im Grundsatz berücksichtigt werden. Zur Anpassung der Strategie im Jahre 2016 werden wichtige Stakeholder explizit in die Strategieformulierung mit eingebunden.

Die Vision der strategischen Transformation kommunizieren
Die strategische Transformation kann nur gelingen, wenn möglichst viele Personen in der Organisation den Wandel mittragen. Voraussetzung dazu ist, dass sie den Wandel kennen, seine Vision und seine Dringlichkeit verstehen und letztlich für sich als vorteilhaft einschätzen oder zumindest akzeptieren können. So wird die Kommunikation zu einem weiteren Erfolgsfaktor des Wandels.

Aufgrund der Bedeutung der Aufgabe empfiehlt es sich, ein Kommunikationskonzept zu erstellen, in dem mindestens folgende Fragen beantwortet werden: Mit welchen Zielgruppen sollen welche Inhalte, über welche Kanäle, mit welchen Botschaften bzw. Kommunikationsformen, wann kommuniziert werden. Aus diesem Kommunikationskonzept kann ein konkreter Maßnahmenplan abgeleitet werden.

Bei der Schreiner Group war aufgrund der oben beschriebenen Situation im Einkauf das Timing der Kommunikation ein weiterer Schlüsselfaktor. Eine zu frühzeitige breite Kommunikation wäre aufgrund der mangelnden Glaubhaftigkeit und der mangelnden Dringlichkeit der Vision auf Unverständnis und Ablehnung gestoßen. Insofern stand in der Anfangsphase eher die persönliche Kommunikation mit den unterstützenden Schnittstellenpartnern im Vordergrund. Ferner wurden die Kommunikationsinhalte eher defensiv auf den strategischen Nahbereich und weniger auf die Vision gerichtet. Im Übergang zwischen Phase zwei und drei wurde die Kommunikation offensiver gestaltet. Gegenüber den einzelnen Stakeholder-Gruppen wurde folgende Kommunikationsstrategie verfolgt:

- **Geschäftsführer:** Mit dem Geschäftsführer, der ja zur Führungskoalition gehörte, erfolgte permanent ein enger fachlicher Austausch. Die regelmäßigen Business Plan Meetings sicherten den formalen Rahmen.
- **Leitungskreis:** Auf Ebene der Führungskräfte im Unternehmen wurde überwiegend persönlich kommuniziert. Darüber hinaus berichtet der Einkauf regelmäßig im Leitungskreis. Die Vorstellung seiner Strategie im Jahr 2015 hat den Übergang von Phase 2 auf Phase 3 im oben beschriebenen Prozess eingeleitet (vgl. Kap. 3).
- **Mitarbeiter im Einkauf:** In den Teamleitermeetings werden alle Themen zur strategischen Transformation intensiv diskutiert. Über die Teamleiter werden die strategischen Entwicklungen intensiv in den Mitarbeiterkreis hineingetragen. Darüber

hinaus dienten die Abteilungsmeetings und ganz intensiv die zweiwöchigen Meetings zur Entwicklung der Warengruppenstrategien im Jahre 2015 als Foren zur Kommunikation der Einkaufsstrategie.

- **Roadshow Fachbereiche:** Anfangs wurde mit den relevanten Mitarbeitern in den Fachbereichen persönlich kommuniziert. Nach der Überarbeitung der Rahmenstrategie im Jahre 2015 war die Zeit reif, die Strategie im Unternehmen umfangreich vorzustellen und zu diskutieren. Dazu wurde eine Roadshow konzipiert, sodass in jedem relevanten Fachbereich, inklusive den USA, eine Informations- und Diskussionsveranstaltung zur Einkaufsstrategie abgehalten wurde. Die Strategie wurde im Hinblick auf die Konsequenzen für den Fachbereich vorgestellt und anschließend mit den Mitarbeitern diskutiert. Dabei wurden auch die Anforderungen der jeweiligen Abteilungen sensibel aufgenommen. Insgesamt wurde die strategische Transformation durch die Roadshow ganz erheblich gestärkt.

Bei Kotter folgt nach dem Erfolgsfaktor „die Vision kommunizieren" der Erfolgsfaktor Befähigung der Mitarbeiter. Aufgrund der Bedeutung wird dieser Erfolgsfaktor in einem eigenständigen Kapitel (Abschn. 6.2) beschrieben.

Schnell Erfolge realisieren

Eine strategische Transformation im Einkauf ist ein langfristiger Prozess, der nur bedingt beschleunigt werden kann. So ist es notwendig, die Dringlichkeit der Veränderung und die Unterstützung durch Stakeholder entsprechend langfristig aufrecht zu erhalten. Einer der wichtigsten Faktoren hierzu sind schnelle Erfolge. Schnelle Erfolge wirken oft als „Beweis", dass der eingeschlagene Weg richtig ist und verhindern damit Zweifel an der Richtigkeit der Veränderung.

Während ein harter Kern der Unterstützer in der Regel von der Vision so begeistert ist, dass er auch längere Zeit ohne Anfangserfolge durchhält, werden ein großer Teil der Unterstützer bei ausbleibenden Erfolgen, am eingeschlagenen Weg zweifeln. Stellen sich hingegen schnelle Erfolge ein, werden diese Unterstützer in ihrem Engagement bekräftigt. Dies wirkt sich dann auf die Einstellung der eher neutralen Personen aus, die somit leichter als Unterstützer gewonnen werden können. Gleichzeitig wird Gegnern der Veränderung der Wind aus den Segeln genommen. Nicht zuletzt darf die Motivationswirkung bei starken Befürwortern nicht unterschätzt werden. Insgesamt werden schnelle Erfolge der Transformation neue Ressourcen zuführen und ausbleibende Erfolge hingegen der Veränderung wesentliche Ressourcen entziehen.

Schnelle Erfolge sollten „ehrlich" sein, d. h. nicht durch Tricks, geschönte Statistiken oder finanzielle Taschenspielereien künstlich erzeugt werden. Schnelle Erfolge sollten nicht dem Zufall überlassen werden, sondern im Rahmen der Projektplanung akribisch geplant werden. Nach Kotter sollten bei Transformationsprozessen in kleineren Unternehmen spätestens nach sechs Monaten sichtbare Erfolge aufzuweisen sein (Kotter 2012, S. 126).

Da strategische Erfolge grundsätzlich nicht innerhalb kurzer Zeit zu erwarten sind und der Einkauf anfangs kaum strategisch aktiv werden konnte, wurden bei der Schreiner Group zunächst schnelle operative Erfolge angestrebt und realisiert, z. B. Kostenreduzierung durch Jahrespreisverhandlung, ein erfolgreiches Skonto-Programm, höhere Flexibilität und Versorgungssicherheit mit dem Programm Lean-Beschaffung (vgl. Abschn. 3.2).

Während die sogenannten Quick Wins geerntet wurden, wurden die ersten strategischen Maßnahmen vorbereitet, sodass sich strategische Erfolge mit dem Versiegen der Quick Wins nahtlos anschließen konnten. So konnten beispielsweise aus der Zusammenarbeit mit Lieferanten frühzeitig erste strategische Erfolge realisiert werden. Nach der Ernte der schnellen strategischen Erfolge ist es allerdings notwendig, die Pipeline der Erfolge nicht abreißen zu lassen. Letztlich sollte sich aus der strategischen Transformation ein kontinuierlicher Strom an Erfolgen ergeben.

Erfolge der Veränderung sichern und neue Veränderungen einleiten

Veränderungen werden häufig im Sinne eines Projektes verstanden. Es wird eine Vision und eine Strategie formuliert und mit Nachdruck umgesetzt. Dann ist irgendwann das Projekt beendet und man kann wieder zur Tagesordnung übergehen bzw. das nächste Projekt starten. Die Erfahrung zeigt, dass gerade kurz vor der Ziellinie bzw. kurz nach Projektabschluss die erzielten Erfolge stark gefährdet sind. Wer kennt nicht Materialgruppenstrategien, die mit viel Nachdruck aufgebaut wurden. Nachdem dann das Projekt zum Aufbau des Materialgruppenmanagements beendet war, versandeten die formulierten Strategien in kürzester Zeit.

Veränderungen müssen konsolidiert werden. Die Betreuung der umgesetzten Veränderungskonzepte erfordert weiterhin eine aktive Managementattention. Darüber hinaus können bei einer strategischen Transformation in einem ersten Schritt üblicherweise auch nur ein Teil der Potenziale der Veränderung gehoben werden. So sollten dem ersten Projekt weitere Veränderungsprojekte folgen.

Das oben in Kap. 5 dargestellte Erfolgskonzept der evolutionären Entwicklung zielt gerade auf die Sicherung und Fortentwicklung der Konzepte einer strategischen Transformation. Insofern soll hier nur eine kleine Zusammenfassung dieser Ideen erfolgen: Maßstab der evolutionären Entwicklung ist die strategische Story bzw. die Vision (vgl. oben in diesem Kapitel den Erfolgsfaktor „Vision und Strategie entwickeln"). Zentrales Konzept der evolutionären Entwicklung ist das regelkreisorientierte Konzept auf Basis des PDCA-Schemas (Abschn. 5.2). In der Check-Phase werden die Konzepte auf ihre Verbesserungspotenziale geprüft. Im vierten Schritt „Act" geht es um die Konsolidierung. Anhand von Erfolgskriterien wird geprüft, ob das neue Konzept im „Tagesgeschäft" funktioniert oder ob sich Schwächen eingeschlichen haben, die es zu korrigieren gilt. Darüber hinaus wird über eine Review-Systematik sichergestellt, dass die eingeführten Konzepte nachjustiert bzw. fortentwickelt werden. Mit der Überarbeitung der Strategie werden die Veränderungen in Richtung strategischer Story schrittweise vorangetrieben. Die 15M-Reifegradsystematik (Abschn. 5.3) sorgt für die systematische Fortentwicklung des Einkaufsmanagementsystems und ist insofern der „fachliche Motor" der strategischen Transformation im Einkauf.

Strategische Transformation im Einkauf in der Unternehmenskultur verankern

Im letzten Schritt muss die strategische Transformation im Einkauf in der Unternehmenskultur verankert werden. Strategisches Denken im Einkauf wie auch die Rolle des Einkaufs als geschätzter Business Partner sind in der Kultur zu verankern, sodass sie zur selbstverständlich geteilten Lebenswelt im Unternehmen werden. Auf diese Weise wird die strategische Transformation robust gegenüber zufälligen Veränderungen im Management oder aktuellen Managementtrends.

Leider bzw. zum Glück lässt sich Kultur nicht wie ein Werkstück auf der Werkbank bearbeiten. Die Unternehmenskultur umfasst Werte, Normen und Einstellungen, die Handlungen und das Verhalten der Akteure im Unternehmen prägen. Diese entwickeln sich permanent durch außergewöhnliche Vorgänge, Veränderungen der Organisationsmitglieder oder aber auch schleichend in der Tagesroutine. Das Management kann versuchen, auf die Entwicklung der Unternehmenskultur Einfluss auszuüben. So kann wiederholt betont werden, wie erfolgreich die strategischen Vorgehensweisen im Einkauf sind. Bei erfolgreicher Kommunikation wird die Strategieorientierung ins Selbstverständnis der Organisation eingehen. Wohlverhalten kann gewürdigt und abweichendes Verhalten kann sanktioniert werden. Erfolgsgeschichten können zu einer geteilten Lebenswelt gehören. So sind beispielsweise nicht mehr die Firefighter die Helden, sondern die Strategen, die mit der nachhaltigen Entwicklung einer strategischen Lieferantenpartnerschaft dem Unternehmen zu grandiosen Wettbewerbsvorteilen verholfen haben. Vielleicht konnte mithilfe des strategischen Partners sogar ein Key Account gerettet werden, der zur Konkurrenz abwandern wollte. Nach und nach verfestigen sich die strategischen Denkmuster, werden zu selbstverständlichen Verhaltensweisen und fließen so in die Kultur des Unternehmens ein.

6.2   Mitarbeiter begeistern

Für den Erfolg der strategischen Transformation im Einkauf sind die Mitarbeiter die tragende Säule. Dort muss die strategische Denkkultur ankommen und verstanden sowie verinnerlicht werden. Die Mitarbeiter müssen im Denken und Handeln stets strategieorientiert ausgerichtet sein. Von den Mitarbeitern muss der Einkauf als geschätzter Business Partner erlebt werden. Beispielsweise müssen die Mitarbeiter in der Technik die Zusammenarbeit mit dem Einkauf als hilfreich und vorteilhaft empfinden. Gelingt es, die Mitarbeiter für die strategische Transformation zu begeistern, ist deren Erfolg weitgehend vorprogrammiert. Als Mitarbeiter stehen hier gleichermaßen die Mitarbeiter des Einkaufs wie die Mitarbeiter bei dessen Schnittstellenpartnern im Fokus.

Um Mitarbeiter für die strategische Transformation zu begeistern, müssen sie in die Lage versetzt werden, die neue Rolle ausfüllen zu können. Das heißt sie müssen über das notwendige Wissen und die erforderlichen Kompetenzen verfügen (1. Mitarbeiter befähigen). Sie sollten die strategische Transformation zu ihrer Sache machen. Dazu ist in der Regel die Beteiligung der Mitarbeiter erforderlich (2. Mitarbeiter beteiligen). Sie

sollten mit Engagement und Begeisterung die strategische Transformation vorantreiben
(3. Mitarbeiter motivieren). Alle drei Dimensionen der Mitarbeiterentwicklung müssen
gleichzeitig im Auge behalten werden.

1. Mitarbeiter befähigen

Die Mitarbeiter müssen in die Lage versetzt werden, die strategische Transformation
mitzugehen, mitzutreiben und mitzugestalten. Für die Befähigung der Mitarbeiter werden folgende Hebel als zentral angesehen:

Information bereitstellen Basisvoraussetzung, dass ein Mitarbeiter die strategische
Transformation aktiv unterstützen kann, ist die Information über die Vision, die Ziele,
die Strategien und deren Umsetzungspfade. Er sollte in diesem Rahmen seinen Beitrag
kennen und verstehen. Zu beachten ist ferner, dass Informationen nicht nur rein funk-
tional verstanden werden dürfen als Voraussetzung dafür, dass ein Mitarbeiter seinen
Job gut erledigen kann. Jemanden zu informieren, drückt auch eine Wertschätzung der
Person aus. Jemanden nicht zu informieren hingegen, signalisiert, dass die Person als
unwichtig angesehen wird.

Die Kommunikationsstrategie der Schreiner Group gegenüber den Mitarbeitern wurde
in Abschn. 6.1 bereits ausgeführt. Insbesondere die Einkaufsmitarbeiter wurden über ihre
Vorgesetzten stets auf dem Laufenden gehalten. Die Mitarbeiter anderer Abteilungen
wurden zunächst je nach Beteiligung persönlich informiert. Beim Übergang von Phase
2 auf Phase 3 erhielt die Kommunikation mit der oben ausgeführten Roadshow einen
formalen Rahmen.

Selbstverständnis im Einkauf entwickeln Damit Mitarbeiter ihre neue Rolle wahr-
nehmen können, müssen sie verstehen, was von ihnen erwartet wird. Dabei besteht leicht
die Gefahr, dass geschliffene Formulierungen einer Managementpräsentation zwar sehr
eingängig klingen, aber nicht bis in die Herzen der Mitarbeiter vordringen. Um dies zu
verhindern, entwickelten die Einkäufer bei der Schreiner Group gemeinsam ihr „Selbstverständnis im Einkauf". Insbesondere wird die neue Rolle des Einkaufs definiert
(Abb. 6.1 und 6.2). Daraus werden Verhaltensweisen gegenüber internen und externen
Partnern (Abb. 6.3) sowie die erforderlichen fachlichen und persönlichen Kompetenzen
(Abb. 6.4) abgeleitet. Im Rahmen der gemeinsamen Erarbeitung wurde natürlich auch
die Umsetzbarkeit der Erwartungen diskutiert und beachtet.

Persönliche Kompetenzen entwickeln Die erforderlichen persönlichen und fachlichen
Skills müssen geschult bzw. entwickelt werden. Dieser Bereich nimmt bei der Schreiner Group einen breiten Raum ein und kann nur exemplarisch angesprochen werden.
Neben üblichen Schulungsmaßnahmen sind zwei Ansätze zur Kompetenzentwicklung
besonders hervorzuheben.

Sinn und Zweck

- Als High-Tech-Unternehmen spielt die Schreiner Group in der obersten Liga. In unserer Branche gelten wir als „state of the art", d. h. wir haben eine klare Vorreiterrolle.
  Unsere Kunden stammen aus Branchen mit den höchsten Anforderungen – wie etwa der Automotive- und Pharmaindustrie.
  Wir im Einkauf sind mit der wichtigste Teil dieser Beziehung „Kunde – SGR – Lieferant"
  Unser Tun und Handeln muss sich stets daran orientieren, ein anerkannter und professioneller Businesspartner in dieser Beziehung zu sein.

- Dieser Orientierungsrahmen soll einen Überblick geben, welche Aufgaben der Einkauf der SGR hat, welche Verantwortung, aber auch welche Kompetenzen

- Die hier definierten Regeln, Richtlinien und Verhaltensweisen sollen uns dabei helfen, uns stetig weiter entwickeln und zu professionalisieren. Sie sorgen für Klarheit für die Mitarbeiter in der Zusammenarbeit nach innen und außen – und unterstützen neue Mitarbeiter bei der Einarbeitung

- Neben den Hauptaufgaben des Einkaufs wird das erwartete Auftreten sowohl nach Innen als auch nach Außen sowie die für die Aufgabe notwendigen fachlichen und persönlichen Fähigkeiten dargestellt

Abb. 6.1 Selbstverständnis des Einkaufs bei der Schreiner Group (Auszug Teil 1) (S. 2). (© Schreiner Group GmbH & Co. KG, Oberschleißheim)

Strategischer Auftrag des Einkaufs – wozu wir da sind

- **Unterstützung der Wettbewerbsfähigkeit der SGR durch**
  - Absicherung der Lieferfähigkeit zum Kunden durch Versorgung mit Gütern und Dienstleistungen (6R)
  - Optimierung der Gesamtkosten der beschafften Güter und Leistungen über die gesamte Nutzungsdauer (TCO)
  - Absicherung aller Lieferbeziehungen unter vertraglichen, kaufmännischen und logistischen Aspekten
  - Aufbau und Weiterentwicklung eines leistungsfähigen, normkonformen Lieferantenportfolios
  - Bereitstellung von passenden Einkaufsprozessen und –methoden für die SGR (inkl. Rekla, Lieferantenmanagement, …)
  - Stärkung der Innovationsfähigkeit durch Einbringen eines umfassenden Beschaffungsmarkt-, Lieferanten-, Technologie- und Material-Know-How
  - Vorgabe von Warengruppen- und Lieferantenstrategien und Treiber der Umsetzung
  - Ständiges Streben nach Verbesserung der Qualität i. S. „CIP"
- **Positionierung der Schreiner Group als attraktiver und bevorzugter Kunde am Beschaffungsmarkt**
- **Erster Ansprechpartner aus der Schreiner Group für unsere Lieferanten**
- **Aktiver und gefragter Partner in der Schreiner Group zu allen Beschaffungsthemen**
- **Globale strategische Verantwortung für das gesamte Einkaufsvolumen**

Abb. 6.2 Selbstverständnis des Einkaufs bei der Schreiner Group (Auszug Teil 2) (S. 3). (© Schreiner Group GmbH & Co. KG, Oberschleißheim)

Businesspartner extern (1 / 2)

- Ich bin mir stets bewusst, dass ich in der Wahrnehmung der externen Businesspartner die SGR bin
  Ein gepflegtes und adäquates Äußeres unterstützt, um sich auf gleiche Ebene zu stellen;
  Im Lieferantenkontakt wird Anzug/Kombination/Kostüm oder Vergleichbares erwartet, dabei ist eine
  Anpassung an den Gesprächspartner sinnvoll; Grundsatz „besser overdressed als underdressed"

- Ich behandele Andere stets so, wie ich selbst gerne behandelt werden möchte
  Höflichkeit und Pünktlichkeit ist selbstverständlich
  Ich bin freundlich im Auftreten und bestimmt in der Sache
  Wenn ich Distanz abbaue, dann bewusst

- Ich bereite mich auf mein Gegenüber vor
  Ich kenne seine/ihre Stellung intern, ich kenne aber auch die Eskalationsstufen
  Mein Agendavorschlag wird vorher intern wie extern abgestimmt
  Ich besorge vorher alle notwendigen Informationen, Zahlen, Daten und Fakten

- Der Einkauf führt durch das Gespräch
  Intern stimme ich die Rollen der SGR-Beteiligten vorher ab
  Auch „Hierarchien" beim Externen beeindrucken mich nicht

Abb. 6.3 Selbstverständnis des Einkaufs bei der Schreiner Group (Auszug Teil 3) (S. 5). (© Schreiner Group GmbH & Co. KG, Oberschleißheim)

Fachliche Fähigkeiten (1 / 2)

- Die Einkaufsstrategie kenne ich sehr gut und verfolge sie zielgerichtet

- Ich kenne meine Warengruppen sehr gut
  Ausreichendes Wissen über die einzukaufenden Materialien, Dienstleistungen, Investitionen etc. ist
  die Basis, um als professioneller Businesspartner anerkannt zu werden
  Dabei kenne ich die Herstellungsverfahren und –prozesse und die Kostentreiber

- Ich kenne meinen Beschaffungsmarkt sehr gut
  Die wesentlichen Marktteilnehmer sind mir bekannt, i. d. R. auch international
  Dabei kenne ich auch die unterschiedlichen Ausprägungen hinsichtlich Kosten-, Qualität-,
  Innovationsführer etc.

- Ich kenne meine Lieferanten sehr gut
  Dabei merke ich mir fachliche und persönliche Eigenschaften der externen key player (z. B.
  Vertriebsmitarbeiter)
  Die Entscheidungsprozesse beim Lieferanten sind mir bekannt und ich nutze sie

- Ich bilde mich gerne fort
  Dabei nutze ich interne und externe Möglichkeiten
  Unterstützung erwarte ich von der SGR, bin aber auch selbst aktiv

Abb. 6.4 Selbstverständnis des Einkaufs bei der Schreiner Group (Auszug Teil 4) (S. 7). (© Schreiner Group GmbH & Co. KG, Oberschleißheim)

- **Kompetenzorientierte Organisationsstruktur:** So wurde bereits in Phase 1 eine kompetenzorientierte Organisationsstruktur im Einkauf eingeführt. Es werden Lead Buyer für ausgewählte Warengruppen verantwortlich gemacht. Diese haben damit die Chance, eine umfassende Fachkompetenz zum jeweiligen Beschaffungsmarkt, den einschlägigen Technologien und den zentralen Lieferanten aufzubauen. Analog qualifizieren sich Projekteinkäufer im Produktentwicklungsprozess.
- **Training on the Job:** Als besonders wirkungsvoll hat sich das Training on the Job erwiesen. Wie oben bereits ausgeführt, werden Lead Buyer bei der Entwicklung und Umsetzung ihrer Warengruppenstrategie eng begleitet und soweit erforderlich unterstützt. In der heißen Phase wurden in 14-tägigen Meetings Warengruppenstrategien vorgestellt und diskutiert. Auch andere strategische Projekte werden durch die Teamleiter im Einkauf intensiv begleitet.

Best-Practice-Beispiele bereitstellen Zur Entwicklung der persönlichen Kompetenz sind Best-Practice-Beispiele besonders hilfreich. So wurden bei der Schreiner Group drei Pilotwarengruppenstrategien als Best-Practice-Beispiele entwickelt und den Mitarbeitern vorgestellt.

Barrieren abbauen Zur Befähigung der Mitarbeiter müssen potenzielle Umsetzungsbarrieren identifiziert und beseitigt werden. Mitarbeiter, die bei der strategischen Transformation etwas bewegen möchten, aber durch Umsetzungsbarrieren gehindert werden, sind leicht frustriert. Noch schlimmer: Diese Frustration ist hochgradig ansteckend. Einige typische Barrieren sollen beispielhaft vorgestellt werden.

- **Barriere unpassende Prozesse und Systeme:** Prozesse und Systeme müssen der angestrebten Vision entsprechen. Beispielsweise wurde bei der Schreiner Group sehr frühzeitig eine Freigaberichtlinie von Bestellungen verabschiedet, die Maverick Buying verhindert. Zweites Beispiel: Nach der Überarbeitung des Produktentstehungsprozesses wird der Einkauf frühzeitig in die Produktentstehung eingebunden.
- **Barriere keine Kapazität:** Eine weitere Barriere ist fehlende Kapazität. Nicht selten sollen Mitarbeiter im Rahmen der strategischen Transformation neue strategische Aufgaben übernehmen, ohne dass ihnen dafür angemessene Kapazität zur Verfügung gestellt wird. An dieser Stelle ist das Management gefordert. Beispielsweise können gemeinsam mit den Mitarbeitern „Zeitfresser" der täglichen Arbeit identifiziert und beseitigt und auf diese Weise Kapazitäten geschaffen werden.
- **Barriere unwillige oder unfähige Vorgesetzte:** Insbesondere bei den Schnittstellenpartnern des Einkaufs kann im Rahmen der strategischen Transformation die Situation vorkommen, dass eine Führungskraft die Vision und die Strategie der strategischen Transformation nicht unterstützt und seine Mitarbeiter an einer aktiven Beteiligung hindert. Eine solche Situation gilt es zu erkennen und in angemessener Weise zu lösen.

2. Mitarbeiter beteiligen

Mitarbeiter müssen von Beobachtern zu Beteiligten werden. Auf diese Weise sollen sie die strategische Transformation zu ihrer Sache machen und helfen mit voranzutreiben. Folgende Hebel können beispielsweise gewählt werden:

Übergreifende gemeinsame Aktionen durchführen Workshops oder Open-Space-Projekte, mit denen Ideen zur Fortentwicklung der strategischen Transformation identifiziert und konkretisiert werden, sind ein erster Ansatz zur Mitarbeiterbeteiligung. Wie im letzten Abschnitt beschrieben, wurde bei der Schreiner Group ein Workshop zur Formulierung des „Selbstverständnisses des Einkaufs" durchgeführt.

Feedbacksysteme einrichten In Feedbacksystemen können Mitarbeiter Feedbacks zu Angelegenheiten der strategischen Transformation einbringen. Damit ergibt sich ein umfangreicher Fundus, um Schwachstellen der Transformation zu beseitigen bzw. Verbesserungsideen zu entwickeln. Will man das System auf konstruktive Vorschläge einschränken, kann ein System zum betrieblichen Vorschlagswesen aufgebaut werden. Bei der Schreiner Group wurde neben dem betrieblichen Vorschlagswesen kein zusätzliches Feedbacksystem begleitend zur strategischen Transformation aufgebaut. Aufgrund der engen persönlichen Kontakte wurde unterstellt, dass die persönliche Kommunikation Feedbacks effizient transportiert.

Strategische Aufgaben und strategische Projekte Zentraler Ansatz zur Beteiligung der Mitarbeiter innerhalb der strategischen Transformation ist ihre Beteiligung in den Aufgabenfeldern ihres eigentlichen Jobs. Beispielsweise soll ein Lead Buyer die strategische Transformation in der Formulierung und Umsetzung seiner Warengruppenstrategie und der damit verbundenen strategischen Aktionen leben. In diesem Rahmen wird er aber nicht nur die vorgegebenen Methoden und Prozesse anwenden, sondern auch Ideen zu deren Fortentwicklung einbringen. Bei der Schreiner Group wird dieser Ansatz intensiv gefördert.

Strategieformulierung Differenziert ist die Beteiligung von Mitarbeitern an der Erarbeitung der Einkaufsstrategie zu sehen. Mit einer umfassenden Mitarbeiterbeteiligung wird der Prozess sehr komplex und zeitaufwendig. Geheimhaltungsaspekte müssen kritisch geprüft werden. Fraglich ist auch, ob die Mitarbeiter über die erforderlichen Kompetenzen für die Entwicklung einer Rahmenstrategie verfügen. So werden bei der Schreiner Group die Einkaufsteamleiter, nicht aber Mitarbeiter bei der Formulierung der Einkaufsrahmenstrategie beteiligt. Eine punktuelle Einbindung von Mitarbeitern zu spezifischen Fragestellungen ist allerdings sehr gut vorstellbar.

3. Mitarbeiter motivieren

Befähigung und Beteiligung sind für sich alleine noch nicht hinreichend, um Mitarbeiter zu Protagonisten der strategischen Transformation zu machen. Vielmehr müssen die Mitarbeiter für sich kalkulieren, dass die Unterstützung der Transformation für sie selbst vorteilhaft ist. Motivation bedeutet dafür zu sorgen, dass Mitarbeiter zu einer positiven Bilanz gelangen, wenn sie ihre persönlichen Vorteile und Nachteile der strategischen Transformation gegeneinander abwägen. Erschwert wird die Motivation im Rahmen einer strategischen Transformation allerdings dadurch, dass solche Veränderungsprozesse üblicher Weise mit Ungewissheit verbunden sind und viele Menschen gegenüber Ungewissheiten eine tendenziell vorsichtige Grundhaltung einnehmen. In der Konsequenz muss zur Steigerung der Motivation die Ungewissheit reduziert werden. Beispielsweise hilft eine offene Kommunikation, die Ungewissheit für die Mitarbeiter besser kalkulierbar zu machen. Ferner müssen die Anreize hoch genug sein, dass Mitarbeiter trotz der Ungewissheit die Veränderung positiv bewerten.

Das Spektrum von Motivationstheorien und infolge von Motivationsmaßnahmen ist breit gefächert. Eine systematische Darstellung würde den Rahmen dieser Abhandlung bei weitem sprengen. So sollen folgend nur auf einige im Rahmen der strategischen Transformation besonders bedeutsame Motivatoren eingegangen werden.

Aufmerksamkeit, Anerkennung und Wertschätzung Ein erster genereller Motivator ist es, wenn Mitarbeiter im Rahmen ihrer Mitwirkung Aufmerksamkeit und Anerkennung erfahren. So kann die angestrebte Vision „geschätzter Business Partner werden" per se als motivierend beurteilt werden.

Überzeugung an einer guten Sache beteiligt zu sein Motivierend ist ferner die Vorstellung an einer guten Sache mitzuwirken. So zielt die strategische Transformation darauf ab, erhebliche Potenziale zu heben und die Schreiner Group wettbewerbsfähig zu machen. Soweit der Mitarbeiter sich der Schreiner Group verbunden fühlt, hilft er durch seine Mitarbeit im Veränderungsprozess die persönliche Gemeinschaft zukunftsfähig zu machen. Voraussetzung für die Wirksamkeit des Motivators ist die Überzeugung des Mitarbeiters, dass Strategie grundsätzlich und die gewählte Vorgehensweise im Konkreten die Wettbewerbsfähigkeit steigern.

Kompetenz- und Persönlichkeitsentwicklung Im Rahmen des Transformationsprozesses lernen die Mitarbeiter strategische Konzepte, Denkstrukturen und Arbeitsweisen kennen und anzuwenden. Dies dient der Entwicklung der persönlichen Kompetenz und der Persönlichkeit des Mitarbeiters.

Karriere Mit der Kompetenz- und der Persönlichkeitsentwicklung eng verknüpft ist der Wunsch nach anspruchsvolleren Aufgaben bzw. nach Karriere. Bezüglich Karrierechancen haben mittelständische Unternehmen aufgrund der meist flachen Hierarchien ein Problem. Es gibt nur einen Einkaufsleiter, der die nächsten Jahre keine Absicht hat, seinen Job aufzugeben. Motivierte Teamleiter stecken somit im Karrierestau. Bei der Schreiner Group wurde deshalb die Möglichkeit einer Fachlaufbahn geschaffen. Damit können Mitarbeiter Karriere machen, indem sie zunehmend anspruchsvollere Fachaufgaben verantworten.

Zielvereinbarung und Incentivierung Zielvereinbarungen mit Mitarbeitern entfalten vielfältige Motivationswirkungen. So werden Mitarbeiter auf die vereinbarten Ziele ausgerichtet und können sich darauf stark fokussieren. Anspruchsvolle Ziele wirken in der Regel leistungssteigernd. Allerdings können mit Zielvereinbarungen unterschiedliche negative Nebenwirkungen verbunden sein. Verstärkt werden die Effekte, wenn die Zielvereinbarungen mit monetären Anreizen verbunden werden. Insgesamt handelt es sich um ein differenziertes Thema, das hier nicht abschließend behandelt werden kann (vgl. Watzka 2017).

Bei der Schreiner Group wurden im Jahr 2015 die ersten Zielvereinbarungen auf Teamleiterebene eingeführt. Neben einem Ziel für den Gesamteinkauf wurden Teamziele und persönliche Ziele vereinbart. Die Zielerreichung wurde mit einer Prämie verknüpft. Es ist geplant die Zielvereinbarungen auf weitere Mitarbeiter auszuweiten.

Die kurze Liste der motivierenden Faktoren kann nahezu beliebig fortgesetzt werden. Für die Steuerung der strategischen Transformation ist es von zentraler Bedeutung, die Entwicklung der Mitarbeiter im Sinne von Befähigung, Beteiligung und Motivation sehr genau im Auge zu behalten.

Literatur

Heß, G. (2010). *Supply-Strategien in Einkauf und Beschaffung – Systematischer Ansatz und Praxisfälle* (2. Aufl.). Wiesbaden: Gabler.

Heß, G. (2017). *Strategischer Einkauf und Supply-Strategie – Schrittweise Entwicklung des strategischen Einkaufs mit der 15M-Architektur 2.0* (4. Aufl.). Wiesbaden: Gabler.

Kotter, J. P. (2011). *Leading Change, Wie Sie Ihr Unternehmen in acht Schritten erfolgreich verändern*. München: Verlag Franz Vahlen.

Kotter, J. P. (2012). *Leading Change* (2. Aufl.). Boston Mass: Harvard Business School Press.

Watzka, K. (2017). *Zielvereinbarungen in Unternehmen – Grundlagen, Umsetzung, Rechtsfragen* (2. Aufl.). Wiesbaden: Springer Gabler.

Fazit: Roadmap einer strategischen Transformation

7

In diesem Kapitel wird ein idealtypisches Vier-Phasen-Modell einer strategischen Transformation im Einkauf vorgestellt: Phase 1: Die strategische Transformation vorbereiten; Phase 2: Ein ganzheitliches evolutionäres Einkaufsmanagement aufbauen; Phase 3: Die ganze Einkaufsorganisation durchdringen; Phase 4: Den Einkauf in die Unternehmensstrategie integrieren.

Hier soll eine idealtypische Roadmap aufgezeigt werden, wie Unternehmen die strategische Transformation im Einkauf angehen und schrittweise intensivieren können. Dabei spielt es keine Rolle, ob der Einkauf in der Ausgangssituation ein rein abwickelnder Dienstleister ist bzw. ob der Einkauf schon wesentliche Schritte der strategischen Transformation gegangen ist und den begonnenen Weg effektiver gestalten oder beschleunigen möchte.

Idealtypisch werden vier Phasen der strategischen Transformation unterschieden:

- Phase 1: Die strategische Transformation vorbereiten
- Phase 2: Ein ganzheitliches evolutionäres Einkaufsmanagement aufbauen
- Phase 3: Die ganze Einkaufsorganisation durchdringen
- Phase 4: Den Einkauf in die Unternehmensstrategie integrieren

Die vier Phasen sollen im Folgenden vorgestellt werden. Dabei ist der idealtypische Charakter der Phasen zu beachten:

- **Überlappung:** Die vier Phasen dürfen bzw. sollen sich sogar intensiv überlappen. Während beispielsweise in Phase 1 eine kompetenzorientierte Organisation aufgebaut wird, dürfen bzw. sollen bereits erste Elemente des Einkaufsmanagements vorbereitet werden, z. B. erste Ansätze einer strategischen Zusammenarbeit mit besonders

© Springer Fachmedien Wiesbaden GmbH, ein Teil von Springer Nature 2019
G. Heß und M. Laschinger, *Strategische Transformation im Einkauf,*
https://doi.org/10.1007/978-3-658-25540-4_7

bedeutsamen Lieferanten (Phase 2). Mit ausgewählten Abteilungen kann bereits in Phase 2 in einzelnen Prozessen intensiv zusammengearbeitet werden bzw. gemeinsam spezifische Einkaufsmethoden entwickelt werden. Um den Übergang zwischen den Phasen fließend zu halten, sollte man einzelne, leicht umzusetzende Aspekte der zukünftigen Phasen starten. Trotz dieser geplanten Überlappung besitzt jede Phase einen Kernfokus.

- **Firmenspezifische Planung:** Es versteht sich von selbst, dass die vorgestellte Roadmap nur eine ganz grobe Orientierungshilfe darstellen kann. Die Steuerung der strategischen Transformation ist firmenspezifisch auf Basis der aktuellen Firmen- und Branchensituation vorzunehmen.

Phase 1: Die strategische Transformation vorbereiten

Bevor eine strategische Transformation wirkungsvoll angegangen werden kann, sind vorbereitende Aktivitäten erforderlich. Die folgende Liste hat nicht den Anspruch auf Vollständigkeit, sondern beschreibt Voraussetzungen, die in der Regel besonders kritisch sind. Im Sinne der oben angesprochenen Überlappung ist es allerdings nicht erforderlich, alle Punkte vollständig abzuarbeiten, bevor mit Phase 2 begonnen wird.

Transparenz schaffen Zu den ersten Aufgaben im Einkauf gehört es, Transparenz zu schaffen: Wer, kauft was, zu welchem Zeitpunkt, in welcher Menge, bei wem, in welcher Region, zu welchen Konditionen (Preis, Bezugskosten, finanzielle Konditionen). Soweit kein ausgeprägtes Einkaufscontrolling vorhanden ist – und das ist in Phase 1 der Normalfall – ist eine durchgängige Transparenz auf Knopfdruck utopisch. Ziel ist es, mit den bestehenden Daten bzw. mit einfachen zusätzlichen Mitteln erste Transparenz zu schaffen, ganz nach der Devise „Mondschein ist besser als finstere Nacht." Beispielsweise kann eine Auswertung der Einkaufsvolumina über Lieferanten erfolgen, die dann den Hauptwarengruppen zugeordnet werden. Vielleicht gibt es dazu auch Auswertungen verschiedener Standorte, die mit einer gewissen Unschärfe zusammengefasst werden können.

Gelegentlich hört man die Forderung, zunächst eine umfassende Datenbasis zu schaffen, bevor man mit der Formulierung einer Strategie beginnen kann. Die Erfahrung zeigt allerdings, dass diese Denkhaltung zu sehr langfristigen Verzögerungen führen kann. Zudem sind erste strategische Überlegungen auch mit einer eingeschränkten Datenbasis gut möglich. Ganz im Gegenteil helfen qualitative strategische Überlegungen, die Datenbasis effektiv zu designen.

Commitment der Leitung sichern Sehr frühzeitig sollte ein Commitment der Geschäftsführung und/oder des unmittelbaren Vorgesetzten der Einkaufsleitung zur strategischen Transformation des Einkaufs sichergestellt werden. Darauf aufbauend kann die oben angesprochene Führungskoalition gebildet werden (vgl. Abschn. 6.1).

Vision und grundsätzliche Vorgehensweise entwickeln Damit die Reise beginnen kann, muss mit der Vision das Ziel und die Richtung bestimmt werden. Die Vision der Schreiner Group „Der Einkauf wird zum geschätzten Business Partner" kann in nicht wenigen Fällen auch auf die strategische Transformationen anderer Unternehmen übertragen werden. Das konkrete Wording und noch viel mehr die inhaltliche Ausgestaltung, was die Vision konkret bedeutet, sollte allerdings firmenspezifisch ausgearbeitet werden. Während eine konkrete Einkaufsstrategie erst Aufgabe der Phase 2 ist, sollte bereits sehr frühzeitig klar sein, wie die strategische Transformation angegangen werden soll.

Basis für die Kompetenzentwicklung im strategischen Einkauf schaffen Der Erfolg des strategischen Einkaufs hängt maßgeblich von dessen Wertbeitrag und dieser wiederum von der Kompetenz der Einkäufer ab. Somit muss sehr frühzeitig mit der Kompetenzentwicklung im Einkauf gestartet werden. So sind Organisationsstrukturen zu schaffen, die einen Kompetenzaufbau fördern. Hervorgehoben sei hier nochmals der Aufbau einer Organisationsstruktur nach Warengruppen, da sich so die Einkäufer auf ihren jeweiligen Beschaffungsmarkt fokussieren können. Ferner muss darauf geachtet werden, dass bei den Mitarbeitern genügend strategische Potenziale vorhanden sind. Gegebenenfalls können Einkäufer mit Strategiekompetenz gesucht werden. Als dritte Säule der Kompetenzentwicklung sind Schulungsmaßnahmen zu planen. Für die Entwicklung der Strategiekompetenz sind neben einer fundierten einkäuferischen Ausbildung insbesondere Trainings on the Job erfolgsversprechend.

Sichtbarkeit des Einkaufs steigern Ein abwickelnder Einkauf ist im Unternehmen bestenfalls unsichtbar. In Erscheinung tritt der Einkauf dann, wenn er schmerzliche Fehler verursacht hat oder wenn ein Unternehmen in einer großen wirtschaftlichen Krise steckt. Um die Leistungsfähigkeit des Einkaufs zu unterstreichen, sind sichtbare Erfolge erforderlich. An dieser Stelle ist die Kompetenz und die Kreativität der Einkaufsleitung gefordert, entsprechende Quick Wins zu identifizieren und zu heben.

Dringlichkeit der Veränderung erhöhen Mit den gerade angesprochenen Quick Wins hat der Einkauf seine Leistungsfähigkeit unter Beweis gestellt. Schrittweise kann die Dringlichkeit aufgebaut werden, die einkäuferische Kompetenz zu nutzen. Auch wenn anfangs Quick Wins im Fokus stehen, sollten möglichst frühzeitig erste strategische Erfolge vorbereitet und gehoben werden. Ohne Dringlichkeit kann es nur schwerlich gelingen, den Veränderungsprozess erfolgreich zu gestalten.

Bestellprozess automatisieren, Effizienz steigern und strategische Kapazität schaffen Die operativen Beschaffungsprozesse sollten sehr frühzeitig effizient gestaltet bzw. möglichst weitgehend automatisiert werden. Dabei ist darauf zu achten, dass die Abwicklung für die Bedarfsträger sich erheblich vereinfacht bzw. die Abwicklung sich beschleunigt. Dies bewirkt in der Startphase vielfältige Vorteile. Der Einkauf hat einen schnellen sehr sichtbaren Erfolg erzielt. Das hilft die Dringlichkeit für die strategische

Transformation zu steigern. Gleichzeitig können somit auch Kapazitäten im Einkauf frei gestellt werden, die für die Strategieentwicklung eingesetzt werden können.

Schnittstellenprozesse optimieren Sehr frühzeitig sollte auch damit begonnen werden, den Einkauf angemessen in den Einkaufsprozessen sowie in den Schnittstellenprozessen zu positionieren. So sollte der Einkauf die Führung in allen Bestellprozessen haben, auch wenn ggf. die operative Abwicklung an die Bedarfsträger delegiert wird (vgl. beispielsweise die Beschaffung mit e-Katalogen). In der Zusammenarbeit mit anderen Abteilungen sollte der Einkauf die Einkaufssicht einbringen und sichern können. Beispiele hierfür sind die Einkaufsfrüheinbindung in den Entwicklungsprozess oder das Steuern der Lieferantenqualität. Sich in die Schnittstellenprozesse hineinzureklamieren ist in der Regel ein langwieriger Prozess. Häufig müssen sich zufällig ergebende Chancen genutzt werden, um sich erfolgreich in einen Prozess einbinden zu können.

Phase 2: Ein ganzheitliches evolutionäres Einkaufsmanagement aufbauen
In der zweiten Phase steht der Aufbau des Einkaufsmanagementsystems mit der 15M-Architektur im Fokus. Als Standardvorgehen hat sich die folgende Vorgehensweise bewährt.

15M-Reifegradanalyse durchführen Am Anfang sollte eine Diagnose der Ausgangssituation erfolgen. Die 15M-Reifegradmethodik hat sich diesbezüglich bewährt. Der Aufwand ist mit in der Regel ein bis zwei Tage sehr überschaubar.

Rahmenstrategie entwickeln Es wird empfohlen, als erstes Element der Strategie die Rahmenstrategie zu formulieren. In der Rahmenstrategie erfolgt die Umsetzung der Vision in eine konkrete Strategie. Der Aufwand für eine Rahmenstrategie ist in der Regel ebenso überschaubar.

Elemente der Markt-, Lieferanten- und Prozessstrategien aufbauen Entsprechend der evolutionären Strategieentwicklung sollten besonders wertschöpfende Elemente der Markt-, Lieferanten- und Prozessstrategien umgesetzt werden. Beispielsweise können Strategien für Pilotwarengruppen formuliert und ein wenig später eine erste einfache Lieferantenbewertung durchgeführt werden. Nach und nach können die eingesetzten Elemente des Einkaufsmanagements ausgeweitet bzw. verbessert werden.

Performance Management aufbauen Parallel zum letzten Schritt sollte die strategische Steuerung und das Performance Management aufgebaut werden. Insbesondere sollten auch sehr frühzeitig Elemente eines Einkaufscontrollings eingeführt werden, um den Wertbeitrag des Einkaufs für das Unternehmen transparent zu machen.

Besondere Aufmerksamkeit sollte die evolutionäre Entwicklung des Einkaufs erfahren. Die zyklischen Planungs- und Steuerungsprozesse sowie das Reifegradmanagement sind aufzubauen.

Von der aufgezeigten Standardvorgehensweise kann abgewichen werden, z. B. wenn sich einzelne Elemente des Einkaufsmanagements bereits im Aufbau befinden und laufende Implementierungsprozesse nicht gestoppt werden sollen.

Phase 3: Die ganze Einkaufsorganisation durchdringen

Die Entwicklung des Einkaufsmanagements in Phase 2 ist in der Regel ein komplexes Unterfangen. Man denke an die vielfältigen Marktbeziehungen, Lieferanten und Prozesse, die es strategisch zu optimieren gilt. Die Strategien sollten mit den Schnittstellenpartnern in den Fachabteilungen abgestimmt entwickelt werden. Dabei müssen die Belange der verschiedenen Geschäftsbereiche und der verschiedenen Regionalgesellschaften berücksichtigt werden. Um die Komplexität der strategischen Transformation anfangs zu reduzieren kann es sinnvoll sein, die Strategie innerhalb des Einkaufs zu entwickeln und die Abstimmungen mit anderen Abteilungen eher gering zu halten. Jedoch können ausgewählte besonders wichtige Beziehungen bzw. die Zusammenarbeit mit Abteilungen, mit denen schon traditionell gut kooperiert wird, bereits in Phase 2 berücksichtigt werden.

In Phase 3 gilt es, die Abstimmprozesse schrittweise zu intensivieren und das ganze Unternehmen zu durchdringen. Letztlich müssen alle Geschäftsbereiche, alle Fachabteilungen, alle Regionen und ausgewählte externe Partner in die strategische Transformation mit integriert werden.

Bei der Schreiner Group wurde insbesondere mit den Schnittstellenpartnern sehr frühzeitig strategisch zusammengearbeitet, die für sich die großen Potenziale der strategischen Transformation erkannt hatten. Ab dem Jahr 2015 wurde die Strategie flächendeckend auf die gesamte Schreiner Group ausgerollt.

Phase 4: Den Einkauf in die Unternehmensstrategie integrieren

In den Phasen 2 und 3 stehen die Entwicklung des Einkaufsmanagementsystems und dessen evolutionäre Entwicklung im Fokus. Themen der Grundwettbewerbsfähigkeit wie die Kostenoptimierung oder Sicherung einer flexiblen Versorgung stehen dabei im Zentrum der Einkaufsstrategie. Mit zunehmendem Erfolg verschiebt sich der Fokus von der Professionalisierung des Einkaufsmanagements hin zu einer Unterstützung der großen Herausforderungen in der Unternehmensstrategie. Typische Beispiele sind die Unterstützung der vertrieblichen Markterschließung durch Aufbau von Lieferantennetzwerken in den Zielländern der Vertriebsstrategie oder die Erschließung von Wettbewerbsvorteilen durch Lieferanteninnovationen.

Bei der Schreiner Group unterstützte der Einkauf die Unternehmensstrategie der Kundenvertrautheit sowie der kundenindividuellen Innovation. Hierzu wurden beispielsweise die Lieferanten frühzeitig in den Vertriebsprozess eingebunden sowie die Unternehmensstrategie einer Marktentwicklung von Industrie 4.0-Lösungen gefördert.

Mit den vier Phasen wird eine grundsätzliche Roadmap der strategischen Transformation im Einkauf gezeichnet. Im Statement von Roland Schreiner, Geschäftsführer der Schreiner Group, aus dem Jahre 2017 wird die Bedeutung des strategischen Einkaufs nach der erfolgreichen strategischen Transformation deutlich. Die Vision „geschätzter Business Partner" ist in großen Teilen Wirklichkeit:

> „Der zentrale Baustein unserer Unternehmensstrategie ist die Exzellenz in der Kundenver-trautheit. Dabei spielt der Einkauf eine ganz besondere Rolle, weil es nicht nur um Kos-ten geht, sondern um viele weitere Faktoren, wie zum Beispiel die Qualität. Wir sind bei unseren Kunden als Qualitätslieferant positioniert. Unsere Kunden erwarten von uns täglich 100 % Qualität. Dafür sind die Ausgangsmaterialien von besonderer Bedeutung. Aber auch das Thema Liefertreue und Lieferzuverlässigkeit ist ganz zentral. Nicht nur, dass die Mate-rialien immer zur richtigen Zeit verfügbar sind. Wir müssen die Materialverfügbarkeit auch langfristig gewährleisten, weil wir unseren Kunden Liefergarantien gegeben haben. Ein wei-teres herausragendes Thema ist die Innovation. Unsere Kunden kommen mit immer neuen Anforderungen zu uns. Sie wollen, dass wir gemeinsam mit ihnen Lösungen entwickeln. Dabei ist es wichtig, dass wir diese Lösungen frühzeitig mit unseren Lieferanten abstim-men, um Vertriebszusagen problemlos einhalten zu können. Ein weiteres bedeutsames Thema sind Umweltfragen. Hierzu muss eine durchgängige transparente Kette vom Liefe-ranten bis zum Kunden gewährleistet sein.
>
> Zusammengefasst ist es also wichtig, eine gute Kunden-Lieferanten-Beziehung zu haben, die vom Lieferanten bis zum Kunden durchgängig ist. Um all diese Erfolgsfakto-ren systematisch umsetzen zu können, braucht es eine klare und professionelle Einkaufs-strategie. Diese haben wir in den letzten Jahren erarbeitet und erfolgreich umgesetzt. Damit leistet unser Einkauf einen äußerst wichtigen Beitrag zu unserer Unternehmensstrategie und damit letztlich auch für unsere Kunden."

Stichwortverzeichnis

© Springer Fachmedien Wiesbaden GmbH, ein Teil von Springer Nature 2019
G. Heß und M. Laschinger, *Strategische Transformation im Einkauf,*
https://doi.org/10.1007/978-3-658-25540-4

If you have any concerns about our products,
you can contact us on
ProductSafety@springernature.com

In case Publisher is established outside the EU,
the EU authorized representative is:
Springer Nature Customer Service Center GmbH
Europaplatz 3, 69115 Heidelberg, Germany

Printed by Libri Plureos GmbH
in Hamburg, Germany